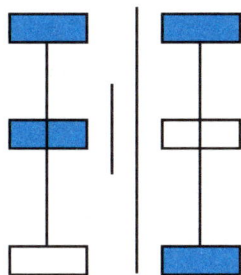

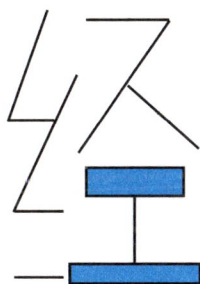

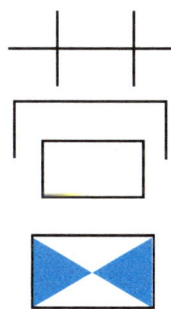

班级经营

第 二 版

林进材 ■ 著

华东师范大学出版社

上海市版权局著作权合同登记　图字：09－2018－1004 号

目 录
ontents

序

　　班级经营(或称班级管理)的议题和研究,一直是教师生涯发展中重要的一环。岛内外的研究指出,班级经营是新手与专家教师最感到沮丧的一环,同时也是教师对教育理想感到挫败的重要因素。一般的教育相关理论与发展,总是理所当然地将班级经营视为教学的前置作业,认为它只是教学技术的一部分。其实,如果班级经营做不好的话,容易影响教学活动的进行,使教学屈居于班级经营之下,而形成本末倒置的现象。

　　一般初任教师在接新班级时,由于教学经验有限而无法面面俱到。教室中各种复杂情境的出现,常常导致教师手忙脚乱;更有甚者,可以导致教室出现严重问题,从而付出重大的代价。如果教师在班级经营中,可以依据各种例行公事方式处理班级生活中的各种事件,运用经验取向的处理策略,以处方性策略或备忘录的方式,有效并且迅速地处理班级各种信息,那么教学活动的进行必然会顺畅,从而减少各种内外在因素的影响,提升班级教学效能并提高教学品质。

　　本书自从出版以来,受到教育界和中小学教师的欢迎,已历经多次重印和修订。为了能回应学校教育的实际需要,使本书的内容更为贴近教室现场需求,因此,利用此次再版机会,将班级经营中的重要事项以及班级经营内涵作学理与实际两方面的结合,为中小学教师提供班级经营的处方性策略,以实际例子引导深奥的理论,可以给教师提供班级经营中有效的处理策略。相信通过本书的阅读,新手教师与专家教师均可以在处理班级事务时更为得心应手。

　　本书在内容方面除了保留原来的内容之外,特别加入"欺凌行为的类型与因应策略"、"面对未来班级的想象与塑造"等两个章节,希望这两个章节的加入,可以让班级经营的议题内容更为完整。本书的每一章节中均提供相关的理论,以最浅显的实务验证理论的重要性,为教师提供可行且具有创意的策略,教师可从本书中撷取丰富的经验和实例。另外,本书将历年来台湾地区中小学教师资格检定考试的试题和解答附录在后,以供准备教师资格检定考试的准教师参考。

　　本书的出版,要感谢的人相当多,包括在过去多年来选修笔者相关课程的学生与现职教师,他们提供了班级经营的丰富经验与策略,让笔者得以在钻研理论的同时验证实务方面的应用问题,并随时修正自己的想法。五南图书公司总编辑和编辑群的努力用心,是督促本书再版的最佳动力。本书在内文方面难免有所疏漏,尚祈教育先进,不吝指正是幸!

林进材
于台南大学

第一章
班级经营的意涵

"了解班级经营的意涵，才能掌握班级经营的关键，营造良好的班级特色。"

本章针对班级经营的理论与内涵，论述班级经营的重要性、内涵、理念，有效班级经营的基础，班级经营的模式，班级经营的要领，班级经营七招，以及班级经营的"天龙八部"，作为教师班级经营的参考。教师只有掌握班级经营的意义和内涵，才能做好班级管理工作，使教学活动顺利进行。

一、班级经营的重要性

自1970年以来，开放教育的理念逐渐受到重视，学习的空间与生活环境在无形中扩大。而教学不再局限于教室，举凡操场、社区、校外教学场所等学习场地，都需要依据教育上的需要，作整体性、系统性的规划统整，才能适应日新月异的教育革新与发展。

有鉴于此,班级经营(classroom management,或称班级管理)遂成为教育过程中重要的一环,成为教师在教学过程中影响教学成效的主要因素。班级经营的重点在于产生和维持教室情境,使教学依教师计划有效地进行,如鼓励良好行为、培养师生关系、建立有益的团体行为常模等,都是管理活动的一些例子。如果教师无法在教学前阶段进行有效的班级经营,那么教学活动就无法顺利地进行。班级经营通常被认为是教学成功的先决条件,是为教学做整顿工作(简红珠,1996)。

做好班级经营工作,才能使班级教学顺利进行,让学生在班级学习中拥有成功的经验,并通过累积成功经验,达到学习有幸福感的境界。

二、班级经营的内涵

班级经营所涉及的人、事、物等相当广泛,其内容常因时、因地、因人、因境、因物而异。有关班级经营的内涵,范围是相当广泛的。林进材(2002)指出,班级经营包括班级行政经营、班级环境经营、课程与教学经营、学生偏差行为的应对、班级常规经营、班级气氛营造、班级时间管理、班级信息的处理等。一般的学校教育,将班级经营分成八个层面,简单说明如下。

(一) 班级行政经营

班级行政经营是指教师和学生共同处理教室中人、事、物等因素,使教室成为最适合学生学习的环境,以利于达成教学目的。班级行政经营的内容包括班级常规的制定、班级座位的安排、班级目标的设定、班级日程表的拟定和执行、学生档案资料及班级事务的处理、每日例行工作的执行等。

(二) 班级环境经营

班级环境经营包括心理环境的经营和物理环境的经营。心理环境通常指的是班级教室气氛或班级学习环境、班级的心理社会环境,是一种无形的环境。物理环境是指班级教室和其他可供教学活动进行的场所及其相关的教学设施,包括教室的基本配备、地点、外观等。

（三）课程与教学经营

课程与教学是班级生活的重要核心。在班级生活中，教师在课程与教学方面的运作，关系到教学品质与教育成效的良窳。因而，教师应该有效安排教学活动，拟定各种有创意的教学活动计划，以提升教学效果，落实教育机会均等的理念，使学习者因其潜能与性向而达到最佳的学习状况。

（四）学生偏差行为的应对

学生偏差行为与暴力问题是班级经营的一大致命伤，对于班级活动、教学的进行、同侪关系的发展与学习气氛等均有相当大的影响。来自不同社会经济地位与文化背景的学生，其特有的族群表征与文化符号往往使教师在面对此类学生问题时束手无策。

（五）班级常规经营

班级常规的制定与执行是为了使教学活动的实施更畅行无阻，教学更有效率。班级常规是学生在教室生活中的一种规则，由师生共同协商约定形成，用来配合教师教学或引导班级活动的进行。

（六）班级气氛营造

班级气氛是由班级师生或学生之间的交互作用而形成的一种独特的气氛。此种独特的气氛影响班级每一个成员的思想、信念、价值观、态度、期望或行为模式等。班级气氛伴随各班师生互动及学生之间的互动而形成，形成之后又影响班级中个别分子的行为。

（七）班级时间管理

在从事班级经营时，教师必须掌握时间的因素，了解多少时间做多少事的行为模式。时间的运用和规划，促使教师的班级经营更有效率、更具教育影响力。教师还可以引导学生在班级生活中有效运用时间。

(八) 班级信息的处理

班级活动中信息的沟通包括语言和非语言的沟通。在语言沟通方面,包括音量大小是否适中,说话速度快慢是否合宜,语汇使用难易是否恰当,发言是否清晰等;在非语言沟通方面,包括手势和表情的传达是否吸引学生的注意力,教学者是否具有亲和力,本身的学科知识与学科教学知识是否足以支撑该科的教学等。

三、班级经营的基本理念

班级经营的基本理念,是教师担任班级导师(即班主任)对班级的态度、想法、信念与价值观。所谓"怎样的教师,决定怎样的学生",即学生的发展有赖于教师对教育活动中各项事务的看法。在进行班级经营时,如果教师能冷静思考班级活动中所需要的各种教育理想,进而将各种教育理想落实在日常生活中,则班级生活的一点一滴都值得师生共同经营。

(一) 平等: 凡事以学生为出发点

教师在班级生活中,对来自不同家庭背景的学生,都应该给予相等的关怀,并且一视同仁。尽量避免因个人的喜好而形成对学生的不同期望,进而影响对学生的态度。不管班级学生来自怎样的家庭,在学业方面的表现如何,教师在班级经营中,应该凡事以学生为出发点,以平等的心对待每一个学生。

(二) 扎根: 为学生寻找正确方向

教师在班级生活中,应该随时引导学生了解自己、面对自己并强化自我的概念,在生命中寻找方向。如此,学生才能在班级学习生活中将各种所学知识与日常生活紧密地结合起来。

(三) 包容: 体谅学生的个别差异

在班级生活中,学生因为来自不同的家庭、拥有不同的生活经验而有不同的行为表现,教师在面对学生时,应该深切了解学生发展与行为表现上的差异,给予各种不同的教育处理方式。如果教师了解了学生本身各方面的差异,那么在面对学生学习方面的表现时,就能够给予专业上的帮助,并给予支持性的关怀。

(四) 关爱：接纳学生的不同表现

教师应该在班级生活中随时接纳学生在学习方面的表现,对于有反社会行为的学生应给予积极的关注,拟定各种辅导方案,协助学生降低对学习的焦虑,使班级学习生活更为顺畅。

(五) 引导：提供正确的学习方法

教师本身除了负责教学活动的拟定、规划设计、实施教学之外,也应给予学生生活上、态度上的正确引导。在面对学生学习时,应该引导学生汲取各层面的知识,并且引导学生将知识转化为有用的生活经验,结合所学知识并有效地运用在生活上。

(六) 同理：给予真诚积极的关怀

同理心的运用在班级生活中是相当重要的,一般教师面对学生时很难运用辅导方面的同理心,理解学生各方面的行为。例如,如果班上出现学生不写家庭作业的情况,教师最常出现的反应就是指责、怒骂,而忽略同理心的运用。

(七) 温暖：营造温馨的生活环境

班级生活环境的营造对教师、学生而言是相当重要的,相关的研究指出学生大部分不喜欢待在教室中,其中的主要原因在于教室的气氛、情境的布置,无形中提高了学生的紧张感。

(八) 接纳：了解个体的学习差异

教师必须在日常生活中以接纳的心态,了解学生的个体差异所在,提供学生专业积极的接纳,容许学生稍许犯错,并在学生行为表现优异时给予社会性的强化。如此,学生才能在班级生活中顺心如意,并将班级视为生活的重心。

四、有效班级经营的基础

班级经营的基础,是教师在班级生活中,进行各种安排与经营所要考虑的关键内容。

(一) 认识学校与社区的发展与历史

每所学校都有其特殊的历史传统、情境脉络及发展特色。班级经营的规划与设计,必须配合学校过去的历史、现在的特色与未来的发展,才能达到应有的效果。只有了解学校过去的历史与发展,才能掌握学校的发展特色,认识到过去的历史中有哪些辉煌的记录,有哪些重要的事件足以引以为戒,避免重蹈覆辙。

(二) 熟悉学校各单位的措施

教师在班级经营过程中,对于学校的行政运作及各单位的措施,要有相当程度的了解;甚至可将学校的行政运作及各单位的措施,视为班级经营的一部分。

(三) 充分了解学生

有效的班级经营要以了解学生为要项,了解学生才能掌握学生,掌握学生才能管理学生,这是班级经营不可颠覆的道理。教师对学生的身心发展特性如果能深入了解并加以运用的话,相信在班级生活中,就可以随时有效地掌握学生的动态,针对学生的需要给予各种关怀和指导。

(四) 建立良好的师生关系

班级是教师、学生与环境所组成的生态系统,教师与学生互动关系的建立是良好班级经营的先决条件。师生良好关系的建立有助于班级经营活动的开展。如果教师平日与学生保持良好的互动关系,让学生感受到足够的温暖与被接纳的关怀,则学生势必将教师视为倾诉的对象,一旦心理上有什么困惑,生活上遇到什么困难,就会主动向教师提出并共同分享生活上的点点滴滴。

(五) 良好的亲师沟通

教师有权利也有义务让家长走进教师的教学中,参与教师的班级经营活动。同时,也让家长通过教育参与,了解学校教师的教学活动、班级经营的历程及教师的教育理念。通过班级亲师沟通,学校教师可以和家长取得教育上的共识,有助于学校教育的开展。有了良好的亲师沟通,可以化解彼此之间的芥蒂,缩短教育专业与实务之间的差距。

五、班级经营的模式

根据班级经营相关研究文献,概括而言,班级经营模式的应用包括行为改变(behavior modification)、现实治疗(reality therapy)、教师效能训练(teacher effectiveness)及独断训练(assertive discipline)等模式(王文科,1996:3—8)。兹分述如下:

(一) 行为改变模式

行为改变模式强调班级经营应运用正、负强化,维持学生良好行为或去除其不良行为,以塑造新的行为等。德里斯科尔(Driscoll,1994)、麦考恩等人(McCown等,1996)、伍德福克(Woodfolk,1995)建议在班级经营时应该鼓励学生遵守班规的行为,有效运用赞许且审慎实施惩罚。行为改变模式的运用基于个体行为发展等各项特性,通过行为修正与改变的各种技术,以形成新的行为模式。

(二) 现实治疗模式

现实治疗模式是由处理班级行为问题的控制论(control theory)发展而来的,此理论的主要假定有三个:一是当学生的需求获得满足时,则感到快乐;如果学生未获得满足,则感到挫折。二是由于很少对学生需求给予满足,因而学生的学习处于不利状态,比较难实现其潜能。三是学校必须营造能满足学生需求的各种情境。

(三) 教师效能训练模式

教师效能训练模式是从戈登(Gordon)的有效亲职训练发展而来的,其主要的假定有二：首先，学生的不当行为可以通过各种途径自我矫治；其次，通过师生间的沟通与对话可以矫治学生的不当行为。教师效能训练模式重视师生之间的沟通与对话，主张教师要积极倾听学生的感受与观念，并不断回应学生的反应。

(四) 独断训练模式

独断训练模式主张教师应该让学生了解自己的期望，以及遵守期望与不遵守期望可能产生的后果。例如，教师要求学生必须遵守班级常规，否则接受应有的惩罚。如果学生违背教师的期望，教师可以立即采取独断反应，要求学生接受行为的后果。因此，独断训练模式的具体做法是采取由教师指导学生行为的方式，制定明确可行的班级规则，并与学生相互沟通，让学生明白班级的规则和限制。

六、班级经营的要领

教师应该熟悉班级经营的要领，妥善地运用各种策略与方法，才能提升班级经营的效果。

(一) 经济有效地处理班级事务

在面对瞬息多变的班级事务时，如何有效地处理并加以应对，是班级经营中的重要事项。教师可以运用各种企业管理的理论，以及各种经营管理的理念，将班级规范以社会化方式融入学生的行为中，这样有助于降低教师在处理班级事务时使用强制性策略的频率，同时培养学生对班级的归属感与向心力。

(二) 安排或改善班级学习环境

一般的班级空间规划是相当传统的，以固定的空间、设备、建筑、规模作为学生学习的环境。教师必须在传统与开放之间取得相当的平衡，运用自身专业方面的创造力，营造适合学生学习的温馨、温暖、优质的学习环境。教师在学习环境布置方面应该摒除传统的观念，将排排坐改为圆形的安排，或配合教学性质而布置一个有益于学习的环境。

(三) 规划与运用班级时间

通常班级时间的安排包括晨光时间、班会时间、导师时间、午休时间、下课时间、弹性课程、生活教育、情感教育等的安排与规划。教师应该在班级经营过程中，将相关的时间作妥善的规划，并且进行各种形式的时间安排，例如，一天的时间规划、一周的时间规划、一月的时间规划、学期的时间规划等。

(四) 激发班级和谐气氛

教师在班级经营中，应该设法激发班级和谐的气氛，让班级学生认同班级，将班级良性发展视为自己的义务，让学生在班级中形成生命共同体，以营造良好的班级气氛，从而有助于教学效果的落实。

(五) 维持班级秩序以利于教学与学习

教师在班级经营时必须运用各种事先拟定的策略，适时地维持班级常规以利于教学活动的进行。班级常规对教学的影响是相当大的，教师如果无法降低班级常规对教学的影响，则教学品质容易打折扣，班级的运作势必无法正常化。

(六) 改正或矫正学生不良行为

学生偏差行为的出现（如不交作业、上课发出怪声、干扰其他同学的学习、不守秩序等），往往造成教师在班级经营上的困扰。因此，如何厘清学生偏差行为的症结并矫治学生的偏差行为，成为班级经营的要务。

(七) 有效地施教

班级教学活动的实施与班级经营是相辅相成的，教师在教学活动实施前应该随时充实学科知识与学科教学知识，应用教学专业知识与技能，作充分的教学计划与准备——熟悉教材内容、拟定教学目标、搜集各项补充资料与相关资源、规划教学活动、制作教学媒体并指导学生进行课前预习；教学活动中运用各种有效的教学方法与策略，以学生实际生活经验为着眼点，结合各种教材，引导学生思考；教学后反省思考并批判自己的教学，拟定各种方案，这样教学活动才能顺利进行。

（八）激发良好的师生间的互动

　　班级生活中师生间的良好互动是有效班级经营的重要基础，通过师生的双向互动可以建立良好的师生沟通。教师可以随时向学生沟通其对学生的重要期望、对学生的要求及学生应配合之处。

（九）学生偶发事件的处理

　　教师必须在班级经营中具备各种危机处理的专业知识和技能，有效整合社会各福利机构及单位的资源，作为危机管理与相互协助的参考。在班级生活中，建立学生基本资料库及家庭联络渠道，作为偶发事件发生时的处理依据。

（十）适宜的常规训练协助学生正常社会化

　　教师在教室生活中，必须随时教导学生各种生活常规，并且提醒学生应有的生活教育，养成良好的生活习惯。此外，通过生活习惯的培养，引导学生慢慢地社会化，作为未来适应社会的基础。

（十一）配合学校行政措施

　　班级经营和学校行政运作的积极配合是相当重要的。教师必须随时了解学校行政方面的各项措施，提供学生即时的信息并要求学生配合。同时，应将班级重要信息随时提供给行政系统和部门作参考，这样才能使班级经营工作更顺畅。

七、班级经营应该要掌握的重点

　　在班级经营中，教师除了充分了解学校生活作息之外，也应将班级经营的各要点融入班级经营策略中。有关班级经营应该要掌握的重点，简单说明如下。

（一）要让学生欢欣而来

　　在学校生活中，教师应该设法营造温馨的学习气氛，让教师和学生都喜欢在教室中学习，使学生可以视上学为生活乐趣之一。因此，教师可以运用各种创意策略,使学生每日都能"欢欣而来"。

1. 打招呼

"打招呼"是一天的重要开始,教师可以通过"打招呼"吸引学生的注意力,并激发学生在学习上的乐趣。传统上教师会以点名的方式作为掌握学生情况的策略,并通过点名方式了解学生的出勤情形。教师如果换一种"打招呼"的方式,如以"轮流做简报"的方式掌握学生人数,就能以创新的形式引起学生的注意力,对班级经营将有更正面的意义。

2. 定座位

对于班级座位的安排,教师可以根据教学上的实际需要,随时给予调整,以增加学生在班级生活中的乐趣,并增加学生之间的互动机会。班主任在学生座位上的安排可以采取定期轮坐的方式,让学生可以在固定期间内调整座位。任课教师对班级学生的熟悉度不如班主任,因此在科目教学时可以要求学生固定座位,并且以"定座位"的方式掌握学生的人数,在上课时,可以随时通过手上的班级学生座位表,作为点名掌握学生人数的依据。

3. 好起头

"好的开始是成功的一半。"教师在和学生每日的接触中,应该随时提供给学生新鲜的点子,作为一天学习生活开始的"好彩头",这样不但可以激发学生的学习动机,而且对师生之间关系的促进也有正面积极的意义。在此方面,教师可以随时搜集各种创意的点子和策略,形成"教学备忘录",作为教学的楔子。例如,每天在"晨光时间"表演一则魔术作为一天学习活动的开始。

(二) 要让学生满载而去

对于学生在班级生活中的学习,教师应该设法让学生有满载而归的感觉,才能使学生对班级生活产生兴趣,并激发学习上的动力。因此,教师在班级经营方面,必须绞尽脑汁拟定各种有趣、生动的学习活动,才能让学生对班级学习具备高度的信心。

1. 有头有尾

教师在班级生活中,可以运用各种媒体报道或生活事件的剪裁,提供学生学习上的参考。除了在一天的开始提供创意的活动之外,在一天课程结束之前,也应有头有尾、有始有终,进行生活上的总结。尤其在离开学校之前,教师可以综合一天的学习活动,引导学生进行生活事件的统整。

2. 准时下课

"准时下课"是每位好教师的基本条件,教师应该严格遵守学校作息时间表,不可以因为课程内容进度的问题而延迟下课时间,影响学生的课余活动。如此,不但造成学生本身的反感,同时也会影响学生的学习品质,让学生对教师的教学活动失去兴趣。

3. 精彩演出

教师的教学行为与教学活动的实施,往往影响学生对学习的参与情形。有创意的教师,在教学活动前应该设计各种精彩的教学活动(如变魔术),吸引学生的注意力,同时作为激发学习动机的媒介。教师在教学活动进行时,应该放下身段,以各种精彩的肢体语言和言语表达,提高学生的学习兴趣,激发学生的学习信心。

(三) 要让学生忙得不亦乐乎

班级经营的"相对论"指出,在班级生活中如果教师忙碌的话,学生就会过于悠闲;如果教师让学生忙碌的话,教师就会拥有更多的休闲时间。因此,班级生活中,教师应该有效运用并组织学生,通过各种分工合作,让学生在班级生活中为班级付出、为自己负责。

1. 内容精彩

教师在班级生活中,要设法让学生随时拥有精彩的学习活动,提供各类具有生活意义的活动,让学生可以从精彩的班级生活中提早适应未来的社会生活。一位具有十足魅力的教师,必须在教学活动实施时,以精彩的内容吸引学生,让学生愿意在学习方面投入,愿意为学习作各种牺牲。

2. 气氛和谐

和谐的气氛是班级经营的重要基础,通过气氛的营造可以凝聚全班的向心力,提供学生温暖、和煦、自由、无拘束的学习生活。教师在班级气氛的营造方面,应该随时提供学生温馨的学习气氛,降低学生在班级生活中的压力和焦虑,引导学生在自由、轻松的环境中学习。

3. 组织平顺

班级组织的特性往往影响教师与学生的互动,平顺的组织具有降低挫折感与焦虑感的作用,可以为组织成员提供班级生活上的保障。同时使学生降低对班级生活的恐惧和焦虑,喜欢班级的组织气氛,愿意投入班级生活中的各种组织,对教学品质与学习效率的提升有正面的意义。

(四) 要掌握全局

"擒贼先擒王"是班级经营在常规管理等各方面的至理名言;换言之,教师在班级生活中,要能随时掌握状况,对于班级内的各种信息应完全掌握。尤其是班级生活中的各种事件、学生之间的关系和互动、发生在班级中的每一个故事等,都是教师在班级经营中要随时掌握的。

1. 是谁 (搞什么名堂)

教师在班级经营中要能了解学生会玩什么把戏,哪些学生会带头起哄;针对带头的学生,给予适当的关怀与应对策略,学生对教师的看法会因而改观。基于此,教师平日应该随时和学生打成一片,了解学生在班级生活中的动态,提供学生生活上的各种信息。这样,如果学生起哄的话,教师就能随时掌握并了解学生的心理,使班级经营更为顺畅。

2. 是谁 (玩什么把戏)

"玩把戏"是班级经营中和学生打成一片的重要策略,不管是教师本身的把戏,还是学生次级团体玩把戏,都是班级经营中重要的戏码。在平日生活中,教师基于教育专业上的需求,除了糅合各种专业技能于教学中外,也要能随机玩把戏,这样有助于促进师生之间的关系。

3. 是谁 (耍什么英雄)

有些学生在班级生活中常耍个人英雄主义,进而欺凌班上比较弱小的学生。教师在班级经营中,要能掌握班上比较喜欢耍个人英雄主义的学生,给予适当的辅导,避免因个人英雄主义而影响其他学生的学习。有效地运用班级学生在平日生活中的次文化,或掌握学生爱表现的特质,并加以应对,对班级经营有正面积极的意义。

八、班级经营七招

班级经营的策略运用,依据教师对班级学生的教育观而定。一般班级经营的管理,教师必须首先针对班级经营的重要性和内涵,选择适当的策略。

(一) 果断纪律招——自我肯定、肯定学生

教师在班级生活中,必须依据学校的特性、班级的特色,拟定适宜的班级规范,以利于班级教学活动的实施。在班级经营初期,教师必须建立宽严并济的常规,借以引导学生在班级生活中遵守既定的规范,不可依自己的偏好在班级中为所欲为,目无法纪。教师在制定班级常规之后,也应该在平日教学中,自我肯定并肯定学生。

(二) 和谐沟通招——就事论事、有话好说

在班级生活中,教师应该摒除传统威权的、发号施令的角色,放下身段随时和学生进行双向沟通。当学生的行为超出教师的容忍度时,教师也应该就事论事,以适当的形式及学生可以接受的方式,让学生了解自己的行为本身所代表的意义,以及行为对别人的影响。

(三) 目标导向招——知己知彼、百战百胜

教师在拟定班级目标时,应该首先了解自己的特质,了解学生的特性,掌握学生的旧经验,才能驾轻就熟,顺利达成班级目标。此外,教师可以针对班级特性,在日常生活中拟定一些具体可行的目标,并引导学生朝既定的目标前进。以目标达成为导向的班级经营,可以让师生在日常生活中明确了解各项预定目标,不断提醒自己、提醒同侪在班级生活中应有的表现。

(四) 交付责任招——理性选择、自律律人

在班级生活中,教师可以考虑通过组织特性,以交付责任的方式,引导学生达成预定的行为目标。例如,对于常有迟到、逃学行为的学生,教师可以考虑将开教室门的钥匙交付给该学生,并在公开场合以正向鼓励的言语,鼓励学生明日早到并为大家服务。如果学生在交付责任中表现良好,则教师应该在公开场合给予社会性的奖励,以强化该学生的正向行为。

(五) 肢体语言招——尽在不言、动静得宜

肢体语言的运用,有助于教师强化班级经营与教学的效果。通过肢体语言的

运用,可以培养师生之间的默契,同时节省教师用在班级经营上的时间。因此,教师平日应该与学生培养出默契,只要教师眼神一闪,学生就可以立即解读出教师所要表达的意思。

(六) 掌握全局招——眼观四面、耳听八方

教师在班级生活中,对学生的一言一行、一举一动必须随时掌握,作为班级经营的参考。因此,教师本身必须具备细腻的心、敏锐的观察力,对于学生的反应要能看在眼里、放在心里、握在手里,随时给予适当的处置。在平日与学生互动过程中,教师也应将学生的各项表现与行为做成观察记录,作为自己或其他教师进行专业辅导的参考。眼观四面的策略在于教师能随时掌握班级活动全局;耳听八方的策略在于教师能细腻地体察学生的外显行为与内隐情绪,并随时给予学生适时的开导。

(七) 行为塑造招——奖善惩恶、改邪归正

行为塑造策略在班级经营中的应用,是通过行为主义对个体行为的解释,从"刺激—反应"的行为模式中,拟定各种行为改变的策略,例如鼓励奖赏、正强化、负强化、削弱、渐进性强化等策略的运用。教师应该在接班级伊始,就制定明确的行为规则,并让学生了解行为表现的结果,包含奖励与惩罚部分。

九、班级经营之"天龙八部"

班级例行事务的处理是相当繁杂的,教师在面对班级事务时应该建立处理事务的固定流程,拟定各种处理的准则,作为班级经营的参酌。一般而言,班级经营的内涵包括班务管理、教学管理、环境管理、时间管理、人际关系经营、常规管理、违规处理、奖惩运用等,所以教师应该依据上述内涵拟定有创意的班级经营策略,如此在班级经营时才能得心应手。

(一) 班务管理——运筹帷幄、决胜千里

班务管理是教师班级经营首要面对的项目,教师在接手新班级时,应该先了

解班级学生的特性、班级的气氛、班级的特性、班级次文化等,作为规划班级事务的依据。教师在了解班级各种情境脉络之后,必须对班级各项事务进行统计和深入的了解,并且将班级的组成分子做任务性编组,使人人有事做、事事有人做,这样才能让班级的运作顺畅。

(二) 教学管理——教学成功、大家轻松

教学活动是班级生活的重点,创意的班级教学需要教师发挥创意的专业能力,才能使教学活动吸引学生的注意力,激发学生的学习兴趣。如果教师在班级教学中,动辄扮演权威的角色,缺乏和学生双向沟通的勇气,教学活动中经常照本宣科,以僵化、传统、呆板的方式进行单向教学灌输,则学生容易对学习感到沮丧、对教学失去信心、对学校缺乏耐心,学习成果无法彰显。成功的教学需要教师施展本身的专业能力,运用教育专业知识,结合社会大众的资源和人力,将生活经验融入教学,使学生的学习活动和生活紧密结合,从而收到创意教学的效果。教师如能掌握教学要领,随时运用各种创意策略,使学生对学习活动不再感到惶恐、紧张,则学习效果就会加倍。

(三) 环境管理——资源有限、创意无穷

班级环境的管理与经营,需要教师发挥无穷的创意。尤其是面对传统教室的建筑规划,如何在拥挤的空间中发挥建筑本身的教育功能,教师必须深入了解并集合各种资源。例如,传统教室的座位安排是采用面对面、排排坐的方式,如何在有效的空间中发挥创造力,使空间在无形中加大,使学生之间的距离拉近等都需要教师的用心设计。此外,对于班级环境管理的资源运用方面,教师需要运用学校的现有资源,结合班级家长、社区的无限资源,将资源引进班级生活,才能活化学生的学习环境,提高环境对学生的吸引力。

(四) 时间管理——掌握先机、分秒必争

时间管理对班级生活是相当重要的,懂得运用时间的班级,教师与学生都可以从中受益,既强化了班级学生本身的向心力,同时又加强了教师与学生之间的互动关系。教师可以将班级的时间作妥善的规划,可以一周、一月、一学期为规划单位,运用主题统整的方式,提供学生不同的学习活动。在时间的管理运用方面,

教师可以将班级时间作整体的规划，除了正式课程之外，可以安排具有班级特色或学校特色的课程，例如，开展创意的班级庆生会、班级的生命教育等属于非正式课程的活动，以弥补正式课程的不足。在班级生活中，教师应该掌握先机、分秒必争，将时间作最充分的应用，使学生能得到最大的收获。

(五) 人际关系经营——你侬我侬、忒煞情多

人际关系的经营和营造，是班级生活中另一重要的课题。人际关系的管理包括学生与教师之间的人际关系、教师与家长之间的人际关系、学生与同侪之间的人际关系、班级与班级之间的人际关系，班级与学校之间的人际关系、班级与社区之间的人际关系等。教师必须教导学生营造良好的人际关系，培养人与人之间的默契，营造班级与各单位之间的良性互动，才能结合周遭的各种资源，使班级活动顺利进行。教师与学生之间应该培养良好的关系，可以相互体谅、相互学习成长。良好人际关系的营造，可以缩短人与人之间的距离，减少不必要的冲突与误会，进而整合相关的人力、资源。此外，教师与家长、社区建立良好的人际人脉关系，可以随时运用相关的资源和人力，协助班级各项活动的进行。

(六) 常规管理——井然有序、动静合宜

班级常规的维持与掌握，往往影响班级生活能否进入轨道。教师如果无法营造良好的班级常规，或是在班级常规管理方面失控，容易影响班级学习活动的正常进行。良好的班级生活，有赖于教师有效地组织并运用策略，使班级常规可以井然有序并且动静合宜。对于班级常规的拟定与管理，教师必须依据学生身心方面的发展状况，结合教育心理学、发展心理学的发展阶段任务特性，拟定比较适当的班级常规，作为管理学生的依据和参考。

(七) 违规处理——及时处理、防患未然

学生来自各个不同社会经济地位的家庭，具有不同的文化刺激，进而产生不同的行为模式。因此，在班级生活中常常出现反社会的行为，或出现违反班级规定的行为。教师在面对学生违规行为时，必须有一套管理的办法，作为处罚的依据。对于表现不佳或有违规行为的学生，教师应针对行为本身给予适当的惩处，以矫治学生的不良行为，并作警示同侪之用。

(八) 奖惩运用——奖善惩恶、增强效果

奖惩运用在班级经营方面的效果,屡经相关的研究证明。教师在班级经营中可以运用各种行为改变技术,作为调整偏差行为的应对措施。在此方面,教师必须明确地界定哪些行为是奖赏的标准,哪些行为是惩罚的依据,这样学生的行为才有依循的标准。教师可以随时提醒学生的良好行为,并且指出违规的行为作为警惕。奖善惩恶以达到强化效果,最佳的策略为"扬善于公堂,规过于私室",如此才能收到奖惩的效果。

本章讨论问题

一、班级经营的重要性何在?

二、班级经营的内涵包含哪些?

三、教师在班级经营中,应该具有哪些重要理念?

四、请说明班级经营的重要模式有哪些,这些模式如何应用。

五、请说明班级经营的要领有哪些。

六、请说明班级经营应该掌握哪些要点。

七、请说明新接一个班级后,你的班级经营重点有哪些。

八、如果你要拟定一个班级经营计划,请问你会考虑哪些重要的内容。

第二章
班级常规的建立与维持

班级经营是教学实施的前置作业，如果班级常规无法建立，则容易使教学屈居在班级经营之下。本章重点在于探讨班级常规的理论与建立，内文包括重要理论与策略、重要班级管理策略、教室秩序维持策略、班级奖赏制度建立、以爱为出发点的惩罚、班级常规的建立、不守常规的处理等，作为教师班级经营的参考。

一、班级常规的理论与策略

（一）班级常规的意义

班级常规，包括规则（rules）和程序（procedures）；二者在本质上，都是有关行为的期望和规范。这些期望和规范，可能以明文规定或口头约定的形式呈现，也可能是以隐含的方式，由班级的成员遵循着，习之而不察焉。所谓规则，是指一般性的期望或标准，用以规制学生的言行举止。例如，"学生之间要相互尊重"，就是一条很重要的规则（单文经，2002）。所谓程序，包括经过认可的做事方式或行为准则,如交作业的程序、削铅笔的程序、拿杯子喝水的程序、上厕所的程序等,其作用在于使学生能知先后顺序、循序行事等。

1. 教室秩序的概念

教室秩序是个难以界定的名词。多伊尔(Doyle,1980:395)对秩序的定义是:"秩序具有管理人的功能,即通过组织班级团体,建立常规和秩序,反对不当行为,监控和调整班级事件等。"

2. 班级常规的概念

对于常规(discipline),《教育国际辞典》(*International Dictionary of Education*)将其定义为"教师的教室控制或对学生行为的一般约束"(Page 和 Thomas,1977,p. 106)。"派克报告"(The Pack Report)认为常规是"能维持一种有秩序的系统,以利学习活动之进行及教学目标之达成"(Scottish Education Department,1977,para. 3. 1)。

塔利和赵(Tulley 和 Chiu,1995)研究指出,如何有效地维持班级常规,一直是教师们感到最普遍也是最棘手的问题之一。班级常规的问题是中外班级经营中的共同性议题。其最常见的问题包括:(1)中断教学(disruption),例如在班级教学中学生讲话、出现一些故意打断教学的行为等;(2)反抗行为(defiance),例如不遵从教师的指示、不服从教师的指导等;(3)分心行为(inattention),例如在教学中不专心听讲、不做各种指定作业等;(4)攻击行为(aggression),例如在班级中打架、谩骂同侪等;(5)其他行为(miscellaneous),例如各种哭闹、说谎、推托拉扯、欺骗、偷窃、上课嚼口香糖等不当的行为。

(二) 影响班级常规的主要因素

研究和文献指出,影响班级常规的因素包括教师因素与学生因素。在教师因素方面,包括教师的教学内容、教学方法与教师素养;在学生因素方面,包括学生的类型,如无心向学型、心智幼稚型、愚鲁自闭型、情绪困扰型等,详述如下。

1. 教师方面

(1) 教学内容

教师的教学内容影响学生在班级学习上的常规表现,如果教师经过精心的策划,将教学内容事先融会贯通并且对教学内容熟悉,以充分的教学准备进行教学活动,则教学就不至于枯燥乏味,影响学生的学习兴趣。

（2）教学方法

教师教学方法的运用影响学生对学习内容的兴趣,如果教师一直采用传统教学法,在教学内容与方法方面不求改进或沿用传统的讲述法,则会使学生对教师的教学方法缺乏兴趣,时日久了容易对教学产生厌倦,失去原有的学习兴趣及注意力,因而产生各种扰乱教室秩序的不良行为。

（3）教师素养

教师素养对班级常规的管理与处理的影响是相当大的,如果教师在专业方面经验充足,能够随时将各种专业知识和技能运用在班级经营上,则对学生的常规管理就可以得心应手,在情绪控制方面就可以随时调整。

2. 学生方面

学生方面影响班级常规的主要因素,通常和学生本身的行为类型有密切的关系。影响班级常规的学生类型大致上分成五类,详述如下。

（1）无心向学型

此类型的学生在班级生活中,对读书缺乏兴趣,对学习失去信心,在学校生活中不遵守校规、不遵守班规。因此,在班级学习中经常出现调皮捣蛋的行为,不仅自己不愿意学习,也经常扰乱同侪的学习。

（2）心智幼稚型

此类型的学生在心智方面呈现不稳定的现象,对自身的各种行为一点也不感到愧疚。在生活中表现出来的行为是相当幼稚的,无视班级常规的存在,也不顾及别人的感受。

（3）愚鲁自闭型

此类型的学生包括有身心缺陷的学生,例如：自闭症、语言表达能力低、智商低的学生。此类学生在学习过程中,无法像一般学生一样正常地学习,无法掌握教师所传递的各种信息,其行为无法正常化,容易影响班级学习的进行。

（4）情绪困扰型

此类型的学生通常有家庭问题,如父母亲不当的教养态度、父母离异、家庭暴力等,影响学生正常的情绪发展,导致情绪困扰而影响正常的学习。

（5）家庭依赖型

此类型的学生主要是受到家庭生活的影响,例如：来自父亲为黑社会成员的家庭,学生从耳濡目染中学到各种反社会的行为,因此在班级生活中出现各种干扰的行为,进而影响教师教学活动的进行。

(三) 班级常规的教导

教师在制定班级常规之后,必须通过各种有效的策略,让学生了解班级常规的内涵和重要性。因此,班级常规的教导对班级经营的影响是相当大的。

多伊尔(Doyle,1986)、埃弗森(Evertson,1989)指出,教师在班级常规的教导方面,应该符合下列几个要点。

1. 及早教导

在学期刚开始时,教师必须利用学生对新同学、新课程、新老师的不确定感,建立适当的班级常规,并教导学生遵守各种班级常规,以利班级教学活动的实施。

2. 系统实施

对于班级常规的内涵,教师在开学前就要先拟定好。之后,教师可以针对班级的特性与学生的组成增减规约,也可以指导全班定期检讨改进。当班规制定好之后,教师必须仔细向学生说明班规所代表的意义及适用的时间和场合,并且将其所期望的行为加以示范,让学生可以具体了解班规的内容。

3. 掌握时机

教师应该针对班规的内容和特性,在学期开始时就教给学生;将各种班规进行有效的整理,融入班级生活并随机教给学生。

4. 先简后繁

班级常规的教导必须具体可行,并且遵循先简后繁的原则。教师必须在学期开始,针对班级的特性、学生的学习任务等,事先规划各种班级常规。

5. 全体参与

教师在拟定班级常规时,所安排的教学活动应该尽量以全班可以参与的活动为主。通过班级团体的讨论参与,使班级具有民主气氛,一方面让学生表达自己对班级的期望,另一方面教师可以趁机听听学生的心声,进而达成师生双方一致的协议。

6. 融入教学

教师在班级教学时,应该将各种班级常规的管理策略结合教学活动进行,有效使用各种赞赏、激励与奖励策略,当学生有好的表现时给予立即性的强化。如果学生出现偏差行为,教师也应立即给予制止以避免影响其他学生的学习。

7. 持续提醒

教师如果想要在班级生活中，让学生了解班级常规的内涵和意义，必须随时给予提醒，只教导一次是不够的。尤其是一些比较复杂的程序，教师必须通过问答、复诵、提供书面资料、角色扮演、游戏等方式，加强学生对班级常规的了解，并使其加深印象。班级常规的建立和实施，必须建立在良好的师生关系基础上。

8. 随时调整

在班级常规执行一段时间后，教师必须和全体学生一起针对班级常规的适用性与时效性，进行检讨改进工作。

二、班级常规管理的重要策略

相关的研究指出，教师在教学方面的挫败感往往源自班级经营方面的挫折，而班级经营中最让教师感到沮丧的部分，就是学生常规方面的建立与管理。

(一) 身体趋近策略

教师在教学活动进行时，慢慢地靠近学生并以"身体趋近"的方式，让学生了解教师已经在注意他的行为了，使学生可以适时地收敛自己不规范的行为，并且减少干扰教学活动的行为。

(二) 照顾全场策略

教师在班级生活中，可以运用"照顾全场"的方式，作为掌握学生的策略。任课教师可以通过班级学生名单或座位表的方式，掌握每一位学生的动态。

(三) 适时发问策略

教师可以在班级教学进行中，通过对学生问问题的方式，随时了解学生的学习参与情形，同时让学生了解教师随时在注意学生的学习，促使学生减少偏离学习行为出现的频率。

（四）发挥幽默感策略

教师必须在平日培养适当的幽默感，不但可以缩短师生间的距离，而且可以提升教学的乐趣。具备幽默感的教师并非天生的，而是通过后天的练习而来。换言之，教师必须在平时不断练习自己的语言、沟通能力，以更具诙谐、轻松的语调和学生相处。

（五）说小故事策略

教师可以在备课时间通过阅读各种报章杂志、媒体新闻等来搜集小故事，作为班级生活中的教学题材。在小故事的剪辑方面，教师可以结合各学科教学的内容，在晨光时间、导师时间、弹性课程等时段作为补充教材之用。

（六）生活体验策略

生活体验技术的运用，是教师将生活中可能经历的各种重要技术或经验融入教学，以教导学生。例如，在讲授"职业的分类"相关单元时，教师可以通过邀请家长讲解的方式，让学生了解各种职业的辛劳；也可以通过亲身体验的方式，让学生了解他人的生活经验。

（七）劳动分配策略

班级生活中的劳动分配对教师与学生而言是相当重要的，通过劳动的实施可以培养学生基本的生活技能，并且进行班级生活中的清洁工作。教师在劳动分配方面，首先必须将班级各项工作进行详细的组织分工，将班级的各项劳动方面的工作内容做明确的分工，然后将班级学生做公平、公正、效率、具体的分工，并依据工作内容，每日进行劳动工作的评鉴与评分工作。

（八）自我表露策略

自我表露是一种情感交流的活动，教师通过自我表露，分享自己的成长经验或提供给学生美好的生活记忆。在班级生活中，教师可以设计各种自我表露的活动，让学生进行心灵对话，对自己、对同侪、对教师有更深入的理解，进而约束自己的言行举止。

(九) 适当停顿策略

当学生的行为表现已经造成教师教学上的干扰,并且影响同侪的学习活动时,教师就可以在不影响教学的情况之下,采用"适当停顿"作为遏止学生行为的策略。如果教师在班级教学中经常使用这种策略的话,那么教师的教学策略与教学方法必须作适当的调整。

(十) 催化互动策略

在班级生活中,教师可以随时通过分组竞赛方式,作为班级常规的维持策略。在小组竞赛过程中,可以运用学生竞争的心理,引导学生为了团体荣誉而约束自己的言行举止。此外,教师也可以运用催化互动的方式,引导学生在学习活动中相互协助、相互辅导,进而强化自己的学习兴趣,提高学习效果。

(十一) 偶发处理策略

偶发事件的处理是班级常规管理中重要的一项,主要的原因为偶发事件的处理很难有固定的流程或模式可以参考,教师必须以平日的生活经验或专业方面的经验,作为处理的参考。

(十二) 顺水推舟策略

顺水推舟策略是指当发现学生在班级中的各种表现时,教师附和学生的行为并随机调整班级各项活动。例如,如果学生之间流行宠物的搜集,教师就可以在班级中举办"宠物大家一起现"的活动,请学生将自己收集的最宠爱的物品带至学校相互观赏分享,通过该活动可以促进师生间的感情,同时缩短同侪之间的距离。

(十三) 个别引导策略

个别引导是一种强化学生学习的策略,教师在了解学生的学习需要之后,拟定协助学生学习的有效策略,并给予个别引导。学生通过个别引导和学习之后,可以提高对学习的兴趣,同时激发在学习方面的成就感。

(十四) 维持自尊策略

在班级生活中,教师处理各种班级事件时,除了专业方面的考量之外,也应顾及学生的自尊问题,尽量避免在公开场所给学生难堪,或是在大庭广众之下批评学生的过失,让学生无地自容,在同侪之间无法抬起头来。中国古训说道"扬善于公堂,规过于私室",亦即教育人员在面对学生出现违规行为时,不可急于给学生惩罚,尤其在公开场合。

(十五) 立即酬赏策略

立即酬赏是当学生有优异的表现时,教师为了鼓励学生的良好表现,同时希望达到"榜样作用"的效果而运用的班级经营策略。有鉴于此,教师必须在学期开始时,针对学生在班级生活中的各种行为准则,制定奖励的标准和办法,让学生在班级生活中有所遵循。

(十六) 分组约束策略

在班级学习过程中,教师可以运用分组学习竞赛的方式,提高学生对班级的向心力与团体荣誉心,进而做好班级管理。分组学习竞赛对学生而言,具有团体规范的约束力,通过团体规范可以随时提醒学生应有的行为准则,达到同侪相互提醒的功效。

(十七) 分组合作策略

教师必须在班级生活中,以团体或小组教学的方式,引导学生进行团体合作,达到团体成长的目标。因此,教师在教学活动设计方面,必须有效运用团体学习的策略,让学生有团体合作的机会,通过分组合作的方式,达到预定的教学目标。

(十八) 小老师策略

一般的班级人数大约有三十个学生,因此教师不容易顾及每个学生的需要。尤其当学生在学习方面发生困难时,教师往往因为教学进度的关系,无法进行个别指导,因而无法顾及学生的个别差异,导致部分学生对学习缺乏兴趣。"小老师制"的设计沿袭了同侪学习辅导的理念,教师依据学生在学科学习方面的表现情形,进行"异质性学习"的分组,通过小组成员在学科学习方面的不同表现,建立学习方面的小老师制,以同侪辅导的方式进行补救教学。

(十九) 发掘专长策略

在班级生活中,教师可以将学生的各项专长进行调查并加以运用,让每位学生各司其职、各司其事,如此对班级运作有相当正面的意义。例如,班级教室布置是教师在班级教学中重要且例行的事务,教师可以将班级学生的各项专长进行整合,指导学生发挥专长进行班级教室布置,将班级教室营造出各种具有创意的气氛。借助学生的创意和巧思,教师会有想象不到的惊奇发现。

(二十) 准时下课策略

教师对班级时间的管理与掌控是相当重要的,一般正式课程的时间应该依据教学进度,准时进行教学。在上下课时间的掌握方面,教师必须准时下课,提供给学生足够的休息时间。在下课之前,教师应该再次叮咛学生下课时间必须完成的工作,同时也要提醒学生注意下课时间的游戏安全,如果学校有工程进行的话,应该一并让学生了解。

三、教室秩序的维持策略

教室秩序的维持有赖于教师运用各种专业的策略,结合自身的教学经验,加上对学生学习行为的了解,这样才能使班级教室秩序维持在一定的品质之上。教师在教室秩序的维持上,可以考虑下列策略的运用。

(一) 开学后立即将教室规则定好

教师在开学前应该针对学生的身心发展情形、年级阶段、学习任务等拟定一学期应该遵守的教室规则,在开学后立即将教室规则定好,让学生了解在教室中哪些行为是被允许的,哪些行为是不被允许的。教师在学生违反教室规则时,应该立即加以制止,促使学生将注意力集中在班级学习上,如此班级常规才能导入正轨。

(二) 指导学生共同制定教室规则

班级教室规则应该由师生共同协商形成,教师在协商过程中让学生了解教师的期望、教师对学生学习的要求,学生也可以通过协商将自己的想法表达出来让教师了解。如果班级教室规则是由师生共同制定的话,则学生对教室规则就有参与感,而且教室规则是通过学生自己对行为的要求而制定的,教室规则的内容就比较具体且有意义。

(三) 引导学生熟悉教室规则内容

教室规则制定之后,教师应该引导学生了解并熟悉教室规则的内容。在执行教室规则初期,教师应该随时注意学生的行为是否符合教室规则,如发现学生的行为有问题,教师应该立即给予纠正。如此,学生会自然了解哪些行为是不被允许的,哪些行为是可以被接受的,学生的行为表现就有依循的标准,教室的常规便可以执行。

(四) 教师应详细说明并以身作则

教室中制定的各种常规,教师应该花时间向学生讲解说明,并且以身作则。例如,如果要维持教室秩序,就必须让学生们懂得相互尊重。教师如果希望学生们懂得相互尊重,本身一定要先尊重学生,才能收到彼此尊重的效果。当学生在班级生活中侵犯到其他学生时,教师必须加以制止、规劝,并说明规则。

(五) 通知家长了解教室规则内容

一般而言,家长对孩子的学校生活情形是不清楚的,往往等到孩子在学校出问题时,才会了解孩子在学校的学习表现。教师在制定教室常规之后,应该将各种常规的内容以书面资料形式让家长了解。如果家长对学校班级常规能有详细的了解,就可以在家庭生活上面配合学校的要求,进而通过亲师合作给予孩子正确的生活教育。

(六) 事前做好各种学习规则拟定

教师在教学之前,应该针对班级学生常规给予有效的规范,在上课前掌握学生班级规则,作好教学前的充分准备,避免教学活动进行时在常规的处理上面花过多的时间。教师应该在教学前,让学生充分了解有关学习规则并且配合教师的要求,以利教学活动的进行。教师除了在教学前让学生了解各种学习规则之外,还要让学生了解学校的日常生活作息以及各种生活规则,避免不必要的干扰行为。

（七）处理违规学生的态度前后一致

教师对学生在班级常规方面的要求应该前后一致，并且在标准的拟定方面要具体明确，这样才能收到预期的效果。如果教师在教室规则的拟定方面仅停留在规定阶段而忽略执行阶段，则学生对教师会失去应有的尊敬。

（八）运用一对一的行为处理方式

在班级生活中，当学生犯错时，教师除了应该避免在公开场合处理之外，也应尽量减少中断教学的情况。当学生犯错时，教师在纠正其行为时应该尽量避免伤及学生的自尊心，并且以一对一的方式处理。

（九）降低违规学生对教学的影响

一般教师在处理学生偏差行为时，容易中断教学，从而影响教学活动的进行。尤其是新手教师，往往因为学生的反社会行为，中断教学加以制止而影响学习活动。教师在课堂上发现学生行为不规范时，应该尽量将其留到下课后再处理，使大多数学生的学习活动不受干扰。

（十）应给予连续犯错者加重惩罚

在班级生活中，如果学生对自己犯错的行为不知悔改，并且一犯再犯的话，那么教师应该给予严厉的惩罚以昭炯戒。如果学生是第一次犯错的话，教师应该给予改过的机会；倘使学生犯错行为一再重复而不知悔改的话，教师应该运用各种有效的中断策略，强制学生立即改过以避免影响其他学生的学习活动。

四、班级奖赏制度的建立

有效地运用各种奖赏策略，对学生良好行为的强化与塑造是相当重要的。一般而言，班级奖赏制度的建立会配合各种创意的班级奖励的设立。对此，可以考虑下列奖项的设置（修改自胡炼辉，1998）：

(一) 奖励卡

奖励卡的设置是指当学生在班级生活中有优异的表现时,教师立即颁给奖励卡以资鼓励。应该完整地建立奖励卡的奖赏制度,例如:几张奖励卡换何种奖励或优待等。教师在奖励卡的设计上面,应该以学生最喜爱的图样或以拼图方式设计。

(二) 互助奖

在班级生活中,如果学生彼此之间相互协助或帮忙的话,就颁发互助奖,鼓励学生在日常生活中相互帮助的情怀。互助奖的设置可以配合班级各项急难救助或是各种服务活动。

(三) 准时奖

准时奖是针对上学不迟到的学生所设立的,如果班上学生上学上课不迟到早退,一个月以内都没有违反规定的话,教师就颁给他准时奖,以鼓励好的表现。

(四) 保护奖

在班级生活中经常出现学生以大欺小的现象,因此教师可以设置保护奖,如果某些特定的学生在一星期或一个月以内没有出现以大欺小的情形,教师就颁给"保护奖"以资鼓励。

(五) 完美奖

完美奖的设置是指针对经常犯错的学生,如果在一周之内未出现不好的行为或没有被纪律委员记录任何过失的话,教师就颁给完美奖。完美奖的设计可以采用小卡片的方式,教师将"完美奖"卡片交给班长保管,如果同学一周内都没有出现犯错行为的话,就颁给完美奖。

(六) 阅读奖

在班级生活中,教师应该运用各种策略鼓励学生阅读各种书籍,如果学生可以阅读完固定的书籍量的话(例如读完一百本书),教师就应该颁给阅读奖,作为鼓励阅读之用。

（七）文学奖

依据相关的研究,学生在写作方面的能力有越来越退步的现象。因此,教师如何鼓励学生加强写作是相当重要的。教师可以鼓励学生写作并将作品投到各种学校刊物或报纸上发表;如果在写作方面达到预定的数量,就颁给文学奖作为鼓励。

（八）表现奖

对于学生在班级生活中的各种表现,教师应该制定行为表现的奖励标准,并且设置各种表现奖。如果学生在各方面的表现足以作为班级楷模的话,教师就给予表现奖,作为强化该行为的策略。

（九）进步奖

教师在班级生活中应该鼓励学生和自己以往的行为作比较,如果近期的行为比往常有进步的话,就应该给予适当的进步奖。进步达到某种程度的话,教师应该设置更具鼓励性的办法奖励学生。

（十）诚实奖

学生说谎的行为往往源于父母和教师处罚学生行为不当,导致学生不敢诚实以对。因此,在班级生活中如果学生说实话,教师应该给予改过的机会,不可再给予惩罚。如果学生在班级生活中表现出诚实的行为(如拾金不昧),教师应该颁给诚实奖。

五、鼓励学生的计划书

（一）制定奖励制度的重要原则

1. 确实执行,并做到公平,切忌朝令夕改。
2. 列出具体的奖励制度,切忌制定太高或模棱两可的标准。
3. 对于特殊个案应另订一套标准,以免有些孩子因可能永远达不到要求而失去兴趣。
4. 奖励物要有吸引力,在计划进行初期才会有努力的动力。

5. 弹性化,能视施行成效或特殊状况作变通性的调整。

6. 奖励贵在及时,不宜延宕太久。

7. 奖励以不超过四个层级为原则,切忌太复杂。

8. 个人奖励方式,依个人是否有进步来奖励,别跟其他人比较。

9. 要人性化,以学生为主体,不浮滥或过于严苛。

10. 依年级的不同来确定难易程度。

(二) 班级奖励制度

制定诱人、有趣的奖励办法

第一级：盖"兔宝宝章"。

↓

第二级：满二十个"兔宝宝章",换一张"兔宝宝家族鼓励卡"。

↓

第三级：满五张鼓励卡,则可得到老师制作的"个人大头贴"一份。

六、班级常规的建立

(一) 班规建立的重要性

班规的建立,其目的在于维持班级学习活动的正常开展,使班级活动的进行可以步入正轨；班规建立的最终目标，在于引导学生自治及良好习惯的养成。

1. 建立良好的班级秩序：使教师能专心于教学，学生可以快乐学习。

2. 提高学生的学习效果：如果班级秩序能井然有序的话，那么学生的学习气氛就会热烈，自然能启发学生的兴趣，提升学习的效果。

3. 培养学生自治能力：学生通过民主的程序、共同的参与，建立团体的规范，借此可以培养学生守法的习惯及自治的能力。

4. 建立安定感：学生在一个新班级或新环境中时，都有一种不确定感。班规的制定，可使学生知道老师的要求、期望或标准是什么而产生安定感。

5. 研究显示：没有一个能管理好教室的班级没有制定班规。

6. 预防行为问题产生：学生本性是冒险的、自发的，容易产生行为问题。制定班规，可让学生知道哪些行为是必须避免的，哪些行为是被允许或可接受的。

（二）班规教导的时机

在班级常规制定之后，教师应该立即让学生了解班规的主要内容，才能收到预期的效果。如果在班规制定之后，教师并未运用各种班级教导技巧向学生说明清楚，那么学生对班规容易视若无睹，就会失去班规的意义。

（三）班规的教导方法

班规的教导必须配合班级教学活动的实施，教师在班级常规建立之后，要设法使班规的遵循成为自动化反应，这样班级教学的进行才能顺畅，学生才能安心地进行学习活动。

金树人（1994）指出班规的教导可运用"李氏断然管教法"：

1. 在开始上课的头几天，确定你想要学生表现的行为。

2. 将清单交给校长，寻求认可与支持。

3. 在初次见到新学生时，就和他们讨论你所期望的行为，并在黑板上大约列出五或六种。

4. 强调不容许有人去违背规则，严正地告诉学生在每次违背规则时将会发生什么结果。

5. 要求学生把它们写下来，带回家给父母看，并且要盖章，隔天再交回来。

6. 强调这些规则能够帮助这个班级人人都能循规蹈矩、顺利学习。

7. 要求学生在口头上重述什么才是教师期望的行为,犯规会怎样,守规矩又怎样。

8. 准备一封短信给家长,说明你为规范孩子们的行为所作的计划,你的目的是希望针对孩子的发展情形而经常与他们保持联系,并且需要得到他们的支持,同时你很高兴能与他们为孩子的利益共同合作。

在班规制定之后,教师应该在班级生活中,结合教学活动让学生了解班规的内涵,使每一位学生都可以清楚地了解班规的重要性,明确地遵守班规,从而在班级学习中得到最佳的效果,同时也能让家长了解教师本身的用心。

(四) 班规的制定要点

除了让师生共同参与班规的制定之外,同时也应在班级生活中随时给予提醒,教导学生各种班规。通常班规的制定可考虑下列几点:

1. 班规应该适宜

班规的制定不宜过多,通常班级所定的班规大约在五至八项就足够了。如果班规制定得过于繁琐,内容多如牛毛的话,学生容易无所适从。

2. 条文内容应该易于实践

班规内容的制定应该适合学生的身心发展阶段,符合学生的年纪和能力,并能附一些具体的行为范例,则学生就容易明白班规的意义,并有具体的范例可遵循。

3. 班规叙述应该是正面的

班级常规内容的叙述,文字上应该是清楚的、正面的、概括的、适合各种情境的。教师在讨论班级规则时,应该尽量从正面的立场向学生说明,让学生参与讨论并作补充说明和解释。

4. 结合学习和人际相处

班规的制定应该至少包括两类,学习上和与人相处上所需要的规矩。因为在班级生活中,学习生活是相当重要的,教师必须让学生了解学习方面的班规以及人际相处方面的规矩,这样学生才能在班级生活中顺心如意。

5. 班规应该易于了解

在开学初三天内,教师应该将班级常规定出来,和学生作清楚明确的沟通,以便让学生清楚每项规则所代表的行为期望。

6. 班规和校规应该一致

班规的制定要配合校规，不可以和校规有任何的抵触。

(五) 重要的班规内容

班规内容的拟定是教师希望学生能表现好行为的适合线索，因此教师必须思考在班级生活中要建立哪些重要的班规，尤其是班规内容的拟定。通常班规内容的拟定，应该配合学生的身心发展情形、班级的特性、教学上的需要等。有关班规内容的拟定，应因年级、班级、阶段不同而有所不同。张秀敏（1998）指出重要的班规应该包括如下事项：

1. 上课说话要举手。
2. 待人有礼貌。
3. 收拾好自己的东西。
4. 在教室和走廊要用正常的速度走动，不能跑、逃、追逐、游戏或大声喧哗。
5. 不能打人、推人、撞人或伤害别人。
6. 给每个人学习的机会。
7. 遵守校规。
8. 尊重别人及其所有物。
9. 保持环境整齐、清洁。
10. 要注意安全。
11. 要爱惜公物。
12. 注意听。
13. 工作要做好。
14. 知道何时可以说话。
15. 知道何时用手和用脚。
16. 知道何事要向老师报告。
17. 仁慈。
18. 遵守老师的指示。
19. 说话有礼貌。
20. 上课要专注。
21. 上课前做好各种准备。

七、不守常规行为的处理

案例一：扰乱他人

行为： 1. 上课随意更换座位、传纸条，不遵守教室常规。

2. 上课中会随意讲话，拿瓶子敲打桌子，并且说奶奶教他这样可以减肥。如果教师给予劝导，就会说一堆的理由辩解。

3. 上课时经常发出怪声音以引起同学和老师的注意，经规劝之后，安静的时间无法持久，喜欢以各种动作、声音引起别人的注意。

4. 上课经常不带东西，与其他同学笑闹打架，被惩罚时一副不在意的样子，学习态度相当恶劣。

5. 上课不专心又喜欢影响他人学习，如果被叫到前面罚站又一副嬉皮笑脸的样子，只要教师没注意他，就会发出各种怪声音，做不雅的动作，如挖鼻孔等。

诊断： 1. 曾被诊断为多动症。

2. 心理年龄比较幼稚，过于自我中心，不顾及他人的感受。

3. 自己表示很多行为是从课后托管班学来的。

4. 在家深受父母的宠爱，过于自我中心，俨然一副小皇帝的样子。

5. 不易接受他人的劝告，不轻易承认自己所犯的过错。

处理： 1. 先与学生的父母亲进行亲职教育。

2. 了解学生家庭生活背景和父母教养方式。

3. 在班级生活中清楚明确地说明班级教室规则，并且对学生赏罚分明。

4. 教师必须和班级学生约法三章，让学生相信教师，并且进行自我约束，努力地约束自己在班级中的各种行为。

5. 清楚地制定出班级常规，并且向学生说明清楚。

案例二：困扰同学

行为： 1. 爱在班级中捉弄同学，和同学借东西又不知爱惜。

    2. 喜欢捉弄同学,在班级生活中故意唱反调,经常未经别人同意就拿走他人的东西。

    3. 如果和同学处不好或是发生口角,就会以言语威胁他人,如"不准和班上×××玩,否则的话就小心一点"。

    4. 经常用威胁的语气威胁同学给其零食吃,不然的话就不可以和别人玩。

诊断: 1. 在班级中的行为是为了吸引他人的注意力。

    2. 在行为表现上过于自我,而且不在意他人的感受。

    3. 对自己的行为过于放任,不知节制或自我约束。

处理: 1. 教师应该多花一些时间和心力在该学生行为的调整上面,多给予必要的专业关注,用有爱心、耐心的方式接纳并给予适时的辅导。

    2. 在喜欢捉弄班上同学的行为上,教师应该随时给予应有的惩罚,并向该生说明此种行为会造成班级生活的困扰,使得大家都不喜欢他。

    3. 对于喜欢捉弄他人的行为,教师应该给予适当的劝导,如果仍旧不听的话,可以考虑当老师"秘书"给予隔离,直到其行为改善。

    4. 针对说狠话或威胁他人的行为,教师可以先动之以情,引导学生理解威胁他人可能造成的后果,如法律上的责任等。

    5. 经常性地让学生了解班级常规的重要性,指导学生如何培养良好的人际关系,并了解如何与同侪培养良好的互动关系。

附录:小学一年级的常规训练项目

常规训练

▶ 听到上课钟声响要立即进教室并在位子上坐好。

▶ 上课要注意听讲。

▶ 上课发言要先举手,老师同意才能发言。

▶ 身体不舒服或跌倒受伤的处理。

▶ 老师点名时,应举手答"到"。

▶ 下课时别忘了上厕所,及上厕所的指导。

▶ 作业簿的收发方式。

▶ 手势的利用:食指放在嘴巴。

生活规则

▶ 上课不随意站起来,不吃东西,不玩玩具,不看课外读物。

▶ 不奔跑。

▶ 不乱丢纸屑、垃圾。

▶ 遇见师长要有礼貌。

▶ 说话要小声。

▶ 和同学要相亲相爱,不可打架。

▶ 放学时排路队。

家长事先指导小朋友

▶ 能说出就读的学校名称和班级。

▶ 能说出家的住址、电话号码、爸妈及自己的姓名。

▶ 熟悉到学校的路线并注意路上行走安全。

▶ 养成早睡早起的习惯。

▶ 培养良好的卫生习惯。

班级秩序管理事前的预防

▶ 订立班级公约:要明确、具体。

▶ 常规训练:学期开始。

▶ 生动活泼的教学。

▶ 分组比赛:例如:好(○)、不好(×),具有团体制约的效果。

▶ 赋予责任:对于学习成就低的,给予其表现的机会。

处理的策略

▶ 哀兵记:做个"请安静"的牌子。

▶ 接近的控制:不动声色地走到学生旁边。

▶ 发警告牌:三张以上当值日生。

▶ 制造不同气氛:教师停止说话。

▶ 运用消退原理。

教育箴言录

好老师自我反思表

1. 是否因自我情绪的好坏,而影响教学品质?

2. 是否因家长背景的不同,而改变对学生的看法?

3. 是否在言语间不尊重学生,或轻慢地逗弄学生?

4. 是否疏忽不敢出声、不敢有意见的孩子的感受?

5. 是否以冠冕堂皇的理由,掩饰自己偷懒的心态?

6. 是否厌倦与家长沟通,尤其是彼此意见不同时?

7. 是否认为自己教学最认真、最辛苦,理应得到大家的肯定与感谢?

8. 是否漠视学生的种种反应,并非真正关怀他们?

9. 是否常批评学生素质太差,却不检讨自己的教学方法和态度?

10. 是否在学生面前大吐苦水,或非议、批评其他师长?

本章讨论问题

一、班级重要的管理策略有哪些? 如何运用?

二、教师如何有效地维持教室秩序? 有哪些策略可以参考?

三、教师如何建立班级的奖赏制度?

四、请拟定一份鼓励学生的计划书。

五、教师如何有效地建立班级常规?

六、如果班级学生不守规矩的话,教师应如何处理?

第三章
班级气氛的设计与经营

本章针对班级气氛的重要理论与策略、班级气氛的营造、增进良好师生关系的做法、教室布置与设计、学习角落的布置与美化等议题，进行理论与实践方面的探讨，提供教师在班级气氛营造方面的参考。

一、重要理论与策略

（一）班级气氛的影响因素

在班级教学中，影响班级气氛（classroom climate）的教师因素通常包括教师人格特质、班级教室管理、教师期望效应与教师领导形态；学生因素包括学生本身的人格、适应力、性别、学习态度、对班级的情绪反应等，以及同侪团体间的互动关系；环境因素包括班级结构组织、教室地理位置、学校设备、课程、目标和教材等整体学习的环境。有关影响班级气氛的要素简要说明如下：

1. 教师人格特质

对于教师人格特质如何影响班级气氛,相关研究指出,依据教师的人格特质、需求、价值观、态度可以预测其班级气氛(Walberg, 1986)。

2. 教师期望

许锡珍(1979)研究发现,教师期望高的学生,无论在学习动机、学业成就、社交关系,抑或人格适应方面,均较教师期望低的学生好。

3. 教师领导行为

在班级教学中,教师居于领导地位,研究指出,班级气氛与班主任的领导形态有密切关联(陈密桃,1981;王俊明,1982;黄文三,1986;李彦仪,1991)。教师的领导行为是班级经营气氛的指标之一。

4. 学校组织

蔡培村(1980)研究发现:在学校组织较好的学校,班级气氛会较好。因此,学校组织对班级气氛的影响是正面且积极的。学校组织特性影响教师班级经营中的气氛,因而希冀班级气氛良好的话,应该从学校组织改造起。

5. 学校所在地及学校环境

钟红柱(1983)的研究发现,台湾"院辖市"的班级气氛具有"组织混乱"、"多样性"及学生对班级活动较"冷漠"的现象;而"县辖市镇"的班级,则具有"民主"、"满意"及"目标导向"等气氛。

总之,影响班级气氛的因素可分为学生因素、教师因素及环境因素三大类。其关系如下图所示:

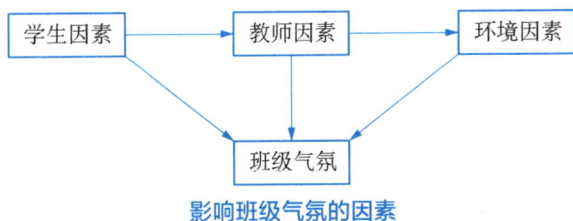

影响班级气氛的因素

(二) 班级气氛的理论基础

有关班级气氛的研究,最早起源于 20 世纪 20 年代社会心理学中团体动力学(group dynamics)与社会测量技术(sociometric technique)的发展,但真正建立理论基础,成为有系统的研究,则是近三十年的事。

1. 班级社会体系理论 (Classroom as A Social System)

最早提出"社会体系"概念来研究人类社会行为的是帕森斯(T. Parsons);而将此概念具体化,发展出一套分析人类社会互动的理论模式,并用以阐明教学情况中行为改变问题的,则当推格策尔斯(Getzels)和西伦(Thelen)。

格策尔斯和西伦(Getzels 和 Thelen,1960)认为人类在社会体系中表现社会行为,通常受到两方面因素的影响:一为制度方面的因素,指制度中的角色期望,又称"团体规范"层面(nomothetic dimension);一为个人方面的因素,指的是个人的人格特质与需要倾向,又称"个人情意"层面(idiographic dimension)(如下图)。

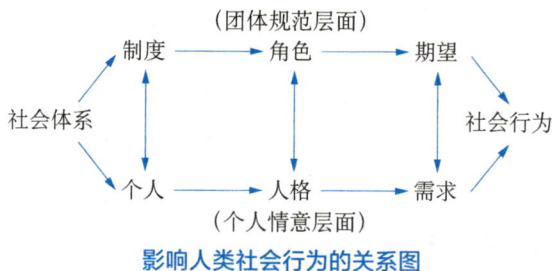

影响人类社会行为的关系图

(资料来源:陈奎熹,1990:149)

格策尔斯和西伦(Getzels 和 Thelen,1972)认为在制度和个人间应再加一个"团体"(group),作为二者间的过渡。其详图如下(陈奎熹,1990):

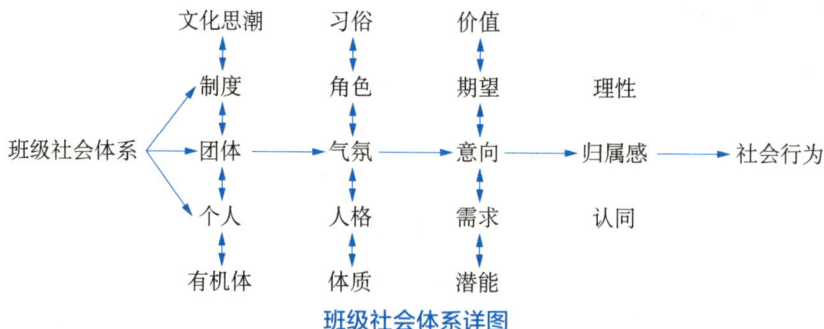

班级社会体系详图

(资料来源:陈奎熹,1990:153)

2. 环境压力理论 (Environmental Press Theory)

首先以环境压力的概念来研究个体在环境中行为的,是人格心理学家默里

（H. A. Murray）。而这个概念的发展，则是 20 世纪 30 年代社会心理学大师勒温（K. Lewin）场论（Field Theory）的延伸，他以"生命空间"（life space）作为理论的基础，认为人的行为是个体与其心理环境交互作用而成。

勒温以关系式 B = f(P * E) 表示，行为（B）是个体（P）及环境（E）二者之间交互作用的函数。其中，"E"既代表物理环境，亦代表社会环境及生理环境，而"P"则是指个体的内心、才能、知识等。此二者的交互作用，形成最后的合力，由此以支配行为的出现（郑肇桢，1987）。

（三）班级气氛的基本原则

班级气氛是教师与学生之间互动的气氛，是由师生的态度、情绪、价值观及其相关因素所形成的。良好的班级气氛可以增进学生的学习动机，激发学生对班级的向心力，促使学生从班级生活中得到自我实现。

1. 鼓励发言

教师在班级教学中应该不断鼓励学生发言，通过学生的发言可以了解学生的内心世界，同时可以了解学生的学习情形。

2. 尊重学生

教师在班级生活中对学生应该保持应有的尊重，唯有对学生尊重，学生对教师才会以礼相待。教师应该尊重学生的意见及人格，不可以随意批评学生，使学生在班级生活中丧失自信心。

3. 了解学生

了解学生是班级经营的第一步，教师通过对学生的了解，才能掌握学生各方面的特质，针对学生的学习特质给予专业方面的协助，这样班级经营才会成功，教师的教学活动实施才能更顺利。

4. 以赞美取代惩罚

任何学生都需要教师的赞美和鼓励，在班级经营中，教师应该善用奖励作为激发学生学习的策略，引导学生进行各学科的学习。如果学生偶尔犯错的话，教师不可对学生过于苛责，应随时给予学生改过向善的机会；唯有给学生改过的机会，学生才能不断反省思考并愿意调整自己的行为。

5. 制造双向沟通的机会

传统的师生关系定位在单向教导的角色上，学生在教室中往往扮演着沉默者的角色,学生的意见对教师而言是没有作用的。教师只有制造师生双向沟通的机会,让教师与学生的意见可以双向交流,才能营造良好的班级气氛。

6. 公平对待

教师在班级生活中,应该对每一位学生一视同仁,不可因个人的喜好与对学生的刻板印象,形成对学生不公平的现象。如果学生在班级生活中出现偏差行为的话,教师也应该给予公平改过的机会。

7. 随时在场

教师在班级生活中,如果想要营造良好的班级气氛的话,就必须随时在场,以营造良好的学习气氛。由于教师在场,所以学生会积极地参与各种活动,通过活动的实施与开展,营造良好的气氛。

8. 运用同理心

教师在班级生活中,应该不断运用同理心,接纳学生在班级中的各种行为。如果学生出现不良行为的话,教师应深入了解学生行为背后的意义,以专业同理的方式理解学生的各种行为表现。

9. 民主的领导方式

教师在班级领导风格方面,应该摒除传统一言堂的形式,给学生提供更多元的意见表达机会。现代化的教师必须具有民主的风范,以民主的领导方式对待学生,这样才能营造出更好的气氛。

10. 肯定学生

任何学生在班级生活中都需要被肯定,通过教师的肯定可以引导学生建立自信心。有了教师适时的肯定,学生才能了解行为表现所带来的报偿,进而保持良好的行为表现。如果教师在班级生活中缺乏对学生应有的肯定,则学生容易缺乏自信心。

(四) 增进良好班级气氛的做法

在增进良好班级气氛方面,教师可以考虑下列几种重要的做法。通过增进良好班级气氛,可以激发学生对班级的向心力。

1. 教师应具有的特质

教师在班级生活中,应该具有适当的人格特质,如友善的、幽默的、温暖的、风趣的、真诚的、有同理心的、尊重学生的等。

2. 教师的领导风格

教师在班级生活中应该采取适当的领导风格,公平对待每一位学生,无论是好学生、问题学生、差学生或一般学生,都应该给予相同的注意和关怀,不可以因为各种内外在因素而影响对学生的观点。

3. 给予适当的奖励

奖励对学生而言是相当重要的,教师对学生的奖励和称赞须随时随地,给予学生适当的奖励。

4. 衷心表示愿意协助

在班级生活中,教师应该让学生了解教师愿意随时为学生提供各种实质上的帮助,学生在班级生活中遇到困难的话,可以随时向教师寻求协助。

5. 了解学生的需要和困难

在班级活动中,教师了解学生的需要和困难是相当重要的,因为了解了学生的难处,教师就不会过于苛求学生,对于学生的各种困难就能以同理心相待。

6. 建立良好的师生关系

良好师生关系的建立与班级气氛的营造是相当重要的,教师如果能先建立良好的师生关系,就可以营造更优质的班级气氛。

7. 学校组织气氛营造

学校组织气氛常因校长的领导风格的不同而有所改变,如果校长采取高关怀高倡导或低关怀低倡导等领导风格的话,班级气氛就会不同。如果学校的组织气氛是佳的,则班级气氛就会佳。

(五) 班级气氛相关研究

关于班级气氛研究的取向,大概可分为三个:一是取向于班级教室中教师的领导方式对于班级气氛的影响;二则是取向于以"团体动力学"(group dynamics)的理论为主;三是取向于班级学习环境对班级气氛的影响。接下来就以此三大取向与班级气氛作一探讨:

1. 教师的领导方式与班级气氛

这一类研究着重于探讨教师不同领导方式会使学生产生不同的班级气氛与学习效果。谈及教师领导方式对班级气氛的影响,首先要追溯到勒温(Lewin)、利比特(Lippitt)和怀特(White)的研究。勒温、利比特和怀特区分了民主(democratic)、权威

(authoritarian)和放任(laissez-faire)三种领导方式,研究其对团体的社会气氛造成何种影响。结果发现,民主式的领导,成员较能共同讨论一切事物,朝团体目标迈进,工作效率较高;权威式的领导,团体成员彼此缺少合作,多以自我为中心,互相攻讦;而放任式的领导,成员虽有很大的自由空间,但彼此互相攻讦,而且不了解工作目标及性质(Lewin, Lippitt, & White, 1939: 271 - 299;王俊明,1982: 29)。

在台湾方面,陈密桃(1981)应用雷汀(W. Reddin)的三层面理论(郑诗钏,1998: 20),以"工作"和"关系"两个层面,将教师领导行为分为统合型(高工作高关系)、奉献型(高工作低关系)、关系型(低工作高关系)及独立型(低工作低关系)四种,探讨其对班级气氛的影响。其研究结果发现,统合型和关系型的班主任,其班级气氛较积极,而独立型的班主任,其班级气氛就显得较为消极(陈密桃,1981: 161 - 207;王俊明,1982: 31)。

综合上述研究可以得知,不同领导类型的教师,其班级气氛亦因此而有差异。也就是说,教师不同的领导方式,的确能影响班级气氛的形成,且是一个关键性的因素!

2. 团体动力学与班级气氛

团体动力学的创始者是勒温,其理论是要探讨团体的性质、发展的法则,以及团体内全体与部分的交互关系,并利用动力学的原理从事实验研究。简言之,团体动力学所着重的是团体内的互动关系(陈奎熹,1997: 284)。而班级气氛研究则是强调班级团体部分,强调班级内部各成员之间的交互作用关系,也就是说班级气氛是班级团体内部成员之间彼此交互作用的结果。

从弗兰德(Flander)的研究可得知,教室内师生口语行为、谈话方式的互动情形,会影响到教室中的气氛,而教师在教学情境中的教学行为,对学生的学习态度与学习效果也有重大的影响力。由此可得知,班级社会系统中师生互动的关系是影响班级气氛形成的重要因素之一。

另外,安德森(Anderson)指出影响班级气氛的因素包括四种交互作用:(1)同学之间的关系;(2)学生与课程之间的关系;(3)学生与教师之间的关系;(4)学生对班级结构的知觉,这些因素决定了班级气氛。朱文雄也指出,班级的社会互动决定班级气氛(郑诗钏,1998: 22;陈幸仁,1996: 144)。因此,班级气氛是班级团体内部成员之间彼此交互作用所产生的。

3. 班级学习环境与班级气氛

在互动理论的影响下,以往未被重视的环境因素受到了广泛的关注与普遍的探讨,因为任何学习总是在某种环境中进行的,师生与物理环境互动的结果也会决定班级的气氛,也就是说学习的环境会影响到班级气氛的形塑。朱敬先(1986)指出影响学习的因素有两个:一是社会因素;一是环境因素。前者包括师生、同侪、亲子等关系;后者包括声音、通风、温度、光线,以及教室座位分布等(王雅观,1999:32 - 33)。特里克特和穆斯(Trickett 和 Moos,1971)则认为教室环境(classroom environment)应该包含参与、亲密、支持、工作取向、竞争、秩序(或组织)、规则的明确性、教师控制、变革性等九个向度(蔡璧煌,1995:22;Trickett 和 Moos,1971)。

多伊尔(Doyle,1986)的"生态系统观"把"教室"视为师生为达成教学目标所居住的"环境",班级环境乃是由"居民"和"环境"交互作用而形成的"生态系统"。施穆赫和施穆赫(Schmuch 和 Schmuch,1988)更以班级历程的观点分析学习环境,把人际关系及团体历程视为影响学习状况的重要因素,并指出六个层面的团体历程:期望、领导、凝聚、规范、沟通、冲突,这六项若能相互关连,则会产生良好的班级学习环境(王雅观,1999:33 - 34;郑诗钏,1998:22);而积极健康的班级学习环境,有益于促进心理健康与学生的学习。

除了述及班级气氛的三大研究取向以外,我们还应了解社会测量法(sociometry)对于班级气氛研究的重要性。社会测量法是由莫雷诺(Moreno)所倡导的,常运用在班级气氛的研究里,其主要目的在于明了个体在团体中被接受或拒绝的程度,以发现个体在团体中的既存关系和社会地位。

二、班级气氛的营造

班级气氛的营造对学生学习行为的影响是深远的,教师在班级生活中应该为学生营造良好的教学气氛,为学生提供优质的学习与生活环境,让学生喜欢班级生活,使教师本身也喜欢处在班级教室中。

(一) 班级气氛与学习成就

每一所学校因所处的地点、环境、人、事物等因素而有不同的校风,每一个班级本身也都有独特的班级气氛。班级的组成成员之间密切互动及相互影响,久而久之,自然会形成一种班级成员间共同的心理特质或倾向,称之为班级气氛(吴清山等,1990)。在班级师生互动与同侪交流之下,师生相处愉快,良好的班级气氛不但让教师教学工作顺利,也使学生学习受益良多。

相关的论点指出,班级气氛的营造与类型,影响学生在班级生活中的各项活动,更进而影响学生的学习成就。此种现象在目前的初中阶段最为显著,例如,在读书风气比较好的班级,因为同侪之间的相互竞争与比较,所以学生会花比较多的时间在学科学习之上;在读书风气比较差的班级中,因为学习气氛不佳或是同侪对学科学习的趋力比较低,所以学生对学习活动就会缺乏兴趣,进而影响学习成就。

(二) 班级学习气氛营造的理论与实务

班级气氛的营造对教师的教学、学生的学习而言,是相当重要的一环。良好班级气氛的营造,可以为教师提供一个充满温馨、具有创意的教学环境,同时可以为学生提供自由轻松、无拘无束的学习环境。班杜拉(Bandura,1986)指出,学习是环境因素与认知因素共同决定的,环境因素与认知因素发生交互作用之后,共同影响个人的行为。班级气氛是环境因素中重要的一环,班级气氛影响学生的学习行为,进而改变学生的行为。

班级气氛的营造内涵通常包括师生关系的学习、教师教导方式与班级气氛、学生团体中的人际关系等层面。一般而言,班级气氛的营造会因下列因素而受到影响:第一,融洽的师生关系。班级气氛建立在师生间良好的互动基础之上,班级学习活动的进行有助于营造一个乐观进取的班级气氛。第二,双向师生互动与沟通。在班级生活中,教师应该随时接纳、倾听学生不同的意见与想法,给予学生表达意见的时间和机会,持续性地和学生谈话,并建立良好的双向沟通。第三,合作的同侪关系。班级生活中的同侪关系是决定学习进行的关键因素,同侪之间如果关系和谐,必然可以营造快乐的学习景象。第四,积极的学习风气。学习风气的营造可以引导学生强化学习动机,使学生在学习活动中培养出好学的气氛。第五,和谐的班级气氛。和谐班级气氛的营造必须将各种影响班级气氛的负面因素排除,教师必须尊重学生的学习自由及价值,并给予合理的要求与学业上的关怀,学生必须尊重教师的专业,积极地参与教师的教学活动,教师对学生的异常或反社会行为必须给予适时纠正,以免影响学生的学习。

（三）班级气氛营造的原则

班级气氛的营造对教师的教学、学生的学习都有正面的影响，因此班级气氛的营造是班级生活中相当重要的前置工作。教师必须在平日随时留意班级气氛的营造，为学生提供温暖、温馨、自由自在、无挫折的学习环境。班级气氛营造的原则，依据社会学原理，包括下列几项要点：

1. 运用情绪暗示原则

在班级生活中，学生会偏向于停止被责难的活动或顺从教师的要求，以回应教师的情绪反应。因此，学生会细腻地观察教师的情绪反应或是教师的脸色，作为行为表现的参考。如果教师的脸上充满快乐，则学生在行为表现方面比较随意且不拘小节；如果教师脸色不佳，则学生会自我暗示或相互提醒教师的情绪状况，进而约束班级的行为。

2. 多运用鼓励与强化

鼓励与强化是教育过程中的万灵丹，教师必须在班级生活中灵活运用此两种策略，如此才能收到预期的效果。如果教师在学生出现偏差行为与反社会行为时，惯于运用体罚、惩罚方式对待学生，会造成以暴制暴的不当后果。如果学生只会以攻击行为面对学习中的逆境，容易使其停留在错误阶段。

3. 给予各种适时关怀

在班级生活中，教师与学生的互动时间有限，教师无法在忙碌的班级生活中顾及每个学生的需要，给学生提供及时的协助。因此，教师应该在态度方面表现出温暖和爱心，给予学生适时的关怀。

4. 教师必须以身作则

以身作则是行为的最佳示范，教师在班级生活中必须随时留意自身的一言一行、一举一动，为学生提供学习的楷模。教师如果展现不当的行为，容易对学生有不良示范作用，产生不良的后果。

5. 正确运用归因理论

在班级生活中，学生学习成果往往受到班级同侪关系、师生关系与教师反应等的影响而产生不同的归因，进而影响学生未来的学习活动。在班级气氛的营造方面，教师应该了解归因理论的内涵与运用，对学生不存刻板印象，训练学生进行正向归因练习，在规划教室学习环境时要重视学习历程，并尽量减少学生之间的恶性竞争。

(四) 班级师生关系的营造

在班级生活中,良好的师生关系的建立在教师方面需要教师能随时了解学生的需要、关怀学生的问题、尊重学生的人格与自尊、付出爱心,并协助学生在班级生活中获得丰富知识与健全人格;在学生方面需要学生能对教师表现出尊重的态度、乐于接近教师、主动学习,同时可以将个人学习上的困难或乐趣与教师和同侪分享。班级师生关系的营造,可以考虑下列几项原则:

1. 多运用正强化原则

教师在营造师生关系时,应该多运用正强化原则,用真诚的态度鼓励学生表现良好的行为,对孩子具体的行为表现给予适当的鼓励,并且在教学中灵活运用不同种类或方式的强化策略。

2. 善于处理学生问题

教师在班级生活中面对学生的偏差行为与反社会行为,必须有效运用各种辅导策略给予协助。因此,教师应该设法了解学生的内在情绪,并适时地从不同角度思考问题。

3. 培养尊重接纳态度

教师在班级生活中应该对学生展现尊重与关怀、温暖与接纳的情怀,让学生感觉到被尊重,以培养尊重接纳的态度,培养良好的人际关系。教师应该以倾听的方式代替说教,摆脱教师权威心理,放下教师角色身段,在生活上与学生打成一片,融入学生的学习生活。

4. 善于处理教师情绪

教师在班级生活中,必须随时培养好脾气。当挫折容忍力降低时,教师要能随时处理自己的负面情绪;当感到压力来袭时,可以随时灵活地自我调适并处理自己的情绪。以人性化的方式处理自己的情绪,避免将负面情绪带给学生,造成学生学习上的焦虑与压力。

(五) 班级同侪关系的管理

班级同侪关系的管理,对学生学习行为表现的影响最大。学生在班级生活中的人际相处与同侪互动,对学习生活的影响是直接的。

1. 教师正确的态度

教师在辅导班级同侪关系时,必须秉持公平、公正的态度,对学生要一视同仁,不可有所偏颇,否则容易失去学生的信任。教师对于前来求助的学生,必须提供相同的机会让学生进行辩驳或说明;在面对学生冲突时,教师要能以开放的态度接纳学生的突发奇想。

2. 同理心的运用

学生在班级生活中难免因不同的生活经验、家庭背景、价值观而产生冲突。教师在处理学生关系时,必须考量学生的不同社会经济地位与家庭生活经验,教育学生采用将心比心的方式,凡事多为对方着想,这样必然可以减少不必要的冲突。

3. 使用强化策略

教师在班级生活中应该随时观察学生的行为表现,对于学生表现好的行为给予正强化,让学生建立良好行为的模式,了解良好行为表现的结果。教师在教学实施过程中,可以随时运用各种强化策略增强学生的学习效果,激发学生的良好表现。

4. 人际关系辅导

人际关系的培养影响学生在班级生活中和同侪的互动情形,教师必须针对一些不活跃或不受欢迎的学生,给予其表现的机会。在教学中多发掘学生的优点,引导孤立的学生融入班级生活,以培养良好的人际关系。

班级气氛的营造不仅影响教师的教学情绪,同时也影响学生的学习意愿。在班级生活中,良好的学习气氛可以使教师乐于开展教学活动,使学生也乐于参与学习,对教学活动效果与学习成果的提升有正面的作用。

三、增进良好师生关系的做法

对于班级气氛的营造,增进良好师生关系是相当重要的。如果在班级师生关系的营造方面,注重促进师生之间的互动关系,则班级气氛会比较融洽和谐。增进班级师生关系的做法,参考如下:

1. 记住每一位学生的姓名

不管是班主任还是任课教师,都应该在短时间内记住班级每一位学生的姓名,如此才能缩短教师与学生之间的距离。班主任可以要求学生填写一张学生基本资料表,或是先将学生座位固定,之后填写一张座位表,并运用最短的时间将每一位学生的姓名记下来;任课教师因为担任教学的班级会比较多,可以要求班主任提供一张学生座位表,让任课教师在短时间之内认识每一位学生。

2. 掌握学生的兴趣与嗜好

教师要能了解班上每一位学生的兴趣或嗜好,基于学生的兴趣和嗜好使其融入班级生活,并不断鼓励学生展现自己的兴趣和嗜好。除此之外,教师也可以通过各种方式获得学生的背景资料,给学生提供发挥特长的机会。

3. 多说正面积极的话

教师应该在班级生活中多说一些正面鼓励的话,用正向积极的方法处理事务,强调以积极的态度帮助学生,而非对学生处处设限。

4. 展现教师的亲和力

在班级生活中,教师不可以自恃过高,或视自己为万能而忽略学生存在的事实。教师应该在与学生互动中,随时展现自己的亲和力,让学生觉得与教师亲近不是一件难事。

5. 以行动证明对学生的关怀

教师应该以行动代替口头说教,将自己对学生的关怀通过行动表达出来。如果学生对教师的意思有不了解的地方,教师也应该花时间向学生说明,并且让学生感受到教师对学生的关爱。

6. 强化个别学习指导活动

教师在班级生活中应该针对学生各方面的学习,依据学生的个别差异,制定各种不同的学习计划和学习活动,必要时随时给予个别学习指导活动。

7. 设立班级信箱

教师可以在班级设立信箱,让学生通过班级信箱讲出自己的观点和看法。例如,通过班级信箱的方式,请学生写出"如何让本班更好的策略"、"如何激发同学的读书兴趣"等。

8. 参加学生的各项活动

除了正式的课程之外,教师在班级生活中应该为学生设计各种结合生活的活动,引导学生从活动中学习。例如,针对各种诈骗集团的骗术,设计各种学习活动,让学生从中学习防骗防抢的策略。

9. 定期举行庆生会

学生生日庆祝会的举行，不但具有生命教育的意义，同时可以通过庆生活动缩短师生之间的距离。教师也可以通过这个机会，邀请寿星的父母到学校分享养儿育女的经验，让学生了解父母亲养育的辛劳。

10. 运用信笺

在日常的班级生活中，如果学生表现良好的话，教师可以撰写一些励志的信笺送给学生作为奖励；如果学生出现不良的行为，教师也可以写一些励志的话，让学生自我激励之用。

11. 和学生个别谈话

教师可以在班级生活中和学生约定个别谈话时间，在个别谈话中可以设定各种主题，了解学生的生活经验、家庭生活、未来规划等。通过个别谈话可以强化教师对学生的了解，同时缩短师生间的距离。

12. 和学生共进午餐

午餐时间是一天当中比较轻松的时间，教师可以在午餐时间播放一些比较轻松的音乐，和学生共进午餐，了解学生的用餐情形，同时在用餐时间和学生闲话家常，了解学生的生活近况。

13. 请学生表决班级徽章等

教师可以指导学生表决各种版本的班歌、班旗、班徽、班花、班级动物、班级颜色、班级卡通人物、班鸟、班诗、班级称呼等，作为提振班级士气的参考。

14. 编写班级历史作为纪念

教师可以指导学生针对班级生活中的重要事件，对于班级发生的有意义的事件，依据时间的先后顺序、人物动态等，逐项地记录下来，作为班级发展历史。

15. 班级活动大家看

教师可以指导学生针对班级的各项活动，搜集资料与相片并附加文字说明，张贴在教室比较明显的地方，并集结成册作为班级生活的回忆录。在班级活动结束之后，教师可以邀请家长或学校其他班级的师生，参观班级活动所整理出来的资料。

16. 我的成长回忆录

教师可以指导学生将自己童年的各种资料，包括相片、重要文件（如出生证明）等，加以整理并在班级上提供给大家欣赏。

四、教室布置与设计

(一) 教室布置的主要目的

1. 发挥情境教育的功能

构成一个富有亲和力的环境因素,包括教室的造型、色调、照明、温度、空间设计和布置。

2. 教学前后的学习引导

配合学期的各个单元,设计好内容,布置上去。

(二) 教室环境布置与设计原则

1. 教育性

班上有一位自闭症儿童,因为人际关系不好,于是老师在班上设置小信箱,同时引导其他同学写信鼓励他。

2. 实用性

全班分组完成月历,然后悬挂在教室供大家使用。

3. 定期更换

配合学期的大单元布置可以不用变动,但是学生的作品或其他部分应视需要进行更换,随时保持新鲜感,才能吸引学生去观赏、探究,否则教学效果等于零。

4. 整体性与美观性

教室布置避免杂乱,尽量使用明亮的色彩,注意色彩间的和谐,更重要的是暖色系的比重(如红色)不可太多,以免学生进到教室会躁郁不安。

5. 创造性与生动性

利用学生的作品来充实布置内容。

6. 经济性

教室布置由于要经常更换,所需材料和经费应考虑其经济性,原则上以废物利用或社区资源为主,由师生共同设计,应减少成品购置,以达到经济实用之效果。

7. 师生共同参与

教室布置的活动最好由师生共同设计制作,但主角应为学生,老师可从旁辅助,如此一来,学生和老师会更加容易建立互信的桥梁,关系会更加密切。

五、教学布置的内容

(一)教室内的布置

1. 单元重点

以分科分节的形式将各科的重点明显地展现出来,让学生在学习时能有要点可循。即使老师没有在班上授课,学生仍然能依此布置的提示自主学习。

2. 作品展示

将一些学生的优秀作品及进步幅度较大的作品陈列于此。

3. 公布栏

将每天的注意事项、叮嘱同学完成的事项,以缓和非命令式的表达方式一条条列在上面。

4. 荣誉榜

是一个鼓励区,将学生的各方面表现呈现出来,营造出一个良性竞争的班风。

5. 学习角

(1)图书角:是供学生阅读课外书籍或介绍好书,彼此分享心得、互相交流的地方。

(2)益智角:放一些可以动动脑的游戏,如下棋用具、积木等。

(3)研究区:可作为上课内容的延伸,加深加广学习。

(4)沟通角:是同学之间彼此谈心或师生沟通的角落。

(5)宝贝角:展示自己心爱的玩偶、搜集品,与同学分享。

(6)医护角:摆放一些常用药品,告诉学生使用的方法与适当的时机,可让学生轮流充当小护士,学习如何做好简易的护理。

(7)工作角:供学生敲敲打打、缝缝补补、剪剪贴贴等。

(8)运动角:将学生喜欢的运动器材放在一个大箱子里,供学生在下课时间自由使用。"惜物"、"原物归位"的教育要随时叮咛与检验。

(9) 时事角：针对当周的重大新闻,要求学生把想法写下来甚至指导他们练习"文章缩写"或"替新闻定标题"等,达到训练他们思考、语文写作的能力。

(10) 留言角：找一些可爱的便条纸,让学生在日常生活互动中记录一些有趣的、难过的和不平的(但勿用来骂人)生活点滴,放入小盒子或钉在留言板上。

(11) 涂鸦角：把平时办公室不用或丢弃的纸张搜集起来,让学生利用空白的另一面尽情涂鸦,将"资源再利用"的观念真正落实,同时可以训练低年级小朋友大肌肉的协调性。

(12) 电脑角：供学生上网、查资料。

(二) 教室外的布置

1. 绿化走廊

走廊两侧可放一些绿色盆栽来加以绿化。

2. 柔化走廊

用学生在日常生活中所熟悉之物品加以造形设计,或将学生作品(如学生于美劳课所创作的作品)加框,轮流悬挂,可吸引学生注意力,达到布置的效果。

六、教室布置的方法

1. 制定管理规则

指导孩子合力整理教室各个地方。

2. 强化教室布置的功能，达到充分使用的目的

例如图书角,可以利用某一节课,请一位学生朗读一段小故事,或是举办图书迷宫游戏,让学生去书本堆中找寻答案。

3. 设计学习角过关卡

七、以艺术打造爱的天堂

班级空间规划与教室布置计划书

(一) 教室布置原则

1. 与教学相配合

当进行某一单元教学时,老师可事先请学生搜集相关资料并加以张贴,或者张贴老师欲给学生的课外资料。当上完这单元时,可将本单元的重点加以张贴;而统整课程时,学生可依主题分别进行研究并做成研究专辑张贴于教室。

配合单元教学的教室布置

2. 配合节庆

教室布置是最易与生活经验相结合的教学方式。如母亲节制作感谢母亲的卡片,圣诞节挂袜子、布置圣诞树,过年时教室门外贴春联,端午节挂香包、粽子及艾草等。

母亲节谢卡

3. 配合学校或班级活动

学校会时时举办许多活动,如运动会、反毒宣传、塑料瓶回收计划等,都可配合着布置相关主题;班上的活动,如庆生、欢送等,都可将活动照片张贴出来。

庆生活动

防治 SARS 宣传

4. 展现班级特色

每一个班级的班风都不一样,教室布置应由师生共同决定,通过布置可以展现出本班的特色,让学生对班级有一股向心力。

每一个置物柜都出自小朋友们的巧手喔！

我们这一班很特别吧！

5. 激发学生学习

布置的内容如果能够引起学生想看的兴趣，那么就可以产生很大的教学功用了！学生可通过布置内容激励自己学习，甚至引发灵感，这对他们是很有帮助的。

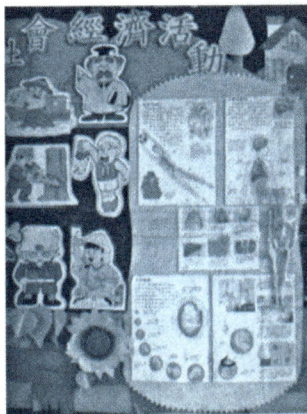

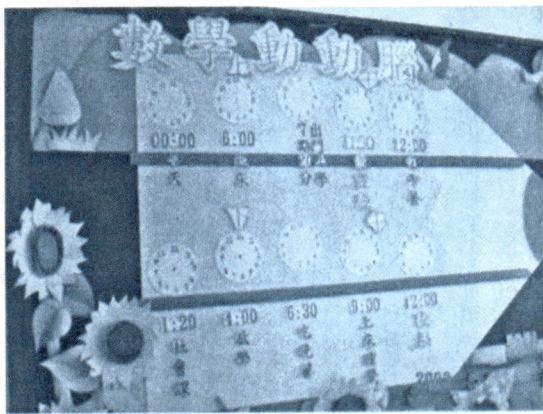

激发学生学习的兴趣

6. 均等机会

老师应秉着"每个作品都是好的"原则，让每一个学生的文章、图画、学习单都能有展示的机会。

每个作品都是好的

7. 丰富但不杂乱

教室布置的内容可多样多变,但千万不要杂乱无主题,好像杂货店似的,让人有一种不知所措的感觉,降低了学生走近看的意愿。

丰富可爱的教室布置

8. 经济实惠的价钱

布置不是以装饰或美化为主,因此不需要花费太多金钱,尽可能废物利用或以经济考量为原则,比如,可把纸箱展开当主题板,把用过的瓶子当花瓶,用丢弃的塑胶套子来装置学习单等,尽可能从周遭取用,而不要花太多班费。

9. 舒适温馨的家

教室看起来不要像教室,而要像个家,让师生感觉到舒服温馨,这样教师的教学效率会增强,学生的学习效果也会提高。

10. 人人参与

教室是大家的,不是少数几个好学生的,因此应大家一起来动手布置,不论字多丑,图画多奇怪,艺术造诣如何,我们都应相信每一个孩子都有潜能。

人人参与布置

11. 随时做变动

教室空间应随教学而做变动,不是每一个部分都要设一个学期,可能这个月是"语文角",下个月就变成"简报欣赏区";或这个月来个"学生搜集特展",下个月来个"幼时记忆展"。此外,如果教室布置是以教学单元作为依据,那么要随着下一单元的教学做变动。

(二) 教室布置的内容

1. 教学单元类

按各科进度搜集相关资料、剪报、教学重点等。

教学单元类

2. 作品展示类

学生作品包括美劳作品、作文、学习单、读书心得、参观心得等。

作品展示类

3. 公布栏

主要公布学校的活动消息、班级事务等时效性很强的事,或展示班级活动的照片等。

公布栏

4. 荣誉榜

将班上或个人的荣誉公布在此,可以让他人学习效法,激励自己向上。主题名称可为"好人好事"、"我是大明星"、"优点大轰炸"、"荣誉博士榜"等。

5. 时事与时令

除了让学生学习学校的知识外,也要让学生知道一些现在社会上所发生的事。主题名称可为"焦点新闻"、"一周大事"、"热门话题"、"时事专栏"、"不可不知"等。

扩展孩子的视野

6. 生活辅导

教室除了理性,也可以是一个感性的地方。规划一个有关学生心声或亲师交流的园地,让教室更温馨、更感性。主题名称可为"请听我说"、"老师的悄悄话"、"心情指数"、"静思角"、"请帮帮我,我需要……"等。

7. 休闲娱乐类

可以规划教室的一个小区域,铺上垫子,放置如象棋、书报、玩具等一些物品,让学生在上课读书外,还有一个休闲娱乐的地方。例如"游戏角"、"图书角"。

让孩子有喘息的空间

8. 电脑资讯类

电脑的使用是现代孩子必备的技能

9. 工具类

教学上不管是老师还是学生,常常会用到一些文具,也常常会有学生捡到无人认领的东西,如笔、橡皮擦、尺、胶水、针线、卫生纸等,因此可以规划一个区域放置这些相关东西,供师生一起使用。例如,"文具区"、"急救箱"、"爱心用品区"等。

急救箱

工具箱

文具区

10. 装饰类

适当的装饰可使教室增色不少,例如盆栽、布偶、彩球、彩带等。

教室装饰

11. 杂物类

有一些物品是教室最好要准备的,如月历、镜子、时钟等,这些都与生活息息相关。

时钟

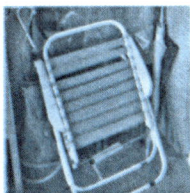

椅子

漱口水

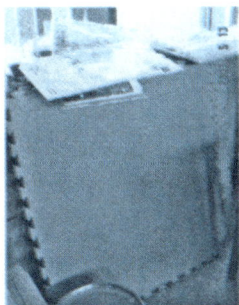

睡垫

厨具

12. 置物柜

用来放置一些班级或学生的东西,可利用教室窗台下方,或学生购买自己的置物箱置于教室后。这样一来,学生可将不常用到的课本、毛笔、乐器等放在箱中,省去许多麻烦。

这样是不是整齐多了呢?

(三) 教室布置的方式

1. 事先规划

布置前先规划好几个固定主题、几个活动主题,让教室布置有一定的规则。

2. 固定的底与外框

许多主题的内容具有时效性,更换的频率很高,因此在一开始即将每一个主题的底面与边框做好,届时只要更换内容,无须再重做。

3. 覆盖一层塑胶膜

底面做好后,在表面先贴上一层塑胶膜。如此一来,既不会破坏美观,也不会因为时间的过去而褪色。

4. 认养区制度

将每个主题列出,让学生采用认养制度去布置。这样每一个区域都有人负责布置更换,学生也都有展现能力的机会。

5. 老师的叮咛

除了老师本身的提醒之外,由专人负责监督提醒每一组的工作。

(四) 教室布置地点

1. 教室后方三大块面积

将三大块面积合成一大块，使其不受面积形状限制，主题空间更具弹性

2. 门里门外

门内就是一些如老师备忘录、学生工作检查表的张贴处，非常实用。

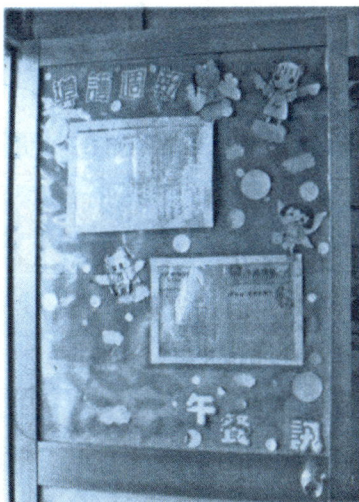

门外

3. 走廊

走廊

4. 教室内柱子上

柱子的空间不大，因此布置一些较小的主题

5. 天花板

天花板所布置的是可以悬挂的作品，如学生的美劳作品，或特别节庆挂的彩球装饰品等。但记住别挂得太低，否则学生会搞怪的，作品寿命也不会长久。

6. 黑板左右

黑板左右的布置尽量以备忘录或公布栏为主，切勿太花哨，否则将太过吸引学生上课的目光

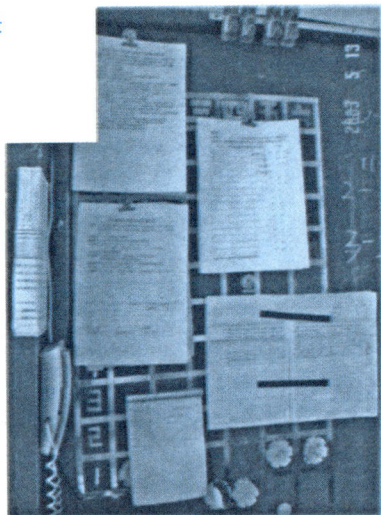

7. 前后黑板下方

这是一个很大的空间，但许多人都忽略了它的存在，它可以是作品展示区，可以是学生资料的张贴处，或一些检查表的张贴处，年级越低越可使用。

8. 窗户上

窗户上的张贴以短暂性学生作品或活动照片为主，一段时间后即拆下或更换，玻璃上或边框上均可使用

(五) 班级空间规划

1. 黑板。
2. 讲台。
3. 公用置物柜。
4. 老师桌椅。
5. 学生桌椅。
6. 学生置物柜。
7. 电风扇。
8. 电灯。
9. 睡垫。
10. 创意小角落：学习角、图书角、游戏角等。
11. 专栏：单元布置、学生作品栏、公布栏、荣誉榜等。
12. 电脑区。
13. 清洁用具。
14. 时钟、月历、录音机。
15. 资源回收区。
16. 鞋柜。
17. 盆栽。
18. 置衣架。

（注：感谢台湾崇学小学提供班级教室布置的创意点子供本章说明之用。）

八、学习角落的布置与美化

班级学习角设计书

(一) 读书角

读书角是供学生阅读课外书籍或介绍好书，彼此分享心得、互相交流的地方。

可成立班级图书馆
增加藏书量，并配
合读书会引导孩子
作更深入的阅读

(二) 游戏角

放一些可以动动脑的游戏，如下棋用具、积木、大富翁等。

下课时间虽然只有
短短十分钟，却是
孩子快乐的泉源

(三) 研究角

可作为上课内容的延伸，加深加广学习。

(四) 沟通角

可为学生之间彼此谈心或师生沟通的角落。

(五) 宝贝角

学生展示自己心爱的玩偶、搜集品,与同学分享。

每一个玩具都是孩子的宝贝

(六) 医护角

摆放一些常用药品,告诉学生使用的方法与适当的时机,可让学生轮流充当小护士,学习如何做好简易的护理。

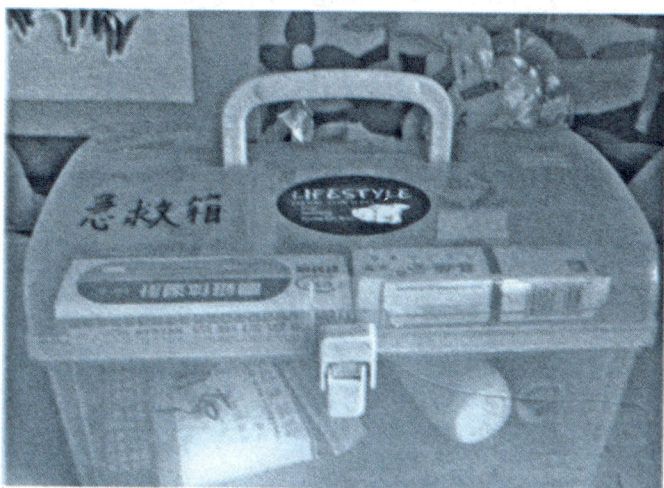

教导孩子正确的护理常识,让孩子懂得如何照顾自己

（七）工作角

供学生敲敲打打、缝缝补补、剪剪贴贴等。

（八）运动角

将学生喜欢的运动器材放在一个大箱子里，供学生在下课时间自己使用。这也是"爱惜物品"、"物归原处"生活教育的另一种方式。

（九）时事角

针对当周重大新闻，要求学生把想法写下来，甚至指导他们进行"文章缩写"、"替新闻定标题"的练习，达到训练孩子组织文章结构、语文写作的能力。

（十）留言角

把一面仍干净的废纸剪裁成纸条大小，让学生在日常生活互动中记录一些有趣的、难过的和不平的（但不可用来骂人）生活点滴，钉在留言板上。

（十一）涂鸦角

在教室墙壁中找一块空间，贴上浅色的壁报纸，让学生可以在空白的地方尽情涂鸦。涂鸦的成果也是教室布置的一部分。

孩子自己装点的墙壁，使班级更有特色

(十二) 休息角

给学生提供一个休息、聊天的小地方。

利用多余的椅子，就可以布置出一个别出心裁的小小园地

(十三) 电脑角

结合教学课程，训练学生上网、查资料的能力。

将学生所查到的资料记录在磁盘中，积累学习经验

教育箴言录

值得警惕

根据 1993 年 11 月 10 日台湾《中国时报》问卷调查：

● 实施教科书开放,则有八成七的学生学习负担加重。

● 二成四的学生,每周补习时数超过 10 小时。

● 五成以上学生,每天睡不到 5 小时。

● 有六成六家长认为小孩过得很痛苦。

● 有二成家长,填下**最高**痛苦指数。

●"九年一贯课程让孩子学习更生活化、活泼化及能力提升?"对此,有一成三家长同意;不同意的家长高达六成七五。

本章讨论问题

一、请说明如何营造良好的班级气氛。

二、请拟定一份增进良好师生关系的计划书(包含策略与方法)。

三、请至少参观三所学校,提出具有创意的教室布置说明图。

四、请说明教室学习角落的规划与布置。

五、请拟定一份教室绿化与美化的计划。

第四章
班级教学的规划与实施

本章的重点在于探讨班级教学的规划与实施,内容包括重要理论与策略、班级座位的安排、任课教师的班级经营、教具在班级教学中的应用、班级管理与有效教学、创意教学的实施等。

一、重要理论与策略

教育家杜威有言:"要想改变一个人,必须先改变环境,环境改变了,人也就改变了。"教师在经营班级时,应该有效运用各种资源,进行妥善的经营,以创造良好的学习环境。

社会学习论的观点指出,学生的行为是人格与环境的函数。因此,教师如果希望学生的行为符合班级的期望,在学生座位方面的安排就必须参考相关的理论与研究。

(一) 学生活动的形态研究

萨默(Sommer,1969)研究指出,学生在活动中的选择所涉及的互动类型为:1. 个别的工作。此类型的学生选择远离别人的座位,或者是以各种幕布隔开别人的视线,在有意避开他人时,也常选择桌子的尽头,远离教室中心、靠近墙的位置,并试着通过保持距离来保护自己的隐私,使自己不受干扰。2. 分工的工作。当进行合作性质工作时,此类型的学生通常会选择靠得很近,以方便相互讨论议题,所以教师在安排座位时,应该考虑学生的分工情形。3. 竞争的工作。当工作本身具有竞争性时,一般人会选择坐比较里面的位置,以理解别人的进行情形。学生在参与竞赛时,比较喜欢坐在对手的对面,如此可增加彼此目光的接触,激化彼此竞争的动机。

(二) 座位与人格特质

有关学生座位与人格特质之间的关系,沃勒(Waller,1933)研究指出,坐在前面的学生通常比较具有依赖性,喜欢追求挑战或者特别用功;而坐在后面的学生,比较具有叛逆性,对自己的成就动机低。

(三) 座位与参与感

在学习参与感方面,坐在前面以及中央的学生有较高的学习成就和参与感。此种现象主要为:1. 坐在前面及中央位置的学生,学习动机比较强,并且对学科具有比较高的兴趣;2. 坐在前面及中央位置的学生,在师生之间的交互作用方面,比坐在其他位置的学生频繁。

由以上的相关研究可以了解学生座位与学习态度之间的关系,因此教师在学生座位的安排方面,应该针对班级气氛、班级特性、学生特质以及学科上的需要,作妥善的规划处理,以使学生与教师都可以在班级生活中获得最大的利益。

二、班级座位的安排

(一) 教室空间规划

传统的教室空间规划都是固定的空间和建筑物,教师要着墨或是调整的地方是有限的,一般的教师对学校建筑与室内空间设计的理念是比较淡薄的。因此,教师在班级空间规划方面,应该多搜集一些室内设计与规划的资料,原则上是使班级空间规划与家庭中的书房相近,以激发学生在班级中的学习动机。由于教师在教室空间规划的硬件方面能调整的有限,因而在内部的设计与规划上就必须花比较多的心思,运用各种室内设计的技巧,将各种资源材料作有创意的整合。有关教室空间规划请参考下图:

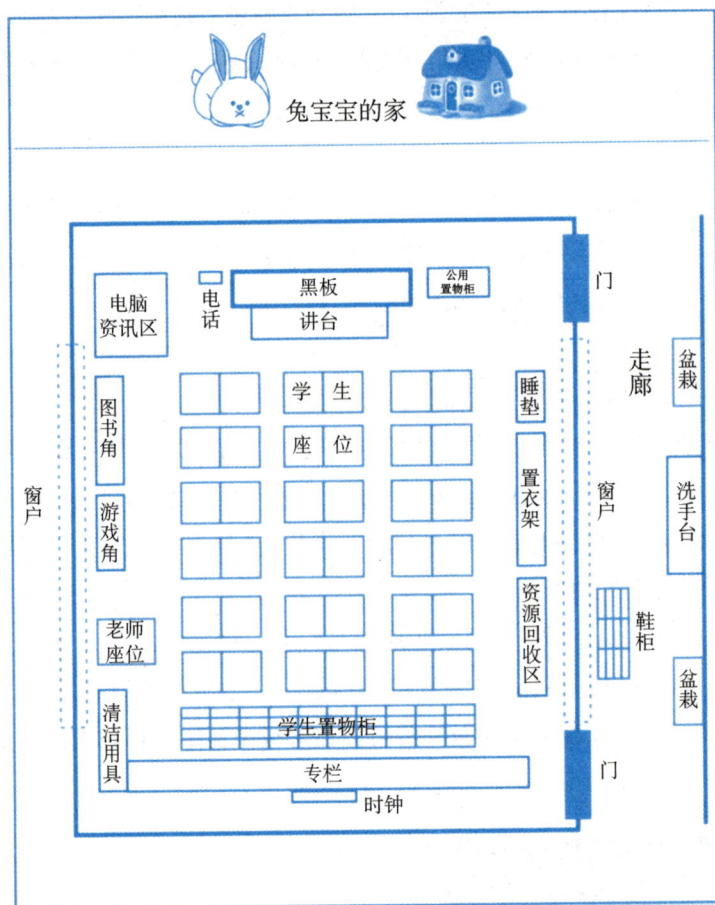

教室空间规划图

（二）教室环境设备安排原则

对于教室环境设备的安排，教师必须发挥专业能力，多参考专家教师的教室安排。一般而言，教室在环境设备的安排方面，可参考教育性、实用性、安全性、整体性、独特性、创造性、生动性、经济性、美观性、发展性等原则。

（三）座位安排的原则

对于教室座位的安排，每一位教师的想法与做法都不一样，一般教室座位的安排应该结合各科教学活动的实施，如此才能提升教学的效果以及教学品质。通常教室座位的安排可参考以下几项原则：

1. 可考虑男女生间隔坐。

2. 考虑身高因素。按照学生身高定先后，个子矮的坐在前面，高的排在后面。如果有特殊需要的话，教师可以在桌子和椅子的高度上面作适当的调整。

3. 考虑视力因素。可以考虑将视力不良的学生排在前面，或是比较不会影响光线来源的地方，但原则上还是要请学生父母为学生做视力矫正的工作。

4. "近朱者赤"。尽量避免将"较难管教的学生"或是"同类学习困扰学生"集中坐在一起，应将他们排在前面，以便于老师监督或是运用同侪学习辅导的方式。

5. 各组都有领导型学生。教师在班级分组学习时，应该在每一组设置小组长，请小组长负责学习辅导工作。

6. 多变化，不一定全是排排坐（请参考本章的座位安排案例）。

7. 定期轮调。学生座位的安排应该采取定期轮调制，让学生在座位上面有定期调整的机会，同时可以强化学生之间的互动关系。

8. 学生座位的安排应尽量避免直接面对干扰的来源。在学生座位的安排上，尽量避免因来自外界的干扰而影响学生的学习情绪，以及学生专心听课的情绪。

9. 座位之间应保持适当的通行距离，以避免拥挤和干扰；尤其是小组与小组之间的距离应该要适当，避免小组之间的相互干扰。

（四）编排学生座位的注意要点

1. 桌椅高度和学生身高要配合。避免前面学生影响后面学生的视线，进而影响学习成效。

2. 座位排定后,马上画一张座位表贴在讲桌上,并提供一张学生座位表给任课教师,以利任课教师在教学中作常规管理。

3. 座位排定一两周后,若发现谁和谁坐在一起不适合,应马上调整座位。例如,经常在班级学习中捣乱的学生,或是在班上比较常在一起讲话的学生,必要时应该加以隔开。

4. 对于学习落后、注意力不专注的学生,尽可能安排坐在前面的位置,以方便老师就近督促、辅导;或是安排小老师坐在旁边,以方便进行同侪学习辅导。

5. 须考虑学生走动的方便及空间的安排,尤其是应该预留足够的空间,避免学生下课时间产生意外事件。

6. 多备一两组桌椅,以备转学生转来使用。

(五) 座位安排的方式

1. 此种形态(如下图所示)的优点是教室常规较好控制,学生比较不易分心,且适合讲述性的教学。

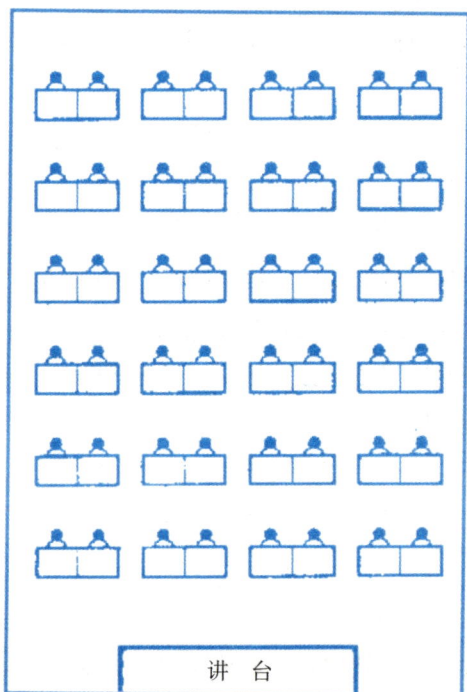

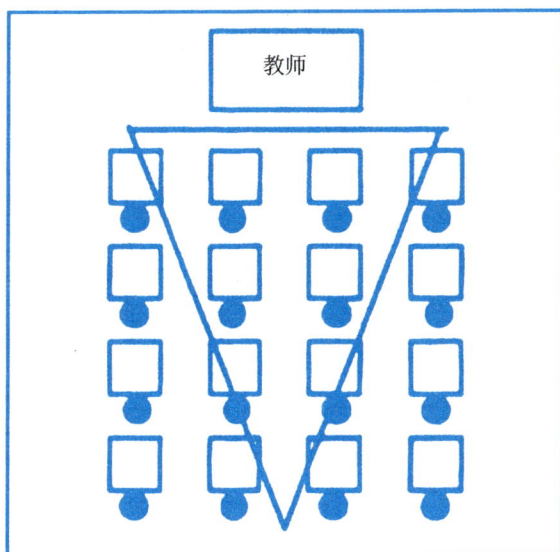

最方便师生交互作用的座位图

2. 此种形态(如下图所示)利于小组讨论与小组教学。教师采用此种形态安排座位时,应当把小组领导者安放在可以明显影响其他组员的中心位置,并且可将比较害羞、内向的学生安排在领导者或喜欢说话者的对面。

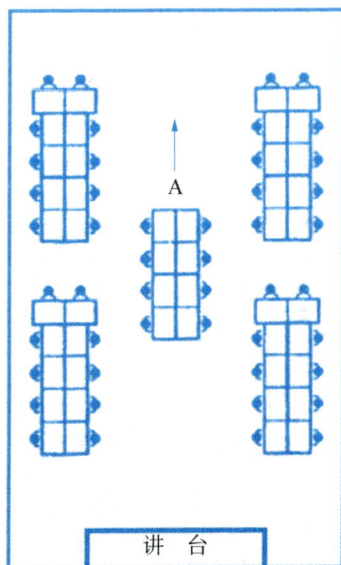

方便小组讨论的座位图

3. 此种形态(如下图所示)可使每一位学生都能面对全体,有助于学生间的互动。在实施时,教师应将领导力较强的学生安排在可以明显影响其他同学的位置。

利于全体学生互动的座位图

4. 此种形态(如下图所示)常被使用在小学讨论教学上。

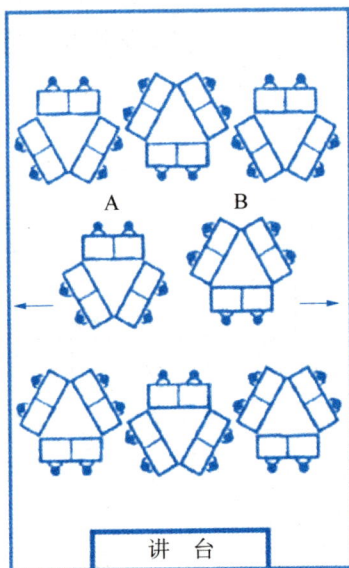

适合小学讨论教学的座位图

5. 其他形态

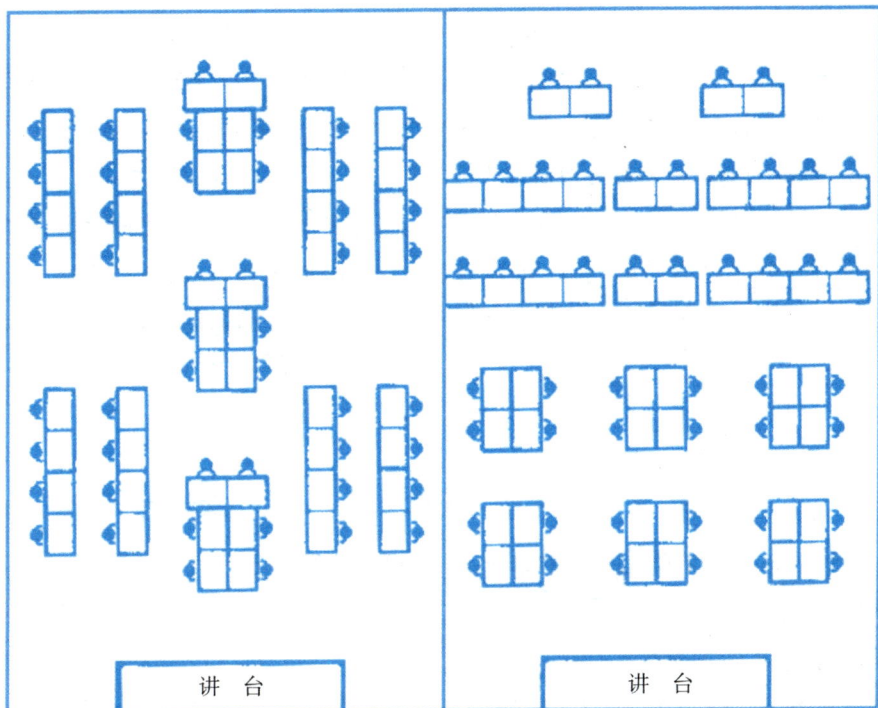

其他形态的座位图

三、任课教师的班级经营

　　一般而言,任课教师在班级经营方面比班主任困难,主要是因为任课教师对学生不了解,无法完全掌握学生的各种动态;再者,任课教师所担任的课程大部分不是主科,比较不受重视。

(一) 任课教师常见的失控问题

1. 任课教师对学生的约束力不够

任课教师在教学过程中,在班级经营方面往往比班主任要花更多的时间在学生常规的管理上面,其主要的原因是任课教师对学生不熟悉,缺乏深入的了解,无法完全掌握学生的动态。

2. 学生对非主要课程的错误认知

按台湾目前的制度,任课教师大部分担任非主要科目的教学,而学生对非主要课程总存在着"不重要科目"的认知,进而影响学生对任课教师的态度。

3. 各种工具不带并缺交作业

任课教师经常面对的问题为学生上课前忘记带各种用具,主要原因为任课教师的课程并非是经常性的,往往间隔一至二天或隔周上课,任课教师在当天课程中要求学生下一次上课带的用具,学生经常因事隔多时而遗忘,造成任课教师上课的困扰。

(二) 任课教师的班级教室管理对策

1. 慎选教学主题

任课教师在教学单元主题的选择上,比班主任具有更弹性的空间,比较不会有教学进度上的压力。

2. 教学实施多元化

任课教师在教学实施过程中,应该规划设计各种动态的教学,运用各种结合肢体语言、感觉器官的教学策略,为学生提供更多元的学习机会,让每一位学生都可以真正参与学习活动,从各种活动中学习并收到潜移默化之效。

3. 善用赞美,少用惩罚

任课教师在教学活动实施中,应该有效运用各种赞美策略,并通过各种社会性强化,增强学生的学习兴趣,并激发学生在学科方面的兴趣。例如,对于创作性的科目,教师的教学评估应该以"用心程度"作为标准,避免以"统一标准"或"高标准"要求不同的学生。

4. 有效的奖赏与惩罚策略

任课教师的奖赏与惩罚策略,应该与班主任的班级经营计划内容相契合,这样,学生在教学中才能遵守既定的班级常规。

5. 引导有效学习,减少学习障碍

学生如果在学习过程中遇到各种障碍,缺乏反复练习或向教师请教的机会,在日积月累之后就会渐渐对这些课程缺乏兴趣。因此,任课教师应该了解学生在学习方面的困难,在教学中有效引导学生进行学习,给学生提供有效的学习策略,减少学习障碍,进而增进学生的学习信心。

6. 建立教学的有效程序

任课教师在教学中应该尽量建立教学的有效程序,让学生了解教学的重要步骤以及教师对学生的要求,这样学生才能在教学中遵守各种规定。教学程序的内容应该包括教学目标、教学设计、教学器材、教学评估等,并应涉及学生表现、常规要求等项目。

7. 请班主任提供学生与家长名单

任课教师无法掌握学生的另一个原因,在于任课教师与任教的学生家长不熟悉,无法与家长进行亲师沟通,要求家长配合教学。因此,任课教师在教学前,应该请班主任提供学生的名单以及家长通讯录,以便任课教师随时与学生家长联系,了解家长对孩子的期望,同时让家长了解学生在这些课程中的表现,请家长配合要求自己的孩子。

8. 和班主任充分联系

任课教师与班主任充分沟通与配合,对班级常规的维持是相当重要的。在沟通的内容方面包括班主任的班级经营、亲师沟通的内容、班级常规等,这些均可作为任课教师教学的参考。原则上,任课教师应与班主任的班级经营作密切的配合,才不至于让学生对任课教师的班级经营感到陌生,进而无法配合任课教师的要求。

(三) 结语

截至目前,任课教师所担任的课程常被视为非主科、营养课程等,在此种错误观念之下,家长、学生对这些课程的学习缺乏关注与信心。因此,任课教师在教学中容易因各种外在因素加上班级经营的困难,遭遇各种教学上的挫折。任课教师在班级经营方面,应该与班主任进行密切的联系配合,了解班主任对学生的要求以及各种行为规范,作为教学的参考,同时有效运用各种策略维持学生的常规。

四、教具在班级教学中的应用

本节将针对教具的选择议题,探讨教具本身对教学活动所产生的效果、教具在教学上的运用以及教具的相关论点,并为教师提供教具运用方面的参考,以便提高教学成效。

(一)教具的功能

教师在教学中所使用的教具通常包括实物、标本、模型、图画、挂图、实验仪器、练习卡片、黑板、白板、揭示牌、录音机、电唱机、幻灯机、投影机、电视、录放影机等。教具的使用对教学活动具有辅助效果,不但可以强化学习者的动机与兴趣,同时可以强化教学成效。教具的功能包括下列几项:

1. 提高学习者的学习兴趣

教师在教学活动实施中,通过运用实物、标本、模型、图画、挂图等类型的教具,可以达到提高学习者学习动机的效果。教师在教学中如果仅凭教科书、一支粉笔、一块黑板、一张嘴,是很难提升学习者的学习兴趣的。

2. 协助学习者学到他们该知道的

教师在教学中面临将"形式课程"转化为"实质课程"的问题,也就是如何将各种抽象的概念转化成学习者可以理解的概念。因此,教师在讲解各种原理原则与概念时,必须通过举例或实物,才能引导学习者理解各种概念的内涵。

3. 增进学习者对课程内容的理解

课程内容的理解往往是学习者最感困难之处,教师在进行教学时必须通过各种媒介,将课程与教学的内容进行说明讲解,以引导学习者理解课程内容。教具的使用有助于教师引导学习者较快理解课程内容,学习者可以通过教具的操作,将各种实作与课程内容作紧密的结合。

4. 加深学习者的学习印象

教学历程中如何加深学习者对课程内容的了解,是教学实施中重要的一环。教师必须通过各种教具,加强学习者的学习印象。例如,在进行物理、化学实验时，教师必须让学习者实地操作各种实验仪器，才能加深他们对该仪器操作和使用的印象。

5. 强化生活上的应用

学习与生活经验无法作紧密的结合，往往是教学中备受批评之处。教师通过教具的运用，可以引导学习者集中注意力于课程教学中，同时通过学习架构了解更多生活经验，并且将各种生活经验运用于生活中。因此，教具的使用有助于强化学习者生活上的知识应用。

6. 充实学习者的实际经验

传统的教学因缺乏教具的辅助，而导致教学者无法将各课程内容作详尽的讲解，或者无法在教学历程中举出具体的例子，讲解课程内容与重要的经验。教具的使用有助于教师将课程与教学内容的抽象概念具体化，对学习者的学习有正面的作用，同时可以充实学习者的实际经验。

7. 增强学习者的记忆

学习者在学习结束之后，往往因各种内外在因素而无法全盘吸收教师的教学内容。教具的设计通常会结合课程与教学中重要的概念或原则，将抽象的概念具体化。

8. 节省教师的教学时间

教具在设计上通常会将教学的重要内容进行整合，这样教师使用教具时可以减少不必要的讲解时间，通过教具的使用可作课程内容重点式的讲解。教具可以缩短学生学习的时间，教师可因此教比较深的内容，让学习者拥有较多的时间练习，或是进行反复操作练习。教具的运用还可以将繁复的教学内容简化，使教师作扼要性的讲解。

9. 获得正确的知识

教具的运用有利于教师将各种课程的重要名词作正确的指导，避免因口头讲解而使学习者一知半解，无法学习正确的知识。例如，教师如果在讲解"街灯"名词时，出示相关的图片或影片，作为教学的辅助，就可使学生立即了解该名词的意义，不至于因误解而产生学习上的问题。

10. 建立学习者的学习信心

学习者在教学活动实施过程中，往往因无法适时地理解教师的教学内容而产生学习上的挫折感，因而丧失学习上的信心。通过运用教具，教师可引导学生操作教具,从各种不同的教具中学习,从而有助于学习的成功。

(二) 教具的运用原则

教师必须了解教具在教学中所扮演的角色以及可能发挥的功能,遵循一些使用原则,才能使教具的运用达到应有的效果。对于教具的使用原则,通常有下列应该考虑的要点(林进材,2003):

1. 适当的使用时机

教师应该避免单元教学一开始就将各种教具展现出来。否则,不但容易分散学生的注意力,同时会降低学生对教具的好奇心。教师在未使用教具之前,不可以提前将教具秀出来,应该等到要配合讲解各种重要概念时,才将教具展现出来。

2. 结合重要概念

在教学活动进行时,教师必须将各种重要的概念作说明,教具的出现应该与重要的概念同时出现,这样可以提高学生的好奇心,同时增强学生对重要概念的印象,有助于学习者注意力的集中,并且提高学习者的学习动机和兴趣。

3. 色泽上的考量

任何教具在外观或图中色彩的考虑,必须符合心理学有关人类对外观、色彩的认知特性;教具在色彩和字体方面的印刷必须鲜明,字体大小应该能让学生一目了然,以最后一排的学生可以看清楚为原则。

4. 配合教师的讲解

教具的展现要能配合教师在教学过程中重要概念的讲解,这样才能将各种抽象的概念具体化,增强学习者的学习印象,并且可以加深对各个重要概念的理解,强化学生的学习效果。

5. 配合各种形式的评估

教师在教学历程中可以将各种教具配合评估的实施,进而了解学生在学习方面的变化情形。教师在运用教具呈现教材,指导学生学习时,可以随时通过教具以问答的方式,了解学生在学习方面掌握的情形,作为改进教学的参考。

6. 教具的数量不宜过多

教具的使用在数量方面应该适度,不可一次使用太多的教具,使学习者眼花缭乱,反而失去教具本身的功能。教具的数量如果太多,容易受制于教具;如果太少,又无法发挥教具本身的功能。此外,教师在呈现教具时,要考虑教具呈现的优先顺序。

7. 指导学生正确学习

在教学历程中运用教具时,教师要能了解教具本身的特性,注意教具所强调的效果,在教具使用上也要注意富于变化,以免让学习者感到单调乏味。在运用教具时,教师要能指导学生正确学习,如此才能发挥教具本身的作用。

8. 安排讨论时间

运用教具时,教师必须配合讨论时间的安排。引导学习者针对重要概念进行讨论,这样有助于学习成效的提升,同时可以提高教学品质。教具的运用也可以配合指定作业,将各种教具融入教师指定作业中。

(三) 教具的选择标准

教具在教学中的应用既然如此重要,那么对于教具的选择教师就必须多加注意了。教具的选择标准通常必须考虑下列特性(黄铭惇、张慧芝译,2000):

1. 制造厂商的声明

(1) 对材料的描述是否清楚与真实?

(2) 所宣称的效用是否获得证实?

(3) 是否提供关于该材料在发展上以及实地测试上的详细资料?

(4) 是否提供使用者满意度的资料?

(5) 作者凭证是否明确与令人信服?

2. 费用方面

(1) 是否详列总费用以及个别学生的费用?

(2) 需要再补充哪些其他的材料?

(3) 这些材料能否与其他的材料相容?

(4) 学生和教师需要花费多少时间去使用这些材料?

(5) 使用这些材料,教师必须具备什么样的品质或接受什么在职训练?

(6) 制造厂商是否提供经常性的支援与问题的解决方法?

3. 内容方面

(1) 对学生和课程计划而言,这些材料是否合适?

(2) 材料是否精密、有趣且新颖?

(3) 材料能否避免性别、种族以及其他形式的偏见?

4. 教学上的意义

(1) 所有课程目标是否清楚?

(2) 是否针对特定的对象?

(3) 对于学生不同的资质程度,这些材料是否皆具有挑战性?

(4) 教师的角色是否有明确的界定?

(5) 这些材料是否以各种不同的形式呈现?

(6) 这些材料是否能够作为自我教导之用?

(7) 这些材料是否能积极地引起学生的兴趣?

(8) 是否能够提供练习的机会?

(9) 是否包含自我测验与反馈?

教具的选择除了以上标准之外,同时还要考虑教具选用的便利性与流通性。一般在教具的购买上,必须考虑教师是否可以在一般的商店就可以买到想要的教具,或是当教学上需要时,教具的费用是否超出教师本身的负担,学校行政人员是否支持教师的教学需求等。

五、班级管理与有效教学

教师在班级管理方面想要顺畅无阻,就必须在教学活动的规划、策略的运用、方法的研拟、教学的表征等方面,发挥专业知识素养,这样才能在班级管理与教学效能之间得心应手。麦凯(MacKay,1982)在其著作《有效的教学研究》中,针对有效的教学行为与班级秩序的运作提出了多方面的建议,认为教师在教学时应该展现有效的教学行为,才能提高学生的学习参与度(林进材,2000:432—436)。

(一) 建立一套有制度的规则

教师在教学前应该针对学生的特质与教室的气氛,建立一套有制度的规则来处理教学与班级秩序等事务,让学生对规则能耳熟能详,并要求每位学生都要遵守既定的规则,了解违反规则时将受到何种程度的惩处。

（二）有效监控座位中的活动

教师在教学活动进行时，应该在教室中来回走动，有效地监控学生的学习活动，让学生了解自己的行为随时在教师的掌握中。教师通过正式语言行动（如口头制止）与非正式行动（如眼神制止），有效地遏止学生的反社会行为。

（三）提高学生的学习参与感

教师在教学时，应该设法提高各类活动的趣味性与意义性，让学生从学习中得到乐趣，从而有助于学习参与感的提升。教师的教学活动与学生的学习活动如果无法产生互为主体性，学生的学习意愿相对地就会降低，对教学活动无法产生共鸣，学习参与感就会低落，从而影响教学活动的进行。

（四）有效运用学科教学时间

教师在教学时，应该事先对学科学习时间作有效的规划，通过各种策略的运用和补充教材的辅助作用，让学生在最少的指示下完成学习任务。学科教学时间的有效运用，让学生得以积极投入学习活动中，完成各项预定的学习任务。

（五）随机转换各种教学技巧

教师在教学活动进行时，必须有效地掌握学生的学习状况，依据学生的学习反应调整教学策略与教学技巧。教学技巧的运用有助于教学活动的进行，增进学生的学习兴趣。

（六）联结新概念与旧经验

教师在教学时除了具备多种教学技巧，配合学习需求加以使用之外，也应设法将各科学习活动的新概念与教过的旧经验作有效的联结。从新概念与旧经验的联结中，让学生的学习活动产生类化作用，以旧经验为基础，提高学习成效。

（七）转化具体活动为抽象活动

高效能教师在面对教学情境时，能迅速做出审慎的行动，并且批判地检视行动的后果。教师在教学活动中，应该有能力随时将抽象概念转化为具体的行动，相对地也应能将具体活动转化为抽象活动，这样学生才能从学习活动中获益。

(八) 注意教室中所进行的事件

教学活动的进行受到内外在因素的影响,内在因素包括教师本身的专业素养,教学前、中、后的思考与决策,教学表征,教学行为等;外在因素包括学生的学习反应、学习行为、学习表现、常规等。

(九) 良好的课程衔接与课程实施

教师在教学时,应该具有同时注意一个以上问题的能力。在课程实施方面,应该设法使课程内容流畅,课程重点之间应有良好且平滑的衔接,使旧课程与新课程之间产生良好的接续作用。

(十) 激发学生的学习动机

任何教学活动的进行,学生"喜欢"比"会"更重要。换言之,学习动机的激发,对教学而言是相当重要的。

(十一) 正确回应学生的情绪与经验

教师在教学活动中,除了授课应该清楚明确,强化学生的学习成效之外,还应该明白表现对学生的关怀、接纳与重视,让学生感受到教师正向的反馈。

(十二) 善用发问技术并因应个别差异

教师在教学过程中,运用发问技术有助于开展教学评价工作并修正自己的教学行为。教师应针对不同的学生提出合适的问题以适应个别差异,摒除传统的以单一标准要求学生的不当观念。

(十三) 运用正向赞美,鼓励良好的表现

教师在教学历程中,应该运用正向赞美鼓励学生优秀的表现,以及勉励表现较差的学生,让每位学生在学习历程中有自我实现的机会。

(十四) 适时传达教师对学生的期望

教师在与学生的互动过程中,应该设法传达对学生的期望。对于能力较强的

学生偶尔作轻微的批评,以表达对他们更高的期望。让学生随时了解教师对学生的期许,从师生互动中获得正向的激励作用。

(十五) 适时统合学生的学习行为

教师对学生的学习行为(如提出问题、表示意见、学习困扰等),应该作有效的接纳与整合。学生学习行为的整合,对教师的教学行为有正面的帮助。教师通过学习活动的整合,理解学生在学习方面的反应,并作为修正教学的参考。

教师在教学活动中能否展现教学效能与有效地运用各种策略技巧,将影响学生的学习行为。学生在班级秩序方面的表现,受到教师教学行为的影响。教师的有效教学活动能激发学生在学习上的活力与动力,使学生深受教师魅力的吸引,无形中改善常规表现,减少教学上的干扰行为,具有提升教学效果的正面意义。如果教师在教学中无法有效地控制班级秩序,则学生的干扰行为势必成为教学的最大阻碍。

六、创意教学的实施

(一) 创意教学的程序

创意教学的实施常随不同方法的采用而调整。如以脑力激荡法的应用为例,创意教学的实施至少应包括下列五个重要步骤(简红珠,1996):

1. 选择适当问题

教师在进行脑力激荡之前,应该针对学生的学习内容拟定或选择适当的问题,要求学生进行创造性思考以寻求解决的答案。在拟定学习问题之后,教师应该事先让学生了解,以便提早搜集资料,并作各种学习上的准备。

2. 组成脑力激荡小组

教师将各类问题揭示之后,将学生依照学习性质分成学习小组,在人数方面,每小组人数至少五至六人,以十至十二人最为理想。小组成员以男女混合为原则,因为不同的性别会提出不同的想法。小组组成之后,由教师指定或学生自选一名较有经验者担任小组负责人。

3. 说明应遵守的规则

在实施脑力激荡教学时，学习规则对学习成效的影响很大。因此，教师应该在学习前，向学生详细说明应该遵守的规则：

（1）不批评他人的构想，使小组各成员勇于发表自己的见解。

（2）小组成员必须抛开各种足以影响创造力的障碍，让个人的见解可以自由抒发，不要羞于表达与众不同的构想。

（3）成员提出的构想越多越好，小组成员尽可能提出各种不同的想法，构想越多，得到好主意的可能性越高。

（4）寻求综合与改进，提出构想之后，小组成员依据提出的构想作进一步的发挥，以研究出更好的解决方案。

4. 进行脑力激荡

在脑力激荡活动进行时，主持人必须将所要解决的问题重新叙述一遍，或是将问题写在黑板上，让小组成员能随时注意问题，使学习不至于偏离主题。在每个学习者提出新构想时，主持人要将构想记录下来，并适时地编号，将所有的构想统整起来，作为讨论的参考。

5. 评估各类构想

在脑力激荡时，学生会提出各类新的构想，教师必须加以指导，并经由评估找出好的构想。评估的方式是由全体成员进行评估，教师或主持人将整理归类的新构想列一清单，让每位成员了解，并选出最有价值的构想。主持人在评估活动结束时，依票选结果选出较佳构想供大家参考。

（二）创意教学注意事项

创意教学的实施与一般教学的差异性相当大，因此教师在使用时必须了解注意事项，作正面的引导，才能发挥创意教学应有的成效。教师采用创意教学时，在学习指导和发问技巧方面，需要随时注意下列要点（高广孚，1989）：

1. 学习指导方面

（1）教师应多提一些开放性问题，避免单一答案或固定答案的问题。

（2）教师在处理学生问题或回答问题时，应该尽量接纳学生不同的意见，减少作价值性的批判。

（3）教师应该避免对学生的错误经验加以指责，以免学生丧失自信心或因而退缩。

（4）教师在指导学生从事脑力激荡时，要注意运用集体思考形态，引发连锁性反应，以引导出具有创造性的结论。

2. 发问技巧方面

（1）多提出或设计增进学生"比较"能力的问题或情境。

（2）多提出或设计增进学生"分析"能力的问题或情境。

（3）多提出或设计增进学生"想象"能力的问题或情境。

（4）多提出或设计增进学生"综合"能力的问题或情境。

除了上述注意事项之外，教师在采用创意教学时，首先，应该将学生要学习的科目、课程内容、原理原则、学习素材预先作整理，以问题形式呈现出来，研究各种问题解决的教学情境，激发学生的强烈动机，从面对问题、分析问题到解决问题，完成学习的目标。其次，教师也应重视学生在学习上的个别差异，让每位学生都有充分自我实现的机会，在与同侪成员的互动中不断追求新知。

注音符号创意教学

设计者：陈韵如老师

还记得半年前学拼音时，才惊觉自己连注音符号的顺序都背不完整，想来还真有些荒谬。从小学一年级使用至今，注音符号理应已是种常用的工具，十多年后，却对它生疏如是，其原因何在呢？追根溯源，我回想当年学习的过程，似乎不是个有趣的经验，只记得老师不断地考试，让同学们将之硬塞入脑袋瓜里。此般学习法，对于刚入小学的儿童，自然是种折磨，为什么这个奇怪的符号就是"ㄅ"，而那个扭曲的形状就是"ㄆ"？身为一个老师，除了依照制式的教材教学外，还有什么方法可以帮助儿童更容易地认识这些抽象的符号呢？或许可以利用以下方式来进行快乐的学习。

图示法

将注音符号用图像表示出来，使儿童能将抽象的符号与具体的图形联结起来。

　　ㄅ　好像一个人弯着身体抱着东西的样子。

　　ㄆ　像人的手拿着一根鞭子轻轻地敲打东西。

　　ㄇ　像用布覆盖东西时周围下垂的样子。

匚　像放东西的方形容器,如箱子、柜子等。

勹　像刀子的形状。

𠫓　像妈妈生产时,小孩子的头先凸出来的样子。

㇈　像人在说话的时候,嘴里呼出的气不顺畅的样子。

力　像人在用力的时候,手臂上筋脉鼓出的样子。

巛　像田间小水沟里水流动的样子。

丂　模拟咳嗽的声音。

厂　像山崖上有凸出的岩石。

丩　像两条互相缠绕的藤蔓。

く　像田间的小水沟。

丅　界限的意思。

止　像人脚印朝外的形状。

彳　像人左边大腿、小腿及脚相连的形状。

尸　像一个人横躺的样子。

日　像太阳的样子。

卩　像半边竹片的样子。

ㄎ　把物品从中间切断的意思。

厶　是自己为自己打算的意思。

丫　像树枝分叉的样子。

乛　呼气顺畅。

ㄜ　口型较扁的"乛"音。

也　像古时候用来盛水洗手的容器。

一　古人用来计数的符号。

乄　像远古时代数字五的结绳形状。

凵　像盛饭的器皿。

豕　像猪的样子。

乀　像水面上水波横流的状态。

幺　像胎儿还没成形的样子。

又　像右手五指张开的样子。

弓　像花朵含苞待放的样子。

ㄣ 是有所隐藏的意思。

尢 像一个人弯曲着一条腿的样子。

ㄥ 像手肘到手腕间的胳臂。

几 像人腿部弯曲的样子。

教育箴言录

鼓励学生阅读的策略

■ 亲子共读。

■ 阅读简易有趣的童话故事及短文。

■ 开展读书会活动,并设定阅读目标。

■ 设计阅读记录卡及奖励措施。

■ 课堂上鼓励孩子发表阅读大意及感想。

■ 善用图书馆资源。

本章讨论问题

一、班级座位的安排可以考虑哪些原则?

二、请说明任课教师的班级经营重点有哪些。

三、请说明如何在班级教学时有效地运用教学媒介。

四、请说明如何在班级经营中运用教学效能的概念。

五、请拟定一份创意班级教学实施计划。

第五章
班级学习的理论与策略

本章重点在于说明班级学习的重要理论与策略，兼论行为纪律的管理、学生的个别指导、肢体语言的运用、电脑教学的班级经营、实验教学的班级经营以及作业的处理与批改，为教师提供强化班级学习的有效策略。

一、重要理论与策略

（一）学习的定义

学习的内涵因不同学派对学习的研究而有不同的定义。行为学派的学习理论主张学习是反应的习得（learning as response acquisition），是一种通过反复练习或强化作用，使学习者获得新的反应，建立新习惯的活动。此种理论将个体视为被动的学习者。20 世纪 70 年代至 80 年代之间，认知论者主张学习是知识的建构（learning as knowledge construction），是学习者主动去选择有关的信息，并运用既有的知识来诠释此一信息的历程，是一种学习者使用元认知（meta-cognitive skills)控制认知历程的活动。此种理论将学习者的角色由被动者提升至主动的学习者(林进材,1999)。其他还有折衷主义学习论、互动学习论以及人本主义学习论。

(二) 行为学派学习理论与教学

1. 学习理论

行为学派学习论者主要依据行为心理学的基本假设,认为"学习"是个体在特定的环境刺激之下所产生的适当联结反应行为(甄晓兰,1997)。行为主义从人类单纯的行为,以及可观察、可探讨的影响个体并且可能导致行为的制约(也即条件作用)的角度来解释学习历程。行为主义依据对动物的相关实验,建立"刺激—反应"联结关系的制约学习理论,来解释人类学习历程和获得经验的过程。行为主义关于学习产生的观点如下所述(林进材,1999):

(1) 行为的基础是由个体的反应所构成的。

(2) 个体的行为是受到环境因素的影响而被动学习来的,不是与生俱来或是受到遗传因素的影响。

(3) 从动物实验的研究中所得出的行为原则,可以用来推论或解释一般人的同类行为。

2. 学习方法

行为学派在学习方法方面包括行为改变技术、鼓励预期行为、消除非预期的行为等策略(Mathis & McGaghie,1970)。

(1) 行为改变技术

行为改变技术的应用是依据个体行为养成程序,设计拟定各种实验策略,分析可运用的强化物,遵循各种改变行为的原则,进行行为的改变计划。通过行为改变技术的应用可以强化或削弱各种预期的行为。

(2) 鼓励预期行为

行为学派运用强化作用鼓励预期行为,以赞许、行为塑造、正向练习等方式,鼓励学习者表现良好的预期行为。在学习者表现出良好的或预期的行为时,即通过各种策略对该行为加以强化。

(3) 消除非预期的行为

行为学派运用负强化、申诫、反应代价、社会孤立、惩罚等学习者感到厌恶的方式,作为消除非预期行为的策略。当学习者表现出非预期行为或反社会行为时,教学者应立即运用各种策略削弱它们。

3. 有效的学习策略

行为学派强调学习是刺激与反应之间的联结,以练习、强化的方式促进学习。因此,在学习策略方面,重点在于学习者行为的改变方式。对此,教师在教学历程中可采用赞许的方式,如下所述(朱敬先,1997):

(1)要明确一致,使学生了解良好行为一定会受赞许。

(2)强调真实做到,不仅要参与,更要达成目标,对消极参与或扰乱班级者绝对不奖励,宜称许能力进步的学生及真实做到的价值。

(3)称许标准依个别能力及限度而定,如对学生个别努力表现及成就给予赞许,鼓励学生专心于自己的工作,无须与他人比较。

(4)将学生的成功作努力与能力归因,使其有信心并继续达到成功,勿作"成功是基于幸运、额外帮助、工作容易"的暗示,要求学生描述问题,说明解决过程。

(5)以真诚赞许来强化学习,可以当众赞许代替班级影响,勿为平衡挫败而赞许学生,而宜给予适当认可。

4. 教学论

行为主义的发展对教学最直接的贡献,是行为改变技术和程序教学法的问世。程序教学法的要义在于鼓励教师采用循序渐进的教学方法,让学生主动对学习情境产生有效的反应,从而达到学习的效果。此外,近年来发展出来的电脑辅助教学、精熟学习、凯勒计划、个别化系统教学等教学法,均源自于行为主义论。

对于教学活动,行为主义学派认为教师在应用学习规则时,必须遵守下列要项(Deci & Ryan,1985):

(1)采用行为学派的方法,适当强化正向学业及社会学习行为,并兼顾规范的遵循。

(2)鼓励学生重视并配合行为改变计划,使学生了解并接受行为改变的理由。

(3)了解学生,使行为策略的拟定适合每个人的需要,并顾及可能产生的后果,包括强化物的选择、适当的鼓励、确认强化设计对学生学习活动的效果。

(4)选择性使用强化,采用最简单的、最积极的、最现实的、最内源性的方法,引导学生对自己的学习负责任。

(5)尽量采用内源性奖赏与诱导,使学生了解奖励的主要目的在于鼓励学习者本身的行为而非结果。

行为学派对学习行为的形成,完全以个体行为为出发点,通过对个体行为的改变,以及个体对外界的刺激和反应之间的关系,推论学习行为的产生,并论述其在教学上的意义。尽管行为学派对学习及教学的论述有所不足,但为教学研究与教学实际提供了相当丰富的理论基础,引发人类对学习议题的关注,后来的认知学派、人本学派等的发展,都受到行为主义深刻的影响。

(三) 认知学派学习理论与教学

1. 学习理论

认知学习论者关心内在知识方面的累积,强调主动地求知,并探索如何运用有效策略获得信息并处理信息。认知学派重视知觉的整体性,强调在环境中众多刺激之间的关系。个体在面对学习情境时,学习的产生如下所述(张春兴,1994):

(1)新情境与旧经验相符合的程度。

(2)新旧经验的结合并重组。

(3)学习并非零碎经验的增加,而是指以旧经验为基础,在学习情境中吸收新经验。

对于个体的学习反应,认知心理学认为学习者有主动理解意义、建构意义的倾向,而非如行为主义者那样,重视被动接受刺激以产生反应的观点。学习的认知观认为,影响学习的趋力是学习者的内在动机,而非显性的强化作用。该理论还认为,人是信息的主动处理者,能够启动已有经验以进行学习,搜集信息以解决问题,确认所知以完成新学习,并非被动地接受环境影响,而是主动地从事选择、练习、专注等反应,以求达成目标(朱敬先,1997)

2. 学习方法

认知心理学强调学习是个体内化的历程,在学习策略的应用方面,重视认知学习策略、教导学习策略与学习技巧,以及阅读教学策略。

3. 有效的学习策略

认知主义提出的协助学习者学习的有效策略如下所述(Woolfolk, 1995):

(1)引导学生了解各种不同策略,不仅包括一般性学习策略,亦包括特殊的学习方法,如记忆术的运用。

(2)教导适时、适地、适当地运用不同的学习策略。

(3)学习策略的使用必须因时、因地、因物而随时调整,策略方案应包括动机的训练。

(4) 教导基础知识的学习,使学习更有效。

4. 教学论

认知学习理论对个体的学习历程,强调主动建构知识的重要性。因此,教师的教学必须以学习者在学习上的特性为主,引导学习者进行有效的学习。认知学派的学习理论,在教学上的应用包括发现式学习(discovery learning)、阐释教学法(expository teaching)、教学要件模式(instructional events model)等。

(四) 折衷主义学习理论与教学

1. 学习理论

折衷主义学习论以托尔曼(Tolman)为代表,认为人类学习的产生是行为与认知的综合体,而非单一形成的。折衷主义学习论强调行为的整体性,指向一定的目的,行为本身具有认知的性质,不是机械性、固定的反应,而是适应性的。因此,学习应是行为建构与认知形成的综合。

2. 学习方法

折衷主义以位置学习引导个体进行有意义的学习,将欲望或预期作为一种学习中的重要中介变量,强调其对学习所产生的作用。其次,在学习历程中,折衷主义强调潜在学习(latent learning)与信号学习理论。个体的学习受到动机与趋力的影响,剥夺(deprivation)与诱因动机(incentive)策略的运用,对学习具有正面的作用。

3. 有效的学习策略

折衷主义对学习的观点,融合了行为主义与认知主义的论点,认为强化并非学习历程中必备的条件,学习是由环境与有关信息的组合而构成的。因此,在学习策略方面,折衷主义采取行为主义和认知主义的观点,将学习类型分成形成精力投入、形成等值信念、形成场的预期、形成场认知方式、形成驱力辨别、形成运动方式等。有效的学习策略应该针对学习者的行为及认知方面的特征,拟定相应的学习策略,并融入教学历程中。

4. 教学论

折衷主义的教学论,主张教学者在教学历程中应采取行为主义各种有效的教学策略(如行为改变技术、正强化、行为塑造、社会性隔离等),在教学策略的拟定方面重视学习者"如何学习"的心理历程,以认知学习论的要点作为拟定各种教学活动的参考。

(五) 互动学派学习理论与教学

1. 学习理论

互动学习论主张个体的学习除了受到外在环境的影响外,个体内在的认知也是一项重要的指标。互动学习论认为学习活动是由学习者的行为、心理历程及外在环境互相作用形成的,通过个体内在的心理作用和外在环境的刺激互动,才能产生有意义的和认知的学习活动。互动学习论以班杜拉的社会学习论和加涅的学习条件论为代表。班杜拉主张学习是学习者在社会情境中,经由观察他人行为表现方式以及行为后果(得到奖励或惩罚)而间接产生的。加涅认为学习不是单一的历程,不管是刺激与反应的联结,还是顿悟或问题解决等,均无法对学习作完整的解释,人类的学习是种复杂的多层面的历程。互动学派的主张如下:

(1)学习是一种使个体成为有能力的社会成员的机制,使人获得技能、知识、态度和价值产生的能力。

(2)学习结果是由人类环境中的刺激和学习者的认知历程所决定的。

2. 学习方法

互动学习理论强调有效的学习策略,必须为学习者提供有意义的和认知的学习活动,引导学习者观摩示范者的正向行为与表现,并内化为学习的成果。

3. 有效的学习策略

有效学习策略的拟定,要以个体内在行为动机及外在环境影响为主,以强化学习者的学习效果。互动主义学习论者在学习策略的拟定方面,较重视外在环境对个体学习的影响,强调外显性的因素对学习成果的正向与负向的作用。

4. 教学论

互动学习论者认为教师在教学历程中,必须从三方面加以应对:第一,确认适当的学习楷模和示范者;第二,建立行为的功能性价值;第三,引导学习者的认知历程。教师在教学历程中要能掌握学习者的内外在因素。内在因素是学习者本身的先备知识与技能、兴趣和态度,外在因素是学习气氛、环境、设备、教材等各种资源。

(六) 人本学派学习理论与教学

1. 学习理论

相对于发掘解释人类反应的一般化原理,人本主义对学习历程的解释,关切人类的个体性与独特性,以人类本身的情感发展,如自我概念、自我价值、自我实现为主要焦点,对于认知事物的信息处理或刺激与反应较不重视。人本主义的学习论者以罗杰斯(Rogers)为代表。罗杰斯认为学习应该与一个人的生活、实践息息相关,学习内容能和生活结合在一起,能融入学习者的情感,才能促进学习行动的进行。罗杰斯的学习理论属于人本主义的学习论,基于其非指导式咨询理论及当事人中心治疗法而提出的。对人类学习的概念,罗杰斯认为人生来就有学习的潜能,当学习者察觉到学习内容与自己有关时,意义学习就发生了;涉及改变自我组织的学习是有威胁性的,往往受到抵制;当外部威胁降到最低限制时,就比较容易察觉和同化那些威胁到自我的学习内容;当自我威胁很小时,学习者就会用一种辨别的方式来知觉经验,学习就会取得进展;大多数意义学习是从做中学的;当学习者负责任地参与学习过程时,就会促进学习;涉及整个人的自我发起学习,是最持久、深刻的;当学习者以自我评价为主要依据,将他人评价放在次要地位时,独立性、创造性和自主性就会得到促进;最有用的学习是了解学习过程,对经验始终保持开放态度,并将它们结合进自己的变化过程中(施良方,1996)。

2. 学习方法

人本主义学习理论强调以学生为中心模式的教学意义与目的,促使个人成长,教师扮演的角色是辅导者,师生之间建立良好关系,观念共享、坦诚沟通,引导学生为自己的学习负责。罗杰斯提出以学生为中心模式的学习步骤如下(Rogers,1983):

(1) 每位学生设定自己的工作计划,并签定契约。

(2) 学生针对自己的计划进行工作或研究。

(3) 学生经由研究或工作来教导自己,且彼此相互教导。

(4) 针对个人、团体或班级问题进行讨论。

(5) 由学生自己设定标准,自己进行学习活动的评价。

3. 教学论

罗杰斯认为教学者在教学历程中最大的任务,就是协助学习者对环境变化和自身的理解,将自己与生俱来的潜能发挥至最大(朱敬先,1997)。

以学生为中心模式的教学指出，最能增进学习效果的方法如下：

（1）以生活中所遭遇的问题作为学习的内容。

（2）提供完善及丰富的资料来源。

（3）运用学习合同或契约，促使学生设定自己的目标与计划。

（4）运用团体决策来订立学习目标与内容。

（5）帮助学生学习如何对自己问问题，以及如何自行解决问题。

（6）利用启发性活动，使学生获得经验性学习。

（7）利用程序教学，依据学生的学习速度，多给予正强化，使学生获得经验性的学习。

（8）采用会心团体及敏感性训练。

（9）采用自我评价方式。

人本主义学习论的观点，从人性角度出发，并着眼于"以人为本"的学习论点，引导教学者在规划教学阶段，将个体周遭生活议题纳入教学，统整各种教学资源；在教学活动进行时，强调应引导学习者自行面对问题、解决问题；在教学结束阶段，采用自我评价方式，了解学习成效，作为检讨教学的依据，更进而形成新的教学活动计划。

二、行为纪律的管理技巧

教师在处理学生行为前，应该先了解行为纪律的意义，作为拟定纪律的参考，并规定违反行为纪律时如何处理。

（一）行为纪律的意义

行为纪律是学生在班级生活中必须遵循的一种规范，同时也是教师与学生共同处理教室中人、事、物等因素的依据，能使教室成为最适合学习的环境。通过此种形式达到教学目的的一套系统的或不成系统的规则，就称之为行为纪律。

(二) 行为纪律拟定的原则

教师在教室管理上,必须指导学生共同拟定行为纪律,作为日常生活行动的各种准则,以使教学活动顺利进行。一般在行为纪律的拟定方面,教师可以考虑下列原则:

1. 明确的规范

行为纪律在拟定上,应该要明确、合理并且能执行。在条文或规定上面要求有明确的说明,对行为的规范要合理,不可过于严苛,最后则应该切实执行。

2. 适度为宜

行为纪律的拟定要以适度为宜,不可过于抽象,也不可过于高标准要求,以避免导致每一个学生都无法达到标准。

3. 以书面方式呈现

在行为纪律拟定完成之后,教师应该将各纪律的内文和要求以书面的方式公布在教室适当的地方,随时提醒学生应该注意和遵守。

4. 学期开始就定规范

对于行为纪律的制定,教师应该在学期开始之前,就针对教学上的需要拟定相关的行为纪律,即在开学初就提出,从而让学生了解教师对班级生活的期望,并有段适应的时间。

5. 行为纪律应该明确

班级生活中的行为纪律,在内容方面应该明确地规范,让学生了解在班级生活中哪些行为是被允许的,哪些行为是不被允许的。如果在行为规范上面过于抽象的话,就无法收到预期的效果。

6. 分成通行与单行法规

班规应该分成"通行"与"单行"法规。通行者,即上课、下课、排队、打扫等常规;单行者,即针对破坏、偷窃、打架、喧闹等问题行为的正负强化。

7. 应该在班级公开

在行为纪律制定之后,教师应该将各种行为纪律公布在班级的公布栏中,并且以书面的方式通知家长,让家长也能了解教师在教室中对孩子的要求。此外,教师也应该将各种行为纪律的内容设计成卡片形式,提供给学生作自我提醒之用。

8. 配合身心发展

行为纪律的制定,应该配合学生身心方面的发展,对学生行为表现的要求也应该配合学生在学习方面的特性与需求。不可以将行为纪律定得过于抽象,也不可以用一个遥不可及的目标要求学生。

(三) 行为管理原则

1. 好的开始

好的开始是成功的一半,行为纪律的管理应该也一样,教师在接管班级时就将行为纪律定好,学期一开始就将重要的行为纪律公布出来,让学生能了解班级的各种行为纪律。

2. 建立良好的师生关系

师生关系的建立是所有班级经营的开始,也是班级生活的重要基础。通过建立良好的师生关系,塑造和谐愉快的班级气氛,教师更容易发挥积极的影响力,指导学生建立良好的纪律。

3. 强化组织功能与干部能力

班级行为纪律的维持,除了教师用心之外,同时也要靠优秀学生干部的维持,因此教师应该在班级中强化组织功能,迅速有效地建立班级行为规范。

4. 培养良好生活习性

班级行为纪律绝非一朝一夕可成,必须在平日班级生活中慢慢地养成,并且需要日积月累。教师应有耐性,留给学生足够的时间、空间,使之有效、扎实地养成遵守常规的习惯。

5. 行为纪律可以因人而异

在学习与成长过程中,每个学生的成熟度都会显现出差异,因此教师应该理解学生尚是学习中的有机体,在情绪方面可能未臻成熟,因此行为纪律可以因人而异。

6. 行为纪律应该前后一贯

班级行为纪律的制定,应该在内容与学习辅导方面作适当的统整。常规的制定与辅导方面的契合,可以分成几个重要的项目,让学生对行为纪律有整体的了解,能前后一贯地遵守。

7. 行为纪律应该着重行为的表现

教师在制定行为规范时,应该以学生的行为表现为准,拟定各种行为规范的准则,让学生了解在班级生活中的行为必须有所规范,不可以秉持"只要我喜欢,没什么不可以"的心态。

8. 重视行为的追踪

在行为纪律制定并实施一段时间之后,教师必须有效地进行追踪,了解学生在行为纪律方面的表现情形,作为行为纪律是否调整的参考。教师可以通过学生之间的相互观察,或是运用干部组织成员的评价,追踪学生在行为纪律方面的表现情形。

9. 和家长密切联系

班级生活中的各种重要规章、行为纪律等,都需要随时让家长了解,这样家长才能随时叮咛孩子遵守班级常规。教师在拟定各种班级生活常规时,可以考虑让家长也参与进来。家长通过参与,了解各种行为纪律的内容,进而要求自己的子女在学校务必遵守班规。

10. 强调学生的身心发展

班级行为规范的制定,必须参考学生在身心方面的发展情形,进而针对行为作适当的规范,才不会因不同年龄层的学生有不同的心理、行为特质,造成不必要的困扰。

(四) 违反纪律的处理

1. 管教学生应该以具体的行为为主

有效的管教,其先决条件是应把重点放在学生的可见行为上,要待学生的行为表现出来后,方能判断是好是坏,该赏该罚,可接受或不可接受,老师千万不可仅凭笼统模糊的感觉就"修理"学生。

2. 明确确立学生的行为标准

师生可运用共同讨论的方式,对学生行为作明确的约束,以之作为共同遵守的准绳。千万不可由教师暗立规则,或随兴之所至,信手拈来,更不可因教师个人好恶,或过度情绪化,而随意管教,如此方式将造成学生动辄得咎,不得安宁,不但管教无功,亦将造成班级气氛的分离,达不到教学的效果。

3. 减少惩罚不良的行为

有效的管理应该极力避免惩罚不良行为。管教学生,不在万不得已的情况下,不宜使用惩罚。目前除教育行政单位一再申明禁止体罚外,一般心理学者也都反对采用惩罚的方式,尤其是报复性或泄愤式的惩罚。

4. 以好的行为取代不好的行为

教师应该指导学生以好的行为取代不良的行为,以免学生的行为领域变成真空状态,致使其他的坏行为乘虚而入。当学生的某种不良行为无人理会或暂时受到禁止时,应马上提供一种可被接受的行为来替代它的地位,以便占据该生的心思,分散他的精力,不然,其他不良行为会接踵而来,造成管教上的困难。

5. 诊断不良行为的原因

有效的问题行为辅导,应该先找出学生问题行为的肇因。不同学生虽然表现出相同的不良行为,却可能由不同原因造成;反之,不同学生受不同因素的刺激,可能产生不同的不良行为。

6. 随机选用合适的处理技巧

机动选用合适的处理技巧,是问题行为辅导的重要原则。处理技巧如同医生的处方,处方不对,自然无法治病,选用的处理技巧不能适用于处理的问题行为,辅导自然无效。

7. 对问题行为的存在要敏感

敏于知觉问题行为的能力是问题行为辅导的重要条件。导师敏于知觉问题行为可能发生,即可辅导在先,使之消失于无形;导师敏于知觉问题行为之存在,可立即施予辅导,使之改善;导师敏于知觉本班的学生状况,可以了解本班先要建立何种常规,次要建立何种常规;导师敏于知觉不同的学生可能发生不同的问题行为,可以及早选用合适的辅导技巧,分别实施辅导,终能收到辅导的效果。

8. 有效运用各种社会资源

运用社会资源或有效借重同学力量,实施问题行为的辅导处理,可以使班级经营和学生问题行为的处理产生更好的效果。当前的社会资源丰富,人力充沛,导师可善加运用,以协助辅导学生处理问题行为;另外,同学间相互影响力很大,导师也可善为借重,不但可减轻导师负担,更可提升问题行为的辅导效果。

(五) 预防不良行为的技巧

1. 培养学生自律能力

(1) 利用各种机会,指定某些任务让学生对自己的行为负责。

(2) 培养学生在教室内的礼节及同理心。

(3) 要求学生准时认真完成各项功课要求。

（4）避免滥用教师的权威和命令，尽量由学生自行判断，解决问题。

2. 预防不当行为的发生

（1）关怀并支持学生：倘若能叫出学生名字，了解其专长、特征、兴趣、个人问题，使其感受到教师的关爱和鼓舞，行为问题自然会减少。

（2）公平善待每一位学生并尊重他们：教师不可偏袒某位学生，以免其他学生感到不平，造成学生的嫉妒、不满。教师应将每位学生当作独立、有尊严的个人而尊重他们。

（3）提供机会让学生协助教师处理事务：例如，请那些有行为问题倾向的学生偶尔帮助教师整理资料，或为班级服务，可使学生感受到教师的信任、注意及正面的期待，从而减少不当的行为态度。

（4）保持一致的行为标准：当班级规约、行为准则建立之后，教师在执行时应确实遵守，不可前后不一而使规约失去公信力。

（5）发展班级的凝聚力和忠诚感：教师应提供各种全班活动的机会，如郊游、舞会、班歌等。此外，与其他班级的竞赛活动也有助于发展全班的归属感、荣誉心和忠诚感。

（6）利用肢体语言，如眼神、手势：对于少数学生在课堂中的不当行为，如不注意听讲、说悄悄话、左顾右盼等，教师可利用眼神来加以制止。有效地利用目光接触可以使学生集中注意力，回复到正常的学习活动。

三、教导学生学习专注

教学活动的进行必须要学生专注以对，才能收到效果。教师在教学时，必须教导学生如何专注，才能使教学活动进展顺利。

（一）设定各部分的工作目标

将各部分的工作目标定出来，让学生在学习中随时监控自己努力的程度和目标达成的时间，进而随时调整自己的学习。

（二）经常变换各种不同活动

教师要想学生随时保持专注的状态，必须在教学活动进行时，随时变换各种不同的活动，以吸引学生的学习注意力。教师不断地变换各种不同活动，一来可以吸引学生的注意力，二来可以让学生对学习产生兴趣，愿意把时间花在学习上。

（三）经常提供各种练习机会

教师在讲解之后，应该为学生提供各种练习的机会，这样学生才能在学习过程中更为专注，将教师的教学内容深记在心中。教师为学生提供练习的机会，不但可以吸引学生的注意力，同时可以让学生专注于教学。

（四）随时谨记大目标与小目标

教师应该将教学中的各项目标细分，将大目标与小目标定出来，并且将大小目标之间作适当的联结，而后明确地让学生了解大目标的内涵与小目标的内容，请学生随时谨记大目标与小目标，提醒自己学习必须专注才能达到预期的目标。

（五）提出问题，检测理解程度

在进行教学时，教师可以依据教学目标拟定各种问题，作为检测学生理解程度的参考。因此，教师必须建立"教学的问题题库"，在讲解一个重要概念之后，立即运用教学问题题库中的问题，作为检测学生理解程度的参考。

（六）为学习的概念举例说明

教学时，学习概念的说明必须引用具体的例子作为佐证；教师在讲解抽象概念时，必须结合日常生活经验来讲解。教师在讲解抽象概念之后，应该提供学生举例说明的机会，通过概念的举例说明可以了解学生的学习情形，同时可以集中学生的注意力。

（七）寻找运用学习知识的机会

在抽象概念学习之后，教师可以运用各种理论与实务的结合机会，引导学生进行学习活动。尤其是在学习结束之前，必须提供学生运用学习知识的机会，通过各种运用机会的使用，教导学生集中学习注意力。

(八) 拟定定期的休息计划

学习活动的进行,必须保持适当的休息,让学生在学习一段时间后有休息并整理学习活动的机会。

(九) 监控自己的注意力

教导学生专注的策略,最后一项是有关自己注意力的监控;换言之,在学习过程中,学生可以运用各种方法了解自己在学习过程中的注意力,并且检讨自己的学习参与程度。通过监控自己的注意力,可以协助学习过程中的专注行为,让学习成果更为有效,教学效果更佳。

四、教师的肢体语言

肢体语言在教室中是另一种教育形式,教师在班级教学中应该有效运用各种肢体语言,达到教学沟通的目的。一般而言,教师的肢体语言分成眼神接触、手势表达、脸部表情等方式。

(一) 眼神接触

教师在眼神接触方面,应该针对事情的轻重缓急,表达个人对事情的看法。一般教师在教学中的眼神接触可以考虑下列方式:

1. 当走上讲台开口说话前,先用眼光扫视全班,使学生知道老师正看着他,而提醒自己也必须看着老师。

2. 开始上课后,教师的眼睛要散发自信、活力、愉快的神情。因为如此,学生会得到"一起打起精神吧"的暗示,必会较有意愿和一位有活力的教师进行学习,同时学生也比较不会精神涣散,因无法集中注意力而影响学习效果。

3. 眼睛不可离开学生,而且配合身体的转动,让每个学生都能接收到教师关爱的眼神。这样,教师才能时时刻刻抓住学生的注意力,才能有效地控制全场。

4. 在讲授课程时,教师的眼睛必须配合教学内容而有变化。当学生有好的表现时,不妨传递出赞赏、嘉勉、期望的眼神,这样会使学生愿意变得更好,也就是所谓的"皮格马利翁效应"。反之,当学生有不良行为时,也可用眼神制止他,传达出老师已经在注意他的信息。

(二) 手势表达

有经验的老师都会使用许多不同的手部动作来奖励或是制止行为。王淑俐(1998)指出教师教学中做手势的基本原则如下:

1. 双臂离开身体,才显得大方。

2. 手指合拢,才显得有精神。

3. 依自己的身材决定手势的大小,不要过于夸张,也不要显得小气。

4. 手势要多变化,有时劈掌,有时握拳,有时交握、击掌等,但也不要太过频繁,让人眼花缭乱。

(三) 脸部表情

好的脸部表情能传达真挚、诚恳、温暖的情感,使学生如沐春风;相反,脸部表情也能显露出厌恶、嫌弃、烦恼的情感,这些都会触发不良行为的发生。教师在教室中常用到的脸部表情及运用时的注意要点如下:

1. 轻轻摇头:能事先制止不良行为的发生。

2. 皱眉头:表示"疑惑"、"不赞成"。

3. 闭紧嘴唇成一直线:指出老师的忍耐已到了限度。

4. 时时表现出"亲切"、"温暖",让学生感到老师的"平易近人",具"亲和力",而非"高深莫测"、"太冷漠"。

5. 当老师发现学生对于显露的信息,"表错情、会错意"时,应立即辅以其他方式,如口头说明、手势等来更正,以免刺激不良行为发生。

五、电脑教学的班级经营

电脑教学的教师在班级经营方面,比班主任在管理学生方面,容易显现出心有余而力不足的现象。这是因为,电脑教学在常规方面的处理比一般的教学困难,电脑教学强调学生的学习操作技巧,在教师讲解完成之后,学生即进行上机操作。一般电脑教学的班级经营,必须强调电脑教室的整洁、上课的秩序、电脑软件操作、电脑硬件操作等方面的掌握。

(一) 电脑教室的整洁维护

教师在电脑教室的整洁维护方面,应该制定明确的规范,要求学生必须遵守电脑教室的规则。通常电脑教室在清洁的维护上有如下要点:

1. 个人的东西不可以带进教室。

2. 不得携带糖果、饼干、口香糖、饮料等食物或其他杂物至电脑教室。

3. 为了维护电脑教室的干燥,身体或衣物等潮湿时不得进入电脑教室。

4. 进入电脑教室前先将双手清洗干净,并且保持干燥。

5. 进入电脑教室必须脱去鞋子,须注重个人卫生,并保持公共道德。

6. 离开电脑教室前应该先将各种设备和物品归回原位,将电脑教室周围整理干净之后再离开。

7. 离开电脑教室之前应该将电脑中的各种系统正常关机,并且将电脑中的个人资料移除。

(二) 上课常规方面

1. 上课要准时进电脑教室,在教师讲课之前,不可以擅自动各种电脑设备。

2. 请班长向教师汇报上课人数,并且确定全班都到齐之后再上课。

3. 请按编号入座,不随意更换座位。

4. 请确定坐在自己的座位上,未经教师同意,不可以随意离座。

5. 上课应该保持安静,不可以随便讲话以免影响教师上课情绪,如果交换意见的话,应该尽量放低音量。

6. 上课操作电脑期间,可以商请小组长担任教师的助教,协助学习缓慢的学生进行电脑学习。

7. 电脑教室中的各种图书设备,只准在电脑教室中使用,未经同意不可以带出电脑教室。

（三）电脑软件操作常规

1. 请同学使用正版的电脑软件，不可以随意使用盗版软件。

2. 禁止在电脑教室打电动游戏及上网观看色情图片。

3. 如需要下载软件，请自行准备各种设备（如软盘、U 盘等）。

4. 未经教师同意，不可以随便修改或删除电脑中的各种软件。

5. 请遵守并尊重著作权法所规定的各种法规。

6. 未经教师及同学同意，不偷看，也不私自拷贝、删改电脑内他人的档案。

7. 同学自己设计的软件或资料请自行保管，并且不可以在电脑教室中从事与教学无关的各项电脑操作行为。

8. 请遵守电脑教室中的各种规定。

（四）电脑硬件操作常规

1. 电脑教室中的各种设备或物品，必须经过学校或教师同意才可以借出，并请填写相关的借用登记表。

2. 如果违规使用或不当操作导致学校电脑损坏，请依价赔偿。

3. 严禁自行将电脑拆卸、装配各项设备，或调整按钮。

4. 电脑关机之后，应该要等待十至十五秒之后再重新开机。

5. 请发挥应有的公德心，并请随时爱惜公物。

（五）电脑教学常规的管理

1. 掌握刚上课的关键时间

教师在电脑教学时，应该掌握刚上课时段，尤其是每部电脑的开机速度不同，为了等待所有电脑都开机后才能进行教学，有些同学就会利用空档上网或玩游戏，老师如果在这时进行教学，就不容易集中学生的注意力。教师应该在上课刚开始时，运用电脑作广播系统的控制，或是运用各种短片、动画引发学生的学习动机，集中学生的注意力。

2. 利用学生座位表认识并掌握学生

电脑教学比较不容易掌握学生的原因在于，教师担任教学的班级数多，不见得对每个学生都很熟悉。因此，在上电脑课时应该运用学生座位表认识学生，要求每一位学生都要依座位表坐，这样教师才能在短时间之内认识每一个学生，并且在学生犯错时立即叫出学生的姓名。

3. 对于学生的学习成果给予肯定

教师在电脑教学时应该随时对学生的各种学习成果,给予应有的肯定与鼓励。尤其对学生运用课外时间所做出来的作品,更应该给予高度的肯定与评价。在上课时让学生有机会将自己的作品秀出来,这样学生在上电脑课时才会遵守教室的常规。

4. 建立上课的默契

教师在电脑教学中,应该与学生建立各种教学的默契,就各种可能出现的问题和学生展开讨论,并请学生务必要遵守。为了让学生能专心听讲,最有效的方法是用广播系统控制学生的电脑屏幕;但是经常切换屏幕会干扰学生的练习,也会引起学生的抗议。

5. 营造常规竞赛的气氛

教师可以在教学中营造常规竞赛的气氛,引导学生在上电脑课时遵守电脑教室中的各种规定。如果小组的学生有违反规定的现象,就请小组学生下课时帮全班整理电脑教室。

六、实验教学的班级经营

(一) 实验教学的班级经营重要性

实验教学的班级经营对教师而言,是一项相当重要的考验,不仅关系到教学的成效问题,同时也包含学习上的安全问题。如果教师在进行实验教学时,疏于做好常规管理,所产生的后果是相当大的。张惠博(1993)提出实验教学的过程要领有下列几点:

1. 实验教学前

(1) 对于实验活动的内容要加以清楚地说明,不应仅仅提供讲义而已。

(2) 说明或示范合适的步骤。

(3) 确定学生对于实验前的活动已经了解。

2. 实验教学中

(1) 对于每一实验分组或组内的学生,应确实督导并了解他们的实验进程,不要把注意力仅投注于少数几组或其中某一部分学生身上。

（2）在学生实验开始之后，要尽快地了解每一组实验的进展状况，并应确定每组都开始进行探究，且朝正确的方向进行。

（3）准备若干问题，用来检验学生是否做对或朝正确方向进行。

3. 实验教学后

（1）要准备一些问题，用来帮助学生对实验作总结或进行分析。

（2）对每次的实验，应作一个归纳性的说明。

由以上对实验教学班级经营要领的说明，可以了解教师在进行实验教学时，常规的管理是相当重要的。如果教师在实验教学中没有做好常规管理的话，不仅影响学习效果，同时也容易出问题。

（二）相关研究与建议

有关实验教学常规管理方面的研究均指出，教师在进行实验教学时，往往因常规无法控制而影响教学活动的实施。此方面以新手教师或实习教师比较严重，因而对新手教师与实习教师的实验教学常规管理经验的传承是相当重要的。

杨永华、邱文纯（1994）的研究指出，一般的新手或实习教师较无法控制学生的活动进度，并且学生在实验室的秩序并不好。桑福德（Sanford，1984）以及格罗斯曼（Grossman，1992）提出，教师如果没有良好的教室管理技巧，那么实验室内的活动是紊乱不堪的，有时教师为了帮助少部分同学，导致无法注意到大部分同学所有的不合宜行为，使学生所能够达成任务目标的成果有限，并且容易使整个教学环境变得危险。

桑福德（Sanford，1984）提出实验课与一般课程在教室经营上的最大不同是：1. 实验分组时，学生的行为的确较一般班级教学难以掌握。2. 教师对于班级经营的考虑，会影响到教师对课程的安排及计划。因此，在实验室的教学活动要更为注意班级经营的技巧。

比斯利（Beasley，1983）针对实验分组中教师管理行为与学生的学习参与作了研究。从其研究中可以发现，如果教师针对学生个别的需求来加以指导，甚至花过多的时间与小组产生互动，那么此班级学生的学习参与意愿及其行为均是低落的。因为教师无法注意全体，掌握整体的教室情境及教学气氛，因此，如果教师除了给学生适当编组外,能够对学生加以关注并监督其工作达成度,则对于学生的参与程度有大幅的提升功效。如此作法,就是要以小组为单位,授予某种程度的自主权,赋予学生更多的学习责任以及培养其更强的自制能力。

(三) 实验教学常规管理的策略

1. 常规不可以建立在惩罚策略上面

教师在进行实验教学时,在常规的管理方面应该尽量避免将常规建立在惩罚学生的策略上面,而应该将常规建立在对于学生的自我要求上面,让学生了解实验课程常规的重要性,以及常规如果失控可能引起的后果。同时,让学生了解实验教学中,不管是教师还是学生,都应遵守既定的班级常规。

2. 反复讲解常规的内容和意义

教师在实验教学进行时,应该不断地讲解相关的常规内容,以及常规所代表的意义,并要求学生务必严格遵守。如果教师在实验教学进行时,忽略对常规的要求以及讲解的步骤,容易在实验进行中发生意外事件。例如,运用酒精灯于教学实验时,教师应该先讲解实验进行的注意事项,以及可能产生的问题。

3. 正视学生的各种需求并作为常规管理的参考

学生在学习阶段中,本身有各种需求以及学习上的特质,教师应该在教学前了解学生的各种心理特性,作为常规管理的参考。例如,每一位学生对于新鲜事物都存有好奇和冒险的心,教师就必须针对学生在此方面的特质,给予正向的引导。

4. 明确讲解实验教学可能发生的意外事件

实验教学进行时,很容易因为师生的疏忽而发生意外事件。对此,教师可以在教学前针对实验教学所产生的各种意外事件,搜集各种信息和资料在上课前讲解,让学生了解各种教学实验产生的意外事件及其后遗症。教师可以针对学生各种错误的行为进行讲解,并且避免给予不当的强化。

5. 正确的示范与讲解举例

实验教学进行时,教师应该针对常规管理以及实验须知,作正确的示范与讲解,给学生提供正确的操作说明,并在确认学生已经熟悉并且可以遵守之后,才进行实验教学或实验活动。在教学进行中,教师也应随时给予监控以确保教学实验的安全。

七、作业的处理与批改

（一）学生作业批改原则

1. 用字遣词必须浅显

在班级作业批改的措词用语方面，教师尽量用在学生认知能力范围内可以理解的评语，通过评语的运用，鼓励学生用心写作业。

2. 使用学生的语言

作业的批改用语尽量以学生的语言，通过鼓励的话增强学生在作业方面的好表现，以学生能懂的语言促进沟通，让学生对自己的作业充满信心，并期待教师在作业评语上给予鼓励。

3. 简明清楚，避免训话语气

教师在批改作业时，在评语的运用方面尽量以清楚明确的用语，避免以训话的方式，并忌用情绪性的语言。例如，字这么丑、内容紊乱、错字连篇等，容易伤害学生的自信心和自尊心。

4. 流露诚恳与关切，多鼓励少批评

作业批改时，如果涉及生活态度等内容，教师应该在字里行间流露出对学生的关切，尽量以鼓励代替批评。例如，在批改作文本时，如果学生述及家庭生活的不幸或父母亲难以沟通等情节，教师可以运用同理心加以辅导，让学生了解父母的难处等。

5. 维护学生的自尊与自信

教师的作业批改应该尽量采用先论优点再提缺点的方式，以维持学生的自尊与自信。在评语的用字遣词方面，应该以正面的鼓励取代负面的惩罚，例如以"你的字有进步，如果再加强会更好"的方式，鼓励字体需要加强的学生。

（二）作业批改的方式

教师在作业批改方式上，可以依据学生的身心发展或不同年级，选用适合学生的方式。一般而言，作业的批改方式如下：

1. 优等、甲等、乙等、丙等、丁等。
2. Grade A、B、C、D。
3. 以分数区分。
4. 以画圆圈或苹果等的数量代表等级。
5. 以贴纸图示表示。

(三) 作业评语示例

好	很好	非常好	整齐清洁	字体工整	字迹清楚	字形娟秀
正确无误		迅速确实	反应灵敏	思虑周密	主动求知	自动自发
内容丰富		有想象力	富创造力	好学不倦	书写认真	实事求是
求知欲强		理解力强	智慧超人	孜孜不倦	温故知新	勤能补拙
天资聪颖		一点即通	用心写作	孜孜勤学		

(四) 作文评语示例

文气充沛	段落分明	文思泉涌	挥洒自如	笔锋犀利	语句精辟
情意真挚	感人肺腑	扣人心弦	生动活泼	描写自然	层次分明
深入浅出	条理清楚	有条不紊	叙述流畅	简洁有力	文气畅盛
言简意赅	意象鲜明	意义深远	行云流水	充满感情	文笔流畅
结构有序	言词丰富	布局严谨	颇有见地	能抒己见	观察入微
切中主题	段落分明	阐述深入	叙述具体	文句有力	陈述具体
合情合理	婉转清丽	把握特性	文字生动	出神入化	技巧圆熟
说理清楚	简洁利落	意境深远	文句简劲	关照周切	情味深重
妙笔生花	词藻丰富	词句优美	神来之笔	气势磅礴	温馨小品

(五) 口头鼓励示例

1. 太棒了,很好,非常好,老师为你感到高兴,真是个好主意。
2. 你试试看,你很有创意,你的画很有艺术气息,你的动作很快。
3. 你进步很多,你的动作很正确,老师非常喜欢你们这样的表现。
4. 你们做得很好,老师很满意。

（六）动作鼓励示例

1. 靠近学生并给予微笑、注视、轻拍等动作。

2. 引导全班学生鼓励，爱的鼓励等。

（七）书面鼓励示例

1. 写在联络簿或作业簿上。

2. 制作奖励卡：

初级卡→啪啪……（爱的鼓励）

中级卡→我左看右看，还是你最棒！

高级卡→你真的很棒，不简单喔！！

超人卡→休息一下吧——给自己鼓鼓掌！

（八）活动鼓励示例

1. 你的书法写得很棒，这次的书法比赛由你代表班级参加。

2. 你很有领导能力，下星期班长由你担任。

3. 你好棒，会主动帮助同学，全班选你做这星期的爱心天使。

（九）状况鼓励示例

1. 不敢去尝试某些不熟悉、没有把握的事情时，可以鼓励学生：

（1）先试试看，事情没有想象的那么难。

（2）试试看，往好的方面想。

（3）做做看，说不定像坐云霄飞车一样，蛮过瘾的。

（4）事情总有第一次，做做看，做了才知道困难在哪里啊。

（5）来！我们一起做做看，我也不太熟悉，或许我们两个臭皮匠也可以变成诸葛亮喔！

（6）先将不敢尝试的问题症结找出，再计划练习，对事物更熟悉后，再踏出稳健的第一步。

（7）做做看！成功了可以得到成就感，更肯定自己，失败了也可以得到经验，知道自己的弱点，反正都有所得，没损失呀！

2. 希望学生朝向自己所期望的目标（效应）时，可以鼓励学生：

(1) 你越来越好了,相信你会更好。

(2) 你很聪明,又这么认真,再细心点,表现会更好。

(3) 我相信你有电脑设计的才能,有空多翻阅有关电脑的书籍,你会有更大的进步。

(4) 其实我一直在仔细观察你,发现你能力够,智慧也够,其他老师也有同感,你对自己要有信心。

(5) 有这方面的能力,把它展现出来,和大家分享。

3. 因为失败挫折而退缩时,可以鼓励学生:

(1) 其实你做得不错,只差那么一点点而已,相信下次你会处理得更好。

(2) 胜败乃兵家常事,别担心,想想失败的原因,作为改进的参考。

(3) 每一个灾难都是一个恩赐,它使我们获得更大的学习力量。

(4) 凡事一次就成功的人不会珍惜他的成果,失败正可以激励士气,再努力吧!

(5) 失败并不可耻,最重要的是相信自己有这份能力,就把它当成一次考验!

(6) 前事不忘,后事之师,努力不懈,改正错误,必有成功之日。

(7) 失败为成功之母,没有关系! 一次不成,还有机会,我永远支持你!

(8) 失败了才知道不足在哪,再试一次才知道到底改了没有!

(9) 跌倒了,要爬起来、站起来,总不能躺在地上吧!

(10) 失败伤了你,要伤得多久? 多痛? 这全要看你自己怎样去抚平伤口,"怨天尤人"不如"起而行之"哦!

4. 因无心或疏忽而犯错时,可以鼓励学生:

(1) 以后小心点,先考虑才能少犯错。

(2) 没什么关系,记住此次的经验,往后小心就好。

(3) 做事前先考虑好,以免再犯同样的错误。

(4) 记取错误的教训,以后不再犯。

(5) 你当时可能是心不在焉,多一个经验,下回你可以做得更好。

(6) 我知道你不是故意的,现在你的心情一定不太好,我相信下一次你一定会做得更好。

(7) 我们一起来看看,怎么做会更好。

(8) 我也曾因疏忽而犯错,但事后一定会仔细检讨过失,相信你现在也有勇于认错和改错的决心。

(9) 没关系，这次考不好，下次才能进步更多啊！

(十) 评语示例

1. 太棒了。
2. 很不错。
3. 要加油。
4. 多改进。
5. 书写较潦草。
6. 对题意没有完全理解。
7. 错字太多。
8. 注音不正确。
9. 迟交功课。
10. 作业未订正。
11. 粗心大意。
12. 看错题目。
13. 漏写题目。
14. 对所学概念模糊。
15. 写字动作太慢。
16. 做得好。
17. 好主意。
18. 好多了。
19. 好棒啊。
20. 真好啊。
21. 你做对了。
22. 了不起。
23. 太好了。
24. 好棒的创意。
25. 字写得很工整。
26. 好可爱的图画。

27. 多奇妙的设计。

28. 一针见血。

29. 那就是了。

30. 你快要做到了。

31. 加油。

32. 做得好极了。

33. 你一定办得到的。

34. 与同学合作做实验。

35. 进行得很顺利。

36. 极佳的表现。

37. 真是杰作。

38. 进步真快。

39. 你做到了。

40. 细心做实验。

41. 继续保持。

42. 你的作品真是漂亮极了。

43. 真是个佳作。

44. 继续加油努力。

45. 你今天的头脑真灵活啊。

46. 你上颜色的技巧真像个大师。

47. 你是未来的毕加索喔。

48. 你已经有了一个好的开始。

49. 你今天做得很认真。

50. 继续试试看。

51. 你学得很快。

52. 你很能干喔。

53. 真是好记性。

54. 真令人惊讶。

55. 很突出喔。

56. 很不错呢。

57. 这真是个好办法。

58. 相信你一定练习了很久。

59. 好聪明的想法。

60. 你真是个天才。

61. 好（竖起大拇指）。

62. 你今天做得比以前都好呢。

63. 越来越进步喔。

64. 这个作品做得真好。

65. 完全正确。

66. 全然没有错误。

67. 多练习，你一定可以做得更好。

68. 观察真仔细呀。

69. 这实验做得很仔细。

70. 很温馨的想法。

71. 认真思考。

72. 确实写得很好。

73. 实验步骤正确。

74. 你不断在进步呢。

75. 笔顺正确。

76. 认真查词语。

77. 墨色均匀。

78. 有条有理。

79. 文意完整。

80. 真是个好句子。

81. 文法正确。

82. 立意新颖。

83. 切合主题。

84. 偏离主题。

85. 词藻优美。

86. 分段正确。

87. 分段不妥当。

88. 用色均匀。

89. 标点正确。

90. 标点不恰当。

91. 你写得又快又好。

92. 图画布局不均衡。

93. 你真是个小小绘画家。

94. 段落大意分明。

95. 佳句。

96. 多多练习。

97. 多阅读课外读物会更好。

98. 多练习修辞。

99. 整篇重写。

100. 日渐进步。

101. 整篇再修正。

102. 再努力一点就达成目标了。

103. 多么好的创意。

104. 运算正确。

105. 看错题目意思。

106. 有条不紊。

107. 多练习运算。

108. 仔细操作实验。

109. 按时交作业。

110. 认真搜集资料。

111. 成绩优良。

112. 插图颇具创意。

113. 图画配合主题。

114. 组织结构完整。

115. 段落分明。

116. 如果你的字迹再工整一点会更好。

117. 言之有物。

118. 学业优良。

119. 勤学不懈。

120. 好学不倦。

121. 多运用巧思。

122. 想法正确。

123. 文句优美。

124. 多才多艺。

125. 努力学习。

126. 工艺精巧。

127. 绘画技术纯熟。

128. 认真写作。

129. 用色丰富。

130. 文章布局完整。

131. 图画布局均衡。

132. 排列顺序正确。

133. 墨色太浓。

134. 顺利完成作业。

135. 及时完成功课。

136. 拼音正确。

137. 须修改一下拼音。

138. 匠心独运。

139. 文章富有韵味。

140. 这篇文章使人读了还想再读。

141. 篇幅太短。

142. 篇幅太长。

143. 上色超出界线。

144. 写得又快又有效率。

145. 听写正确。

146. 进步良多。

147. 一丝不苟。

148. 温故知新。

149. 自动自发。

150. 合理地分析大意。

151. 词语解释完全正确。

152. 能默写整篇课文。

153. 发音正确。

154. 文思泉涌。

155. 组织段落分明。

156. 解法清晰易懂。

157. 词汇丰富。

158. 用词浅显易懂。

159. 各段衔接顺畅。

160. 善用佳句。

161. 句型富有变化。

162. 善用语气词。

163. 强调主题。

164. 用字有趣。

165. 用字遣词准确。

166. 适切表达主题。

167. 深刻描绘主角个性。

168. 文章格式正确。

169. 自称、署名和敬辞适切。

170. 设计符合实用性。

171. 文旨切合主题。

172. 构图统一、协调。

173. 色彩浓淡适宜。

174. 文章富含意境。

175. 未能准时交作业。

176. 多练习查字典会更好。

177. 用字精确，不拖泥带水。

178. 观念正确。

179. 创意满分。

180. 童话富故事性。

181. 文章简洁有力。

182. 富含戏剧张力。

183. 具启发性。

184. 发人深省。

185. 主题明确可理解。

186. 幻想丰富、合理且具原创性。

187. 铿锵有力。

188. 字字珠玑。

189. 文藻华丽。

190. 言简意赅。

191. 见解独到。

192. 比喻失意。

193. 一语中的。

194. 引经据典。

195. 情节连贯。

196. 字迹架构工整。

197. 字迹清秀，文如其人。

198. 口齿清晰。

199. 龙飞凤舞。

200. 作品栩栩如生。

教育箴言录

希望班上所具有的气氛，以及如何达成

1. 主动学习：

▶ 环境—教室布置（解题天地、图书区）

▶ 鼓励发言

▶ 多赞美、肯定学生

2. 良性互动：

▶ 学生与学生：布告栏、寿星区、爱心小老师

▶ 老师与学生：出气箱→情绪问题(好或坏)

3. 尊重：订班规、生活公约

4. 热心服务：对班级事务有功者,给予口头鼓励或非语言动作鼓励

5. 向心力：班名、班服、班歌,以及精神标语,如"We are family"

本章讨论问题

一、请问班级经营中,行为纪律的管理有哪些重点。

二、请说明教师如何教导学生学习专注。

三、请说明肢体语言在班级经营方面如何运用。

四、请说明电脑教学的班级经营重点有哪些。

五、请说明实验教学的班级经营重点有哪些。

六、作业的处理与批改有哪些要领?

第六章
班级领导的理论与策略

本章重点在于论述班级领导技巧、如何强化学生的自律性动机、促进班级的凝聚力、转学生的面对与处理、班级目标的制定等,有效运用各种策略,并结合理论与实际,作为教师班级领导的参考。

一、重要的理论与策略

(一) 巴斯的转化领导

巴斯(Bass)的转化领导理论强调赋予权力的推演,不只是教师将教室或班级权力分给学生,更让权力在学生中从无到有。例如,教师通过交付学生个人主办有意义的活动(如庆生会、教室布置),或者奖赏学生受人瞩目的优良表现,都能使学生产生某方面的权力——获得支持、辅助、信息等无形的各种资源(颜火龙,1998)。此外,转化领导理论强调追求卓越,通过表现超越期望的表达,让学生觉得班级生活是有意义的,有自我掌控的能力,更有超越自我的创作空间。

对于巴斯的转化领导理论在班级经营中的运用,教师应该不断激发学生在生活上的各种潜能,并包容学生尝试错误中的各种行为,作为激发学生潜能的方式。此外,教师必须针对学生的良好行为加以奖赏,让学生了解良好行为的标准。

(二) 康格和凯南格的魅力领导

康格(Conger)和凯南格(Kanungo)的魅力领导特性如下所述:

1. 观点极端(retremity of the vision)。
2. 高个人风险(high personal risk)。
3. 非传统策略的使用(use of unconventional strategy)。
4. 准确地评估情境(accurate assessment of the situation)。
5. 解除成员的困境(follower disenchantment)。
6. 传达自信心(communication)。
7. 个人权力的运用(use of personal power)。

对于康格和凯南格的魅力领导在班级经营上的运用,教师可以使用非传统策略,例如,教师可以通过各种成员困境的解除,为学生提供更富有创造力的班级生活。

二、班级领导的技巧

教师在班级领导的策略方面,依据库宁(Kounin)的论述,可以参考运用下列各种技巧,作为班级领导的依据。

(一) 建立常规与规则(establishing rules and procedures)

班级教室与一般社会情境是一样的,因此需要通过各种事先制定的常规与规则,预防各种潜在问题与分裂的发生。教师应该将各种班级常规与规则,作事前有效的规划与运用,将各种学生可能出现的行为作有效的规范。

（二）运用学生活动（student movement）

在班级生活如科学实验室、美术教室、物理教育设施中，学生必须在教室内活动以完成重要的学习。教师应该引导学生在小组中进行有效组织，通过规则的建立使各种分裂最小化并确保安全。在规则的建立中明确说明同一时间学生的活动人数，何时应该回到自己的座位等；学生在教室中如何排队，在何种时间可以走动等。

（三）运用学生谈话（student talk）

学生在不适当的时间讲话、提问，往往使课程的进度受到影响，使教师的教学活动受到阻碍。教师在班级经营中，应该明确规范学生讲话或提问的时机。教师必须引导学生了解何时不要讲话（当教师讲课或讲解重要概念时），何时可以小声讨论（在小组讨论或课间作业时），何时什么事都可以做（下课时间或聚会时）。教师通过对学生谈话的掌握，可以让班级经营更有效率。

（四）掌握停工期（downtime）

班级经营中的常规和规则的执行，都需要停工期。通常停工期指的是教师预定的课程已经结束，新课程尚未正式开始之前。有效能的班级经营，应该运用各种停工期，让学生理解接下来的活动该进行的部分。例如，"当你完成作业时，可以拿出课本默读，一直到其他同学也完成作业时""如果你的功课已经完成了，可以看看周围的同学是否需要你的帮忙"。如果教师能在班级经营中有效掌握停工期并运用各种策略，让学生了解什么时间该做什么事的话，则可以提升班级经营的效能。

（五）教导常规与规则（teaching rules and procedures）

教师在班级经营中，应该针对各种需要和班级特性，制定简要的班级常规，并将各种班级常规与规则教给学生，引导学生在班级生活中恪守班级常规的内容。各种班级常规和活动，不只有实用的重要性，同时也应有教导的功能。

（六）保持一贯性（maintain consistency）

在班级领导中，教师制定的各种常规与规则应该要具有前后一致性。如果前后不一致的话,容易使班级常规陷入紊乱而无法收到预期的效果。如果教师规定学生上课要举手才可以发言,而学生未举手教师就允许发言的话,那么班级常规就无法收到预期的效果,学生对班级常规内容就容易产生质疑,在班级生活中无法规范自己的行为。

(七) 运用流畅性与动力预防偏差行为(prevent deviant behavior with smoothness and momentum)

教师在班级领导策略的运用方面,可以通过各种流畅性与动力预防各种偏差行为的发生。例如,教师可以通过各种活动的带领,让班级每一个学生都有参与的机会,并且让全班学生都处于动态中,这样学生就不易对班级教学活动的实施形成各种干扰的行为。

(八) 在不稳定期安排教室活动(orchestrating classroom activities during unstable periods)

教师在教室领导过程中,可以在班级生活不稳定期安排各种教室活动,使班级经营顺利进行。例如,教师如需要参加各种学校会议,无法在教室管理学生的行为,可以安排学生收听(或收看)各种广播节目或是预先准备好的录音带(电影等),作为管理班级的策略。

(九) 运用开放教室理念(open class)

开放教室的理念策略包括:1. 教师在教室门口和学生问候、打招呼,营造欢迎的气氛,使各种潜在麻烦留在教室外;2. 教师训练学生协助教室运作、宣读通知和完成其他的行政任务;3. 教师在黑板上书写教案或图表,让学生一进教室就开始课程学习;4. 引导学生建立日常惯例和仪式,让学生了解重要的工作必须马上展开。

(十) 运用过渡时期(transitions)

过渡期的运用是指教师掌握各种班级时间,将各种过渡时间作有效的规划。例如,从班级全班授课到课间作业的过渡期,一般而言可以分成:1. 收好你的课堂笔记且清理你的书桌;2. 确定你有铅笔和工作单的复印本;3. 开始你的工作;4. 当你需要帮忙时,请举手让老师知道。

三、强化学生的自律性动机

　　动机是激发、引导及维持行为的一种内在状态(朱敬先,1997)。心理学家对动机的研究探讨重点在于:1.激发个体行为的初始原因为何? 2.何种原因使个体导向特定目标? 3.什么原因支持个体达成该项目标? 不管研究者对动机意义及理论的探讨重点何在,动机理论的运用对教师教学活动的进行是相当重要的。尤其是在班级生活中如何通过学习动机的激发,促使学习者愿意花更多的时间在学习活动上,往往是教师最关心的话题。

(一) 动机的意义与理论基础

1. 动机的意义

　　依据心理学名词辞典(袁之琦、游恒山,1990)的解释,动机"是推动人类行为的内在力量。它是引起和维持个体行为,并将此行为导向某一目标的愿望或意念"。

2. 动机理论

　　心理学家对动机的探讨,截至目前包括行为取向的动机理论、人本取向的动机理论、认知取向的动机理论及社会学习取向的动机理论,详述如下。

1. 行为取向的动机理论 (behavior approaches to motivation)

　　行为取向的动机理论源自行为学派的学习论,认为个体的学习是外界刺激与反应之间的联结,此种关系的建立受到强化、惩罚、模仿抑制等的影响。因此,激励学生就可以运用各种强化策略、惩罚策略以及行为塑造的策略。行为学派认为通过外界强化,提供学生各种等级、酬赏、分数等,可以激励学生的学习动机,进而增进学习效果。

2. 人本取向的动机理论 (humanistic approaches to motivation)

　　人本取向的动机理论认为个体行为的养成并非如行为学派强调的那样被动,而应该是个体主动积极,强调个体自由选择、自我决定以及自我实现、自我成长而来的。人本学派对学习行为的养成强调主动的观点,强调激发内在心理趋力的重要性,学习应该是满足个体内在心理需求与促进内在自我实现,并非如行为学派强调的仅受外在因素的影响。教学活动的进行应该着重个体的心理需求,针对各种内在心理特性拟定激励策略,以更人性化的方式激励学习者愿意参与学习。

3. 认知取向的动机理论 (cognitive approaches to motivation)

认知取向的动机理论认为学习的形成并非对外界事件或生理状况进行反应,而是对这些事件进行心理认知解释。认知取向的动机理论认为个体的学习是为了内在心理的满足,而非对外界酬赏的满足。认知取向的动机理论强调对个体发动内源性动机,以满足学习上的心理需求。

4. 社会学习取向的动机理论 (social learning approaches to motivation)

社会学习取向的动机理论糅合了行为学派与认知学派的观点,认为动机的产生由个体对达成目标的期望以及该目标对个体所产生的价值而决定。个体动机的产生大部分是通过社会学习而来,并非仅因外在因素或内在心理满足。学习者会为自己拟定可达成的目标,而后通过各种策略与努力达成既定目标。

(二) 提升学习动机的自我调整策略

提升学习动机的自我调整策略,包括运用高成就动机者的行为特征、设定适当的具体目标、拟定自我调整策略等,详述如下。

1. 运用高成就动机者的行为特征

教师想要提升学生的学习动机,必须先了解高成就动机者的行为特征有哪些,例如,具备耐心、细心的心理特质,以及良好的情绪管理等,然后教导学生去模仿这些行为特征,进而转化为自己的行为模式。

2. 设定适当的具体目标

教师应该针对学生的学习表现设定适当的具体目标,在教学中给予学生各种成功的机会与自我实现的可能,通过各种表现让学习者对学习活动充满信心,进而激发其学习动机。

3. 拟定自我调整策略

增进学习者成就动机的另一种策略就是自我调整(self-regulation),指导学习者依据自己的能力判断,包括自我观察、自我判断、自我强化三个主要步骤。自我观察的策略在于对自己的学习过程进行监控,了解自己在学习方面的表现情形,了解自己的表现和终点目标有多少差距,将自己的学习作有系统的记录;自我判断指的是依据自己的学习成就和能力拟定比较具体可行的策略,避免将目标定得过高,导致学习上的挫折焦虑;自我强化指的是依据自己设定的目标评价学习成果,针对自己的学习表现给予适度的奖励,如果表现未如预期的话,则施加适度的惩罚(例如减少休闲时间)。

(三) 提高学生学习动机的有效策略

学生的学习动机强弱,是影响教学成败的关键因素。因此,教师在设计教学的同时,也应该针对学科性质与学科教材教法,设定各种激发学习动机的有效策略。提高学生学习动机的目的在于让学生愿意花更多的时间在学习上,布雷姆和塞尔夫(Brehm 和 Self,1989)指出,学生动机的激发取决于下列三点:第一,内在状态如需求或欲望如何? 第二,努力之后可能的结果是什么? 第三,学习者认定特定的行为导致哪些结果? 因此,如果想要提高学生学习动机的话,就必须考虑学生有哪些旧经验,在学习方面的能力如何,要达到目标可能要付出哪些代价(包括投入时间、忍受孤单、放弃游戏等),达成目标之后的成就感如何等。

有关提高学生学习动机的有效策略如下所述。

1. 提供行为结果的强化

教师在教学活动进行时,必须让学生先行了解行为结果可能带来的强化有哪些,如此学生才有乐于学习的动机。唯有将各种行为表现可能带来的结果明白揭示出来,学生才能在学习过程中激发学习上的动机。

2. 启发兴趣并激发好奇

教师教学活动的进行,应该结合学生的学习兴趣。因此,想要激发学习动机,教师必须了解学生的学习兴趣,并且通过各种策略激发学生的好奇心,运用学生对外界事物的好奇,强化对学习的内在趋力。

3. 提示努力之后的情境

教师在教学活动进行时,应该让学生具体地了解各种学习努力之后的情境,这样学生才能调整自己的学习步调,愿意花更多时间在学习参与上。

4. 提供自我实现的机会

教师在教学中应该设法让每一位学生有成功的机会。对学生的要求可以依据个别差异,让学生在学习中有自我实现的机会,通过自我实现可以让学生乐意参与学习,并提高学习成就动机。

5. 增进学生的学习信心

教师可以在教学中了解学生的学习归因情况,依据每个学生对自己学习成败原因的解释,了解学生在学习出现困难时究竟是如何应对的。例如,如果学生将失败归因于缺乏努力,则不容易产生建设性的作用;如果学生对失败的归因是负面的,那么教师必须引导学生学习正面的归因,借此提高学习信心。

6. 营造良好的学习气氛

学习气氛对学习者而言是相当重要的。如果学习气氛不利于学生学习活动的进行,教师必须针对班级气氛进行检讨,为学生营造良好的学习气氛。教师在教学活动中可以考虑将学习活动内容以有意义且具多样性的形式呈现,提供给学生有成就感且具有挑战性的活动。

四、促进班级凝聚力的活动

教师在班级经营中,如果想要促进班级的凝聚力,必须在班级生活中规划各种集体性的活动,通过各种班级活动的实施,提升学生对班级的凝聚力。有关班级凝聚力的活动规划,可以参考下列内容。

(一) 教师节的活动设计

1. 教师卡的规划设计

教师可以运用各种班级共同课时,指导学生规划设计各种教师卡,作为谢师感恩之用。教师卡的规划设计可以采用个别设计、集体观摩的方式,或是采用全班共同创造设计的模式,设计一张属于个别的或全班的谢师卡。

2. 给老师的一句话活动

除了上述谢师卡的设计之外,也可以通过全班集体的方式设计一张谢师卡,并且发动全班学生,在谢师卡上面写上给老师的一句感谢话,或是将给老师的一句话写在壁报纸上面,再将设计的作品贴在全校最明显的地方(例如,文化走廊、师生园地)。

3. 为老师献花活动

为老师献花活动的规划设计,是运用集体的方式设计各种花,作为教师节为教师献花活动之用。教师可以利用艺术与人文或相关课程,指导学生设计各种要献给教师的花,通过活动的进行可以凝聚全班的向心力。

(二) 圣诞节的活动设计

1. 化装舞会

化装舞会的设计通常是比较费时的,教师应考虑在班级时间的规划上面是否足够。在化装舞会的实施方面,通常是结合学校的重要庆典,或是几个班级联合起来。在圣诞节当天,学校可以考虑让学生规划化装舞会活动,作为凝聚班级向心力之用。

2. 班级餐会

班级餐会的活动设计,是指教师运用各种班级时间指导学生进行班级餐会活动。班级餐会的方式可以是让每个学生自己准备一份餐点,或是由班级学生自行规划班级餐会的内容。

3. 交换圣诞礼物

交换圣诞礼物是学校在圣诞节当天最常举办的活动,教师可以通过班级学生个别准备的方式,在圣诞节当天每个人准备一份自认为珍贵的圣诞节礼物,作为和同学交换礼物之用。交换圣诞节礼物的活动,可以是班级单独进行,也可以是同学年的班级共同进行。

4. 布置班级圣诞树

圣诞树的布置是教师在班级生活中,配合圣诞节节庆,指导学生在班级教室中共同布置圣诞树的活动。通常在圣诞树的布置上面,教师会结合艺术与人文的课程,指导学生设计各种布置圣诞树的作品,再将自己设计的作品挂在圣诞树上,作为展示之用。

5. 圣诞歌舞表演

除了圣诞树的布置之外,教师可以在圣诞节当天在班级举办圣诞歌舞表演,将全班学生分成几个小组,请小组长和组员事先规划各种表演节目,通过表演节目的协商与设计,凝聚班级的向心力,同时促进小组成员的团结。

6. 圣诞义卖活动

圣诞义卖活动的设计应该以全校实施比较恰当,或以全年级作为活动对象也可以。教师可以在圣诞节来临前夕,指导学生进行圣诞义卖活动,并且将各种圣诞义卖所得捐赠给慈善机构,或是捐赠给需要的个人。

(三) 儿童节的活动设计

1. 拼图比赛活动

教师可以运用拼图比赛,将全班分成几个小组,让学生通过集体合作方式,完成各种拼图并将小组作品在班上公开展示,通过小组合作方式凝聚班级向心力。

2. 节目表演活动

运用儿童节的表演节目规划,可以让班级学生发挥团队的精神,教师可以引导学生作各种节目表演的规划,从节目内容的设计、规划到执行,可以让学生团体讨论并拟定各种表演节目的内容,借此凝聚班级向心力。

3. "旧爱新欢"活动

"旧爱新欢"活动是请学生将自己的宠物或搜集品,以跳蚤市场的方式或是相互交换的方式互相分享,让自己的"旧爱"成为同学的"新欢"。本活动的设计与实施,都由班级学生自行规划,通过活动的实施可以凝聚班级的向心力。

4. 游园会活动

游园会的举办应该配合全校性的活动实施,让全校学生都可以在儿童节拥有一个快乐的节日。游园会的规划可以年级为单位,让全年级学生都有参与的机会。

5. 得意作品展示会

教师可以在学期结束时,或是运用各种学校庆典节日,举办班级学生的作品展。学生可以将自己平时最得意的作品,用各种形式展出,让全校学生共同欣赏。

五、转学生的面对与处理

一般教师最感到头痛的是在学期中,班上突然来了一位转学生,由于教师在转学生辅导方面缺乏专业的训练,因此在面对转学生时都会感到心有余而力不足。有鉴于此,教师必须在班级经营中拟定转学生的辅导计划。

(一) 教师如何处理学生转学问题

教师在班级经营中,难免会遇到因各种家庭因素而办转学的学生。学生在学期中转学必然会遇到学校适应的各种问题,因此教师必须在学生转学时给予各种心理方面的建议与协助。

1. 提供未来学校的相关信息和资料

教师在遇到班上学生转学时,应该尽可能提供未来学校的相关信息和资料,让学生和家长早日适应当地的学校。

2. 提供学生在学习方面的相关资料

教师也可以在学生转学时,将各种平日对学生的观察记录写成书面资料,并将各种书面资料和学生的学籍资料、辅导资料、生活记录表等一起放在资料袋中密封,提供给新学校教师作为辅导学生的参考。

3. 尽可能与未来的学校联系

教师在学生转学时,应该尽量与新学校的教师取得联系,以方便进行学生的学习衔接,包括学生的学习情形、家庭对学校教育的态度、学生辅导情形、学生学习生活情形等。通过双方的联系与沟通,可以协助新教师早日了解学生,并给予适当的帮助。

4. 持续追踪学生的适应情形

在学生转学之后,教师应该随时进行学习适应方面的追踪,了解学生在新学校及新班级适应方面的情形,必要时给予学生适当的辅导和帮助。如此,学生才不至于因为对新环境过于陌生而造成各种学习上的适应不良。

5. 提供各种适应新环境的策略

教师对转学生的辅导除了一般性的辅导之外,也应该给予各种适应新环境的策略,包括如何认识新朋友、如何适应新生活、如何尽快进入学习状况等。如果有书面的参考资料,也可以提供给家长作为协助孩子的参考。

6. 给新教师一封信

当学生转学时,教师应该给新教师一封信,内容包括感谢接纳自己的学生,提供学生在学校生活中的各种资料,并给予新教师学生辅导方面的建议。如果方便的话,可以将自己的联络方式与通讯地址附在信件中,让新教师有问题时可以随时和自己联络。

(二) 转学生的辅导与作业程序

当教师在班级接到转学生时,应该给予转学生温馨、温暖的接纳,减少转学生对新班级的恐惧感,并降低其对新班级、新环境的陌生感。教师在转学生的辅导与作业上,可以运用下列程序。

1. 温馨友好的开始

在转学生刚到时,教师可以在办理完成各种资料手续之后,向转学生握手表示欢迎之意,让转学生感到被接纳。其次,教师应该立即给转学生安排适当的座位,让转学生可以尽快融入班级的学习生活。

2. 安排自我介绍

教师将转学生安置以后,随即让转学生进行自我介绍(如是年级低者则由教师代为介绍)。介绍的内容包括姓名、最喜欢的活动、最喜欢的运动等,应该尽量避免介绍转学的原因、我对学校的第一印象等,以避免不必要的误解或难堪的场面。

3. 认识新同学和朋友

在自我介绍之后,教师可以稍微将班级的各种基本资料,包括班级常规、班级特色、班级干部等一一向转学生介绍,让转学生了解班级的各种常规和组织干部。接着,老师请转学生站在讲台上,让其他同学依序排队一一与之握手,并作简单的自我介绍或说句简单的问候语,以增加学生之间的互动。

4. 安排生活辅导员

转学生对新学校感到恐惧的原因,通常是对学校的各种生活习惯不了解,对学校的校规和班级常规感到陌生而不知所措。因此,教师应该在班上安排各种生活辅导员,协助转学生早日认识学校的师长、学校的设施、学校的地理位置、学校的各种生活设备等。尽可能选热心、守本分,且住在离转学生家附近的同学担任辅导员。辅导员的工作如下:(1)安排座位;(2)让转学生熟悉学校作息;(3)了解班规;(4)熟悉回家路线;(5)见习打扫区域;(6)认识师长等。

5. 检核各种学习资料与表格

转学生除了适应学校各种生活之外,也应该检查各种资料是否齐全,例如,课本和原来的学校是否一样? 需要购买新的教科书吗? 作业本呢? 等等。有关各种学习资料的检核可参考下表:

各种学习资料检核表

项　目	短缺时找谁
□学籍表、新学号	教务处（注册组）
□健康卡	教务处（注册组）
□辅导资料	教务处（注册组）
□制服	合作社
□名牌	合作社
□练习本	合作社
□课本、习作（注意版本是否相同）	教务处（设备组或各出版商）
□新地址、新电话（记录在名卡上）	家长
□课桌椅	总务处（事务组）

6. 运用小老师制度

在安置好转学生之后，教师应该为转学生找学习与生活上的小老师，协助转学生进行学习，并且及早适应学校的各种作息。对于担任小老师的学生，教师应该为其提供工作备忘录，随时提醒小老师应该给转学生提供哪些方面的协助。

(三) 转学生学校适应方面的研究

对于转学生的辅导，教师可以参考各种转学生的相关研究，了解转学生可能产生哪些问题，再针对可能形成的问题拟定有效的转学生辅导策略。有关转学生的研究如下：

1. 小学转学生中，女生在学习适应、常规适应、师生关系、对学校态度层面及总适应上，显著比男生好。

2. 三年级转学生在学习适应、常规适应、师生关系、同侪关系与心理适应层面及总适应上，明显优于五年级转学生。

3. 女性教师班级的小学转学生，在学习适应、师生关系及总适应上，表现显著优于男性教师班级的转学生。

4. 家庭社会经济地位不同的转学生，学校生活适应部分有显著差异。

5. 父母管教态度不同、亲子状况不同，对小学转学生在学习适应、同侪关系与心理适应层面及总适应上的影响有显著差异。

6. 小学转学生的学校生活适应与父母亲"关怀"的管教态度,具有显著正相关;与"权威"的管教态度未达显著相关。

7. 转学生的生活适应与"民主型"的教师领导类型,具有显著正相关;而"权威型"与"放任型"则与部分层面达到显著负相关。

8. 小学转学生的学校生活适应不因教师服务年限、教师辅导专业背景的不同而有显著差异。

9. 小学转学生的学业成就与学校生活适应各层面及总适应均呈显著正相关,亦即学校生活适应越好的小学转学生,其学业成就越高。

(四) 转学生适应方面的辅导原则

1. 明确学生的行为标准

转学生行为标准的制定是相当重要的,如果教师未依据学生的行为拟定标准的话,则学生在班级的各种适应上就容易出现问题。教师在转学生的行为辅导与适应方面,应该针对学生的行为,设定各种标准作为参考。

2. 了解问题行为的症结

对于转学生的学习适应,教师应该随时掌握可能形成的问题行为,作为拟定辅导策略的依据。尤其是不同学生有不同的问题,如果教师可以及早了解学生在行为表现方面的各种症结,作为学生辅导技巧选用的参考,则转学生容易在班级得到比较好的照顾。

3. 以优异的行为取代不好的行为

教师在班级生活中,应该随时运用各种行为楷模的示范策略,当学生表现出良好行为时,立即给予适当的强化。如果学生因某种不良行为而无人理会时,就会暂时停止行为表现。因此,教师在班级生活中,应该选用各种行为标准作为学生行为表现的参考。

4. 运用适当的辅导技巧

辅导技巧方面的运用是相当重要的,教师在面对转学生时应该拟定各种有效的辅导策略,针对转学生的各种问题,给予适当的辅导。

5. 以学生可见的行为为辅导重点

在转学生辅导方面,教师应该将重点放在学生可见的行为上面,如此才能了解学生问题行为的症结,作为转学生辅导的参考。教师应以转学生各种可见的行为作为辅导的重点，如此才能针对问题给予适当的处置。

在转学生辅导方面，教师需要更多地用心与细腻地观察，才能给予转学生更多班级生活适应上的帮助。教师通过各种转学生的相关研究，拟定更有效的策略，并运用班级组织干部和小老师制度，给转学生提供更多实质上的指导。

六、班级目标的设定

班级目标的设定与执行，能够让学生在班级生活中有固定的规律可循。教师只要掌握班级目标管理的重要内涵与策略，就可以有效掌握班级事项，营造一个学习型的班级组织。

(一) 班级经营与目标管理的关系

班级经营是学校行政的延伸与落实，学校行政组织的设置仅是一种手段，其主要目的在于引导学校达成教育目标。因此，教师在班级经营中必须了解学校的教育目标，依据学校目标再拟定班级的经营管理目标，通过班级目标的拟定与实施，达到各种预期的效果。

(二) 班级目标设定的原则

班级目标的设定，必须配合各种班级活动，是师生共同追求与努力的目的，也是从事班级经营非常重要的一项工作。教师与学生必须通过不断地协商与调适，才能将班级目标拟定并付诸现实。一般而言，班级目标的设定应该遵循下列原则：

1. 具有班级生活的理想性

班级目标的设定必须符合社会生活的要求，并结合学校教育目标。所以班级目标的设定必须符合社会的需求，并将社会带往理想的方向。因此，班级目标应具有各种生活的理想性，并且可以达到社会适应的效果。

2. 满足个体的各种需求

在班级生活中，不管教师或学生都有个人的各种基本需求，例如衣、食、住、行、育、乐各方面的需求,教育的基本目标也在于满足个体的各种需求。所以班级目标的拟定,必须以满足个体的各种需求为原则。

3. 具备民主理想性

班级生活中的各种活动,必须由教师以民主的方式和学生共同协商,通过双向沟通的方式,拟定各种班级生活常规。因此,班级目标的拟定也应该具备民主理想性,让班级师生可以通过民主参与的方式,拟定班级目标。

4. 目标必须共同一致

班级目标的拟定应该配合各种学科的需求,结合课程与教学的目标。使班级目标与教学目标相互呼应,通过班级目标的达成,同时也让课程与教学目标达成。如果班级教学目标与班级目标相互违背,教师在班级生活中就无法有效领导学生,达成学校教育目标。

5. 行为有效解释与应用

为了确定达成的程度,宜采用分析的方式使班级目标确切具体;同时教育的要求不仅是知识的增加,更是行为的改变。因此,班级目标的拟定必须以行为规范为准则,使班级目标能确定达成。

(三) 班级目标设定的注意事项

1. 目标应该由班级成员共同制定

班级目标是班级全体应该努力的方向,因此班级目标就应该由全体成员,依据班级生活的各种需求,以及个人在班级生活中的需要,以集思广益的方式拟定。这样可使班级目标的内涵更为合理化,并有助于班级目标的达成。

2. 班级目标必须具有层次性

在拟定班级目标时,应该由班主任制定班级的近程、中程、长程目标,如此才能循序渐进,完成各种预定的目标。因此,班级目标的拟定必须包含总目标与分目标,才能达到分工详细又明确的效果。

3. 目标必须有一贯性和一致性

班级目标的拟定必须前后一致、上下连贯,不可以有相互矛盾或前后不一的情形,以免导致学生遵守上的困难。例如,近程目标与中程目标和长程目标之间,应该做到前后呼应,彼此相辅相成。在制定班级目标时,应该先拟定长程目标,再拟定中程目标,进而拟定近程目标。

4. 目标应该书面化

班级目标制定完成之后，为了让全班师生都能了解，必须将班级目标内涵书面化，这样可以强化记忆，也方便让全班了解，不至于因教师请假或学校有重大事件而导致班级目标被忽略的情形。如果教师将班级目标书面化的话，任课教师或代课教师就可以随时了解班级的各种目标，有效掌握班级的学习动态。

5. 目标应该是可行的

班级目标的拟定除应该具体化之外，也应该评估目标本身的可行性，不可以盲目制定各种班级目标，导致目标过于遥远，学生无法达成而被束之高阁。因此，在拟定班级目标时，要考虑学生在各方面的发展情形，结合班级的各种任务，制定具体、明确、可行的目标。

本章讨论问题

一、请论述班级领导的技巧有哪些重点。

二、请论述如何强化学生的自律性动机。

三、请说明有哪些可促进班级凝聚力的活动。

四、请说明转学生的面对与处理程序。

五、请说明如何拟定班级目标。

第七章
班级活动的设计与运用

本章的重点在于针对班级活动的设计与运用等议题，作理论与实务方面的探讨，希望通过班级活动设计的各种实际案例与策略，给教师提供安排班级活动的参考。

一、重要理论与策略

（一）班级活动设计的要领

教师在班级活动设计方面，可以运用班会时间或是班级共同时间，通过简单的活动设计，引导学生进行自我探索，并结合生涯发展的理念，为学生提供自我了解、自我肯定与发展方面的活动指导。教师在班级活动设计方面，必须考虑学生身心发展上的特性以及班级组织气氛的营造等。一般而言，班级活动设计的要领包括下列几点：

1. 配合学生的特质与身心发展特性

教师在进行班级活动的设计时，应该把学生的各种特质与身心发展特性作为班级活动设计的重要指标。如果教师设计班级活动时,缺乏对学生身心发展方面的了解,不配合学生身心发展上的需要,则班级活动的开展无法收到预期的效果,学生也容易对班级活动的内容缺乏兴趣。

2. 结合班级的组织结构与发展特性

班级活动设计应该结合班级的组织结构与发展特性,这样班级活动的进行才能收到预期的效果,并且通过班级活动的实施,强化班级组织气氛与结构,凝聚班级学生之间的向心力。此外,班级活动的设计也应该配合班级目标发展,通过活动的开展,可以强化同侪之间的关系,落实学校教育目标。

3. 注意方案设计的理念与实践

班级活动设计应该有明确的设计理念,将班级活动的各种理念与实践作紧密的结合,这样班级活动才能在班级生活中有效落实。如果班级活动设计缺乏严谨的理论基础或严密的系统计划,则班级活动容易流于形式,无法配合学校的重要政策,落实教育目标。

4. 注意活动实施的安全性

除了上述的班级活动设计理念之外,教师设计班级活动时也应该注意活动本身的安全性,尽量避免在班级活动过程中造成人员安全上的问题。教师在设计各种班级活动前,应该针对活动的内容与实施方式,事先作安全上的考量,并结合学校的危机政策,随时提醒实施活动的学生或教师,注意活动本身的安全性。

5. 有效地运用各种社会性资源

社会资源的运用在班级活动的设计中是相当重要的,如果教师在班级活动设计过程中,无法取得各种社会资源的协助,则容易形成势单力薄的现象,无法在活动中通过资源的整合,为学生提供最佳的学习机会。因此,教师在设计班级活动时,应该将家长或社区的资源作有效的整合。

(二) 班级活动设计的重要性

班级活动设计对班级生活而言是相当重要的,如果教师善用班级活动,那么对班级气氛的营造及各种班级经营具有相当强的正面作用。

1. 班级活动是课程的延伸与运用

班级活动的进行是一种非正式课程的实施,同时是课程的延伸与运用。教师可以把班级活动的实施作为学校课程实施的延伸与运用,尤其是与正式课程结合的部分。

2. 班级活动是课内的整合与统整

班级活动的实施,可以达到课内整合与统整的效果。在班级教学活动进行时,教师无法作不同学科方面的整合与统整,必须通过班级活动设计,作为课内整合与统整之用。

3. 班级活动是强化人际关系及相处的机会

班级活动的进行可强化学生人际关系,让学生拥有更多与人相处的机会。通过班级活动的规划与讨论,学生可以了解人与人之间相处的道理,学习尊重他人不同的想法;通过班级活动,学生还可以更深入地了解其他同学的观点,促进班级同侪之间的凝聚力。

4. 班级活动强化学生做事的态度

班级活动的进行可以强化学生做事的态度。通过民主程序,学生可以了解相互尊重的重要性,培养少数服从多数、多数尊重少数的态度。如果学生在班级活动进行中缺乏民主素养的话,教师可以随时提醒学生注意自己的态度。

5. 班级活动培养学生的民主素养

班级活动的实施与进行,可以让学生培养民主素养。尤其在活动规划与拟定阶段,必须通过不断地协商与沟通协调,才能使方案的设计更加精致,从而使学生从班级活动设计中,培养一般的民主素养。

6. 班级活动发掘学生的各项才能

班级活动的设计与规划,可以让教师了解班上学生在各方面的才能。教师在平日应该了解学生在各方面的专长与兴趣,以便在规划班级活动时可以发挥学生各方面的专长,协助教师进行班级活动的规划设计。班级活动可以培养并发掘学生各方面的才能,让学生在班级生活中有自我实现的机会。

7. 班级活动培养学生的班级归属感

班级生活中的归属感是相当重要的一环,尤其对班级生活中的师生关系来说很重要。教师应该通过班级活动的进行,培养学生对班级的归属感与认同感,有了归属感与认同感,学生就会愿意为班级作各种贡献,也会在班级生活中愿意和同侪相互尊重、相互合作。

8. 班级活动深化学生的经验及能力

班级如同一个小型社会,影响学生日后的生活经验与能力。因此,班级活动的规划、设计与实施,可以深化学生的生活经验及各方面的能力。教师应该为学生提供规划班级活动的机会,通过各种活动的规划、设计与实施,可以让学生拥有更多的生活经验,强化学生的生活能力。

(三) 班级活动的种类

1. 全校性的活动

全校性的活动通常是由学校各处室所规划的活动,以班级为单位或以年级为单位。

(1) 学习性活动:科学展览,壁报比赛,教室布置比赛,辩论比赛,及书法、绘画和作文比赛等。

(2) 体育性活动:运动会、越野赛跑、球类比赛、游泳比赛、拔河比赛等。

(3) 才艺性活动:歌唱比赛、啦啦队表演、各种游艺表演活动、灯会等。

2. 班际或校际活动

教师在班级活动的安排方面,可以由班级联合其他班级或其他学校某一班级共同举办联谊性或竞赛性的活动。如班际球类友谊赛、班级联合郊游旅行活动、班际或校际联谊活动。

3. 班级内自办的活动

教师可以在班级内指导学生进行班级活动的规划,以学期或学年为单位,规划班级性的活动。例如,读书小组、出版班级刊物、每月庆生会、班内分组球类对抗赛、分组辩论会、班内个人或小组才艺表演、露营、旅游活动、期末同乐会、孤儿认养、访问及其他校外参观活动。这些班级活动的设计与实施,可以收到正式课程之外的效果。

(四) 班级辅导活动设计的目标

一般班级辅导活动的目标,可以让学生在班级中拥有更多参与的机会。依据美国咨询学会(American Counseling Association,ACA)所出版的参考书籍的提示,班级辅导活动包括生活辅导、学习辅导、生涯辅导。据此,对班级辅导活动设计目标的具体说明如下。

1. 生活辅导的目标

(1) 发展自我觉察与自我接纳能力

班级生活辅导的主要目的在于让学生发展自我察觉与自我接纳能力。通过班级辅导活动的实施,学生可以对自己有更深入的了解,通过自我了解肯定自我,进而自我接纳,接纳他人。

（2）发展个人的责任感

学生个人责任感的发展是相当重要的,教师应该通过班级活动的实施,让学生可以发展个人的责任感,培养对事情的责任意识,以负责的态度面对生活中的各种事物。

（3）发展有效的人际与沟通技巧

人际与沟通技巧的培养,可以让学生在班级生活中拥有更成熟的能力。通过班级活动的实施,可以发展各种人际关系,培养各种沟通的技巧。

（4）学习有效的决策技巧

班级活动的实施,不仅可以培养学生的各种基本能力,同时可以学习有效的决策技巧。在班级活动的规划中,必须运用各种协商、沟通以及作决定的技巧,让学生学习如何作决策。

（5）发展了解及尊重他人的想法

班级生活中,同侪的相互了解、相互尊重是相当重要的。班级活动的规划与实施,必须通过学生彼此之间的了解、尊重才能完成。因此,班级活动的实施,可以促进学生彼此之间相互了解,进而尊重他人的想法。

2. 学习辅导的目标

（1）学习有效的读书技巧及考试策略

班级活动在学习方面的目标包括有效读书技巧及考试策略方面的辅导,通过学习策略的学习,可以让学生对班级学习活动有更高的兴趣,对学习充满信心。

（2）发展批判思考的技巧

学生批判思考技巧的培养,有赖于班级活动的实施。教师应该在班级活动设计过程中,为学生提供有关批判思考能力培养的机会。

（3）确认学业上的优点、缺点及个人的学习风格

了解学生学习的优缺点以及个人的学习风格,对学生的学习效果提升具有相当大的作用。在班级活动中应该对学生的学习作深入的理解,以便拟定提升学习效果的策略。

（4）让学生了解在团体（生活）过程中的角色

班级活动有助于学生了解在团体过程中的角色,对团体生活规范的遵守有正

面的帮助。在班级活动设计中,可以让学生了解自己在团体中的角色,以便在团体生活中形成正确的决定。

（5）发展在教室中负责任的行为

学生在日常生活中应该养成对自己负责任的习惯,对于生活中的各项事务,在决定之前必须深思熟虑,并且为自己的决定负责。

（6）适应学校的环境

学校环境的适应有助于学生对班级生活的认同和对学校生活的投入。教师在班级活动规划中,应该将学校环境适应列为重要的项目,指导学生在班级活动中以渐进的方式适应学校的环境。

3. 生涯辅导的目标

（1）能知晓其个人特质、兴趣、性格和能力

教师在班级活动的生涯辅导方面,应该引导学生了解自己的特质、兴趣、性格和能力。学生通过自我了解,可对自己的生涯发展与决策起到参考作用。

（2）发展其对世界上各行各业工作内容的了解

班级辅导活动的进行,应该让学生了解世界上各行各业的工作内容,以及工作的各种形态,作为未来生涯规划的参考。通过对工作的了解,可以让学生在平日班级生活中培养各种生活技能。

（3）了解学校表现和未来选择的关系

了解学校表现与未来选择的关系,有助于学生平日进行各种决定。在班级辅导活动进行时,教师应该让学生了解学校表现与未来选择的关系。

（4）发展对工作的正向态度

班级辅导活动进行时,教师应该让学生发展对未来工作的正向态度,作为未来生涯决定的参考。

二、肢体语言的运用

肢体语言在教室中的运用,有助于缩短师生之间及同侪之间的距离。肢体语言的运用,可以作为另类言语表达,有助于促进人与人之间的沟通。对于肢体语

言在班级生活中的运用,具体说明如下。

(一) 脸部表情

脸部表情是教师表达情绪最直接的肢体语言,教师可以通过各种脸部表情传达自己的情绪状态,让学生了解教师处于何种状态之下。

(二) 手势

在手势的运用方面,教师可以通过手势来鼓励学生或制止学生的班级行为。一般而言,手势的运用是配合脸部表情的。例如,食指放于唇上表示"安静",竖起拇指表示"很好"、"赞同"等,在课堂上运用手势不仅有效且不会干扰教学的流程。

(三) 眼神接触

眼神接触技术的运用,可以直接表达教师对学生的观感,并且让学生理解教师行为本身所代表的意义。利用眼神的接触,可以打开沟通、延续沟通或终止沟通。所以,对教师而言,借着眼神的接触拉近师生的距离,是一项特别重要的非语言沟通技巧。教师在班级生活中,应该通过眼神接触的技术,强化对学生的期望。

(四) 身体趋近

身体趋近的运用是通过缩短师生空间的距离,传达师生之间的沟通与情感。教师可以运用修正与学生之间的距离来与学生进行沟通,以此改变学生的参与情形。在教室中,身体的空间传达了师生沟通情况,教师也具有了应有的角色和地位。许多老师因与学生身体距离较远,而无法与学生建立亲密的人际关系,因而形成了一种阻力。

三、班级笑话的应用

依据相关的研究,最受欢迎教师的特质中,幽默风趣是重要的特质之一。因此,懂得幽默、擅于讲笑话的教师,在学校中是非常受欢迎的。

（一）笑话在班级经营上的功能

在班级经营技巧的运用方面，讲笑话的技巧可以算是班级生活中的重要项目，并且可结合教学活动的实施，强化学生的学习效果。一般而言，笑话在班级经营上的功能如下：

1. 集中学生的学习注意力

笑话在班级经营中的运用，有助于集中学生的学习注意力。心理学方面的研究指出，学习者在学习方面的注意力，通常为三至五分钟，因此教师要不断转换教学才能集中学生的注意力。倘使教师能在教学活动实施中有效运用各种与教学有关的笑话，将有助于集中学生的学习注意力，并强化学习效果。

2. 作为教学前的暖身运动

教师在班级教学中进行单元教学或主题教学时，可以在刚上课时通过笑话的运用进行教学前的暖身运动。尤其在上课讲解抽象或重要概念时，可以在学生尚未集中注意力前，搜集与概念教学有关的笑话，这样能够引发学生的学习动机，强化学生对学习的兴趣。

3. 加深并强化学生的学习

教学活动进行时，教师如果不能运用有效学习策略的话，学习效果就会打折扣。当学生精神不佳，无法集中注意力于教学活动时，教师运用与教学有关的笑话，可以吸引学生的注意力并强化教学的效果。

4. 协助引导对课程的理解

当教学活动中，教师遇到抽象概念的讲解时，往往需要花相当大的心力在讲解上面。如果可以运用与教学有关的笑话，不但可以提高学生的注意力，而且可以强化并引导学生对课程的理解。

5. 使教学活动更活泼有趣

笑话技巧的运用不但有助于教学效果的提升，同时可以使教学活动更活泼有趣。对于班级教学中一些枯燥的课程或抽象的概念，如果教师可以适时地运用各种笑话作为例子讲解，有助于使教学活动更加活泼有趣。

6. 解除各种师生间的尴尬气氛

班级生活中的师生关系，可能会因为各种内外在因素影响而产生尴尬的情形或气氛。教师可以适时地运用讲笑话的技巧，解除师生之间的尴尬气氛，化解各种可能形成的危机。

7. 改善各种沉闷的教学气氛

班级教学活动进行时,如果学生对学习缺乏动机或是对学习缺乏兴趣,教学效果就无法达成预期目标。对此,教师可以运用各种笑话改善沉闷的教学气氛,增进学生对教学的关注。

8. 协助建立良好的师生关系

擅于运用笑话的教师,对班级教学活动的实施具有积极的意义,同时给予学生生动活泼、容易沟通的感觉,因此也容易建立良好的师生关系。班级笑话的运用,可以让学生感受到教师的亲切感,减轻教师在学生心目中的威权形象,增加教师的亲和力并促进师生之间和谐关系的建立。

(二) 班级笑话运用的原则与技巧

班级笑话的运用必须结合各种重要的班级活动,让学生在班级生活中强化对各种活动的参与感与乐趣。教师在运用笑话技巧于班级经营时,应该在平日生活中搜集各种可以运用的笑话,作为班级经营的题材。

1. 搜集笑话作为资料库

笑话的搜集必须在平日就进行,并且将各种笑话题材依据性质作分类,以便融入班级教学或活动中。教师在日常生活中,应该不断搜集与班级教学活动有关的笑话,或日常生活小品文。将各种生活中的趣闻、笑话、幽默小品等题材,加以分类整理,作为班级经营之用。

2. 善用肢体语言强化效果

擅于讲笑话的教师不仅在资料的搜集方面要用心,而且在讲笑话时,也要重视肢体语言的运用。如果在讲笑话时可以结合肢体语言的话,更能强化笑话的效果。例如,运用声音的高、低、起、伏等强化笑话内容,可以使讲解过程充满喜剧性。

3. 善用各种无法预知的效果

笑话的内容如果是可预期的,在效果方面可能不如预期。教师在讲笑话时如果能掌握笑话本身的关键,提供让学生想象不到的结局,才能强化笑话的效果。如果教师一开始讲笑话就让学生可以猜中结果,则无法发挥笑话的效果。

4. 运用各种笑话的关键

教师在平日通过各种媒体搜集的笑话,可以进行分类并运用笑话的关键,以便强化笑话本身的效果。教师可以运用各种笑话的关键,结合班级教学活动的重要概念,一来可以强化笑话的效果,再则可以提升学习的效果。

5. 运用熟练原则,练习讲笑话

教师在讲笑话前必须不断练习,才能强化笑话本身的效果,同时熟练讲笑话的技巧。"台上三分钟,台下十年功",正说明教师在讲台上的讲解必须通过不断练习,才能收到预期的效果。

6. 保持正常的说话态度

在讲笑话的过程中,教学者的态度是相当重要的。如果教师在讲笑话时,态度不自然,或是讲话的速度过快、过慢等,都会影响笑话本身的效果。

(三) 班级笑话运用的注意事项

班级笑话的运用虽有助于班级教学与活动的实施,然而教师在班级经营中运用笑话时,应该了解运用的时机与注意事项,才不至于造成反效果。

1. 避免人身攻击

班级笑话的运用不可以有人身攻击的现象,否则容易造成对班级中个别学生的伤害。教师不可以在笑话中对学生或他人有取笑的现象,或是在笑话的内容中对学生有直接或间接的伤害。

2. 了解学生性质

教师在讲笑话前,应该先了解班上学生的各种特质,包括学生的身心发展特征、学生平日喜欢的活动、学生有兴趣的主题等,才能在讲笑话时收到预期的效果。

3. 避免过于频繁

班级笑话的运用不可过于频繁,否则容易失去笑话本身的效果。讲笑话的次数在班级经营中不宜过多,在班级经营中适当运用笑话有助于各种效果的提升,但如果教师在班级生活中过于强调笑话,容易失去教学本来的主题,导致负面的效果。

4. 内容避免粗俗

教师运用笑话时,在内容方面应该有所选择,针对学生的身心发展状况,考虑笑话本身的教育性。因此,笑话内容不宜过于粗俗,应该具有教育性或娱乐性。笑话的内容也不可过于搞笑,避免偏离教学主题。

5. 结合场合时机

笑话的运用应该注意场合和时机上的问题,如果笑话运用时机不当的话,容易收到反效果，甚至影响教学实施的效果。例如，笑话的内容如果对女性不适当的话，教师应该尽量避免运用此种笑话于两性相处的场合。

四、班级活动设计

在班级活动的设计与运用方面，可以配合各科教学活动的实施，也可以结合班级生活的各项活动。

（一）诗词背诵活动

诗词背诵活动的设计，可以让学生在班级生活中强化语文方面的能力。教师在学生诗词背诵的内容方面，应该针对学生的课程与教学内容，筛选适合学生学习而且容易朗朗上口的诗词。

（二）读经朗诵活动

读经朗诵活动的进行，是指教师在班级生活中选用各种经书作为朗诵的题材。教师有计划地指导学生阅读经书，把经书朗诵活动的进行作为班级生活的活动之一。

（三）轻声细语活动

在班级生活中，学生往往因为过于嘈杂而影响到其他同学的学习，因此教师可以在班级生活中开展轻声细语活动，要求学生在班级生活中尽量放低音量，以轻声细语的方式将自己的意思传达给同学。

（四）清洁宝宝活动

清洁宝宝活动的实施，主要是在班级教室过于脏乱时，教师应该要求学生对教室清洁的维持尽一份自己的心力。清洁宝宝活动的实施，可以通过各种有效的奖励策略，加强学生的清洁习惯。

(五) 有话大家说活动

班级生活中,学生一定有很多话要说,有些学生不方便在公开场合讲话或发表自己的意见,就可以通过有话大家说的方式,或是在班级中设置"我有话要说"信箱,进行双向交流。

(六) 多说好话活动

班级生活中,学生难免因为来自各种不同社会经济背景的家庭,而展露出在家庭生活中的不良习性,例如说粗话、"出口成脏"等。教师可以运用在班级生活中的多说好话活动,指导学生在讲话时更优雅、更有气质。

(七) 个别谈话活动

个别谈话是班级辅导活动中重要的一项,教师通过个别谈话可以了解个别的学生心理,了解班级学生的学习情绪、班级生活情形,以作为班级领导的参考。如果学生在班级生活中出现反社会行为的话,教师可以通过班级个别谈话给予适时的辅导和协助。

(八) 好书分享活动

好书分享活动是班级活动中,通过对好书阅读心得方面的分享,强化学生的阅读习惯,同时通过好书的分享,提倡班级阅读活动。教师可以在班级生活中,规划各种好书分享活动,作为鼓励学生阅读之用。

(九) 学生旅行分享活动

班级生活中,教师可以要求学生在周末或放长假时,如果和家人外出旅行的话,将旅行所经之处的相关信息搜集整理,作为分享之用。教师可以在班级教室中,规划旅行分享活动单元布置,请家长和学生协同布置并分享。

(十) 生活经验分享活动

生活经验的分享可以促进师生之间的关系,强化同侪之间的互动友好关系,凝聚班级的向心力。教师可以在班级生活中,规划各种生活经验的分享活动,以各种主题和单元分享的方式,引导学生作生活经验的分享。

五、生命教育的实施

　　班级活动中生命教育的实施是相当重要的,该活动的设计是结合学生对生命的重视,强化对生命现象的各种积极态度。学校可以通过对生命教育的实施,让学生在班级生活中加强对生命现象的重视,进而重视自己的生命、他人的生命。教师可参考下列生命教育的活动设计。

生命教育活动设计

单元名称	尊重生命、欣赏生命
适用年级	小学六年级
时　间	一节课（40 分钟）

教学目标

1. 帮助学生认识生命,进而欣赏生命的丰富与可贵。
2. 协助学生学习如何珍惜生命与尊重生命。
3. 引导学生用爱心经营生命与思考生命的方向。

教学活动

一、准备活动

1. 先将全班分为六组。
2. 教师准备一盆真花与一盆人造花。

二、教学阶段

（一）阶段一：8 分钟（教师引导）

1. 教师讲述得了癌症的七岁小朋友周大观的生命故事。
2. 介绍周大观七岁时就开始创作的诗。
3. 引导学生思考这个故事带给自己什么生命的启示。

（二）阶段二：6 分钟（师生互动、同学发言）

1. 请学生说出自己最喜欢的植物,并说明为何喜欢它。

2. 辨识真花和人造花,并讨论它们的特点。

3. 思考会选择哪一种花送给朋友。

（三）心情点播：8分钟（小组讨论、分享）

1. 学生把自己对生命的感受,用一首音乐表达出来(如《命运交响曲》)。

2. 学生也可将歌词写下来,跟他人一起分享。

（四）访问：11分钟（经验交流）

1. 请学生访问班上一位同学,请他告诉你一个有关"缘分"的亲身经验。

2. 请学生上台分享这个经验。

三、反省与行动阶段：7分钟

在上完这一节生命课程之后,老师下发学习单,指导学生完成：

（一）反省

反省一：当你一天起床时,你的第一个想法是什么?

反省二：惜福是什么? 举例说明。

（二）行动

行动一：台湾是个美丽之岛,在这土地上有许多美丽的生命,如垦丁的珊瑚、七股的黑面琵鹭、花莲的鲸鱼、淡水的红树林等,你看过吗? 如果没有,可以去体验一下。

行动二：请选择一天亲身去照顾婴儿、陪伴老人,并说出你的感受。

生命教育活动设计

一、单元目标

（一）培养尊重生命、爱护动物植物的意识。

（二）了解每个生命的独特性、自主性与价值性,并涵育尊重生命的尊严。

（三）了解生命的可贵,要珍惜自己及他人的生命。

（四）了解生命的无常。

二、准备工作

（一）活动前一周要求小朋友回家种植绿豆(或红豆、小麦)等植物,并观察、记录其生长的情形及种植、观察时的心情感受(以照顾者身份对它说话)。

(二)事先分好组。

三、活动过程(40分钟)

(一)引起动机(3分钟)

老师告诉学生一则真实的故事:俊翰在出生满周岁时,即因不会坐、不会爬而由台大医院诊断得了"进行性肌肉萎缩症",医生预测他只有三到四年的生命,从此俊翰及其父母走上了不断与死神拔河的人生旅程。由于俊翰身体状况欠佳,他的抵抗力很差,小小的感冒常会让他患肺炎而住进加护病房。

(二)讨论(8分钟)

老师提问题,让小朋友思考:

1. 如果你是俊翰,被医生判了"无期徒刑",你最想做的是什么?

2. 如果你是俊翰,身体抵抗力很差、很容易生病,你会到学校上课吗?

3. 如果你是俊翰的同学,你会有什么想法? 怎么对待他? 最想对他做的事是什么?

4. 如果你是俊翰的妈妈或爸爸,你会怎么安慰俊翰?

5. 如果有一天你要离开人世,你希望别人在你的墓志铭上写什么?

请几位小朋友出来分享想法。

讨论结束后,老师将这个故事说完:强烈的求生意志及父母的鼓励,使俊翰更加坚毅、勇敢,并珍惜自己每一分钟的生命,非常努力地学习,尽力做好每一件事,以高分考上新竹中学,而且他的成绩一直是班上的第一名。

(三)分组讨论种植植物的心得(7分钟)

1. 分享如何种植、照顾各种植物。

2. 分享在你照顾、栽种下,此植物有何改变或其生长情形如何。

3. 分享种植时的心情(特别是种植失败时的心情)。

此活动可结合自然科目中的植物种植教学环节,当然也可与动物教学联系起来。

(四)请各组派一位小朋友上台报告(6分钟)

(五)"新生的蛋"活动(12分钟)

1. 先在白纸上画一个蛋(这个蛋代表个人生活中有新的开始),把这个蛋设计成你喜欢的样子,尽量让这个蛋多姿多彩。

2. 完成后将蛋剪下来,翻过来在背面列出有哪些事是你希望自己生命结束前可以完成的。

3. 全班完成后,让同学分享内心深处的新生愿望。

(六)老师作结论(4分钟)

每一种生物都有生有灭,一个生命的结束其实是另一个生命的开始,就像蝴蝶交配后产卵,接着双双死亡,卵孵化成毛毛虫,然后结茧,再长成蝴蝶。

生命是可贵且至高无上的,我们要知道培育、照顾生命是何等不容易,但是将它毁掉却只在一念之间。所以要尊重、珍惜每个人的生命,学着珍爱自己,也关爱别人。

附:种植植物记录单

亲爱的小朋友:

这是一棵由你亲手种植的"生命之树",要好好照顾喔! 此外,按照每天生长的情形,为它留下成长的足迹,并把你当它的小爸爸、小妈妈的心得记录下来。

日期 \ 生长	生长情形	小树我要跟你说……
星期日		
星期一		
星期二		
星期三		
星期四		
星期五		
星期六		

照顾了一个星期后,我的心得是……

_____

_____

_____

_____

教育箴言录

* 童年只有一次,不要剥夺孩子做梦的权利。

＊ 孩子是独立的个体，不要期许孩子为你完成未完成的梦想。

＊ 孩子最可贵的就是他们的天真，不要给他们太多的负担；有些家长总以为要想不让孩子输在起跑线上，就必须在孩子小的时候让他们学习很多的才艺，结果反倒破坏了孩子学习的"胃口"，这才真是让孩子输在起跑线上了。

＊ 给孩子足够的发展空间，让他们快乐自由地长大，让孩子在他们的认知阶段学习他们应该学习的课题，并适时地引导他们发展多方面的兴趣与爱好，给他们一个健康、快乐的童年，我想，这才是给孩子最大的财富。

本章讨论问题

一、请论述肢体语言如何运用在班级经营中。

二、请说明笑话如何运用在班级经营中。

三、请说明班级活动设计的要领与内容。

四、请说明在班级经营中，如何有效地实施生命教育。

五、请设计一份班级活动实施计划。

班级组织的运用与管理,涉及教师班级经营成效的达成问题。教师如果可以有效运用各种班级组织的话,对学生的学习参与有正面的意义,同时可以提高班级经营效率。

一、班级干部的组织与选用

(一) 干部选用标准

在班级干部的选用方面,教师应该以"人人有机会、个个能上榜"的方式,让全班都有担任干部的机会。比较理想的方式是依据学生在各方面的表现,作为遴选干部的参考,让学生可以从担任干部中学习服务的精神。

(二) 干部的选拔方式

在班级干部的选拔方面,教师可以依据自愿、推选、轮流、"内阁制"的方式处理,让班级干部的选拔更制度化。如果是小学高年级以上的学生,在干部的任用方面可以考虑"内阁制"的方式,由教师依标准选任班长之后,再由班长以"内阁制"的方式负责班级的各种重要事项。

(三) 全班都是长

班级干部的选用,应该让全班学生都有参与的机会,教师可以针对全班的公共事务,细分成各种职务,让全班学生都有担任干部的机会,同时通过"全班都是长"的理念,凝聚学生对班级的向心力。

二、班级图书馆的成立与管理

班级图书馆的成立与管理,有助于提升学生对图书阅读的能力。通过阅读习惯的养成,可以提高学生的语文能力,还可以让学生从班级图书馆的成立与运作中学习基本的图书管理技巧和能力。

(一) 班级图书来源

在班级图书的来源方面,教师可以商请学生家长将自己家里的读物,借给班级成立图书馆。如果家长愿意的话,可以将家里的书捐赠给班级作为成立班级图书馆之用。此外,教师可以联合全年级的教师,将学校图书馆里适合该年级阅读的书刊,稍加整理之后放置在班级,如此可以提高学生的阅读率,也可以减少学生到学校图书馆借书的不便。教师还可以和社区机构以募书的方式成立班级图书馆,充实学校的图书资源。

(二) 图书编目与登录

班级图书应该经过适当的分类、编目与登录之后,再提供学生借阅之用。在班级图书整理过程中,教师可以在图书背面粘贴阅读记录表,鼓励学生阅读并在阅读之后签名记录。如果图书是属于捐赠的书籍,应该在每一本书的封底粘贴一张捐书感谢函,感谢赠书者的美意。

范例

亲爱的同学：

你能阅读这本书是因为×××同学的爱心捐赠，请你好好阅读它，也请发挥公德心好好爱惜它，因为还有许多同学要阅读它。

（三）图书分类编号

1. 分类、编号

将书本加以分类、编号，例如，文学类为"1"，科学类为"2"，同一类书籍可以按顺序编号，再将此书号制成标签，涂上不同颜色，粘贴于书背下方。

例如，文学类（红色）101、102……

101

科学类（绿色）201、202……

202

最后，要在每本书的最后一页贴一张归还日期提醒单（日期由图书管理员于借阅时填写），帮助借阅者记住归还日期，以免逾期受罚。

范例

借阅归还日期
2005. 5. 20

2. 登录

设置一本"班级图书清册"，按图书类别、收到先后顺序登录在清册里。

范例

编号	书名	作者	出版社	金额	本书来源	备注
1001	中国童话故事	林进材编	五南出版	150元	×××家长捐	

3. 制作书插

请学生自备一支20厘米的塑胶尺,并用油性笔书写上自己的座号,当作书插用。

4. 制作"图书借还登记册"

范例

图书借还登记	借阅日期				
	书名				
	借阅者				
	归还日期				
	组长签名				
	备注				

5. 布置环境

教师可以在教室中规划一个温馨的"图书角",书柜上可摆置小盆栽、小花加以美化,地上可铺上海绵地板,摆张小桌子,使之感觉更舒适。

(四) 制定班级图书借阅办法

教师可以指导学生拟定班级图书借阅办法,并将办法公布在图书角比较明显之处。办法参考如下:

1. 本班学生借书前,必须先向图书管理员登记。

2. 借还书时间:每节下课时间,其余时间不得借还。

3. 每人每次限借一本,一周之内归还,如有需要,可向图书管理员申请延后三天归还,但以一次为限。

4. 每次借书前,必须将前次所借的书籍归还后,才可再借书。

5. 不可在书籍上任意涂鸦或做记号,如有污损或遗失,照价赔偿。

6. 如果逾期超过三天,丧失借书权一星期。

(五) 鼓励班级阅读计划

教师在成立班级图书馆之后,紧接着就是拟定鼓励学生阅读的办法。在鼓励班级阅读计划方面,可以通过成立班级读书会、举办阅读活动、制作班报、撰写阅读心得报告、书香排行榜、好书推荐等方式,鼓励班级学生阅读。

三、学校生活竞赛

学校生活竞赛是班级活动中重要的项目,教师应该在开学初期就向学生说明各项生活竞赛的重要性,以及实施的意义和办法,让学生可以了解学校实施生活竞赛的意义,并思考班级如何同心协力做好各项生活竞赛的准备工作。

(一) 全班讨论

对于学校生活竞赛的实施与具体的办法,应该利用班会时间由师生共同讨论,如何从生活竞赛中争取荣誉,通过讨论的方式形成全班的共识,让全班学生了解行为表现应该达到何种程度才能争取荣誉。

(二) 决定方法

学校生活竞赛的内涵和标准,除了通过全班共同讨论之外,也应思考如何做才能达到学校的标准。

(三) 奖励与强化

如果班级在学校生活竞赛方面得奖的话,教师应该给予全班奖励以为强化。教师同时也应该让学生了解,哪些行为表现可以赢取奖励,哪些行为表现是不符合标准的。

(四) 避免过于目的化

学校的生活竞赛应该符合教育目标,或是依据学校经营的理念而形成的策略,通过生活竞赛的实施,激发班级学生的向心力,凝聚学生对班级的情感。然而,在生活竞赛方面不可以过于目的化,而忽略生活竞赛本身的教育性。

(五) 结合教育理念

班级在讨论生活竞赛得奖的方法与标准时,应该避免过于强调得奖而将教育理念忽略。在生活表现方面应该尽量以自然、人性化的方式,将得奖视为班级重要目标之一。

四、班级网页的设计

(一) 班级网页的设置目的

1. 配合信息化趋势

信息科技的进步与软硬件设施价格的低廉,以及网络的普及,使得人人都有机会接触电脑,通过"弹指神功",迅速得知世界各地所发生的大大小小的事情。班级网页的设置有助于传递一些学校教育相关信息、公告事项等。此外,配合"班班有电脑、家家有网络"的教育理想,班级网页设置可以使得班级所发生的事情、所举办的活动,甚至任何班级事务都可通过网络传达给家长与学生,作良性的互动,达到教学相长的成效,并可以实现无纸化的教学环境。

2. 增进师生沟通

班级网页的设置,有助于学生和教师的沟通互动,尤其是部分学生在学校不敢和教师接触,就可以借助班级网页上的留言板或是意见箱,直接跟老师分享与沟通。而且老师也可以先在网络世界中回复,以后有机会可以再找学生沟通,如此可以避免因为老师校务繁忙而无法给予学生反馈。

3. 提供作品分享

班级网页的设置可以提供教师、家长、学生作品展览的机会,使每个人都能了解别人的专长与优点,借此相互学习、互相切磋而达到"三赢"的局面。

4. 增进班级凝聚力

班级网页设置之后,可以提供学生另类学习的机会。学生可以抽空上网看看自己所属那个团体的网站,借此对班务有所了解,也让学生有属于班级一分子的共识,使学生对班级更加认同,渐渐地凝聚成对班级的向心力。

5. 促进亲师沟通

班级网页可以增进亲师之间的沟通,通过班网上的上课花絮照片资料,家长可以看到学生在学校的生活;经由老师写的班级经营理念,家长可以知道老师的想法与做法;借着留言板上的互动,亲师之间的关系也会越来越融洽。老师可以直接在网络上先回答家长迫切性的问题,找时间再和家长沟通,让家长的疑问有即时的反馈,达到更进一步的亲师互动。

6. 深化学生学习

班级网页可以开辟学生学习专栏,将教师在课堂上因为时间因素无法满足学生需要的学习题材,通过网页进行资源分享。程度好的学生,可以挑战更进一步的难题,或是链接到相关网站找寻相关资料以弥补课堂上的不足;而程度不好的学生,也可以再做复习,甚至看其他的基本知识,或是链接到其他网站找寻符合自己程度的资料。

(二) 班级网页设计的前置作业

班级网页的设计需要运用到电脑概念与相关软件,教师必须在设计班级网页前,对前述概念有相当的了解,才能做好网页设计的前置工作。有关网页设计的相关软件略述如下:

1. 熟悉网页编辑软件

首先要了解"HTML"的基本语法,并熟悉目前市面上比较普及的编辑软件,如 Microsoft 的 FrontPage 2002、Macromedia 的 Dreamweaver MX、NAMO Webeditor 5.5 等,使用这些工具才能快速地做出最基本的网站。

2. 熟悉影像与声音处理软件

目前市面上此类软件太多,可以找比较熟悉的软件作为入门的工具。影像软件有 Photoshop 8、PhotoImpact 8 等,不计其数。声音软件有 CoolEdit 等工具。

3. 熟悉其他特殊的程序语言及应用软件

熟悉这方面工具的软件可以做出生动活泼的 CAI 网站,甚至与使用者有互动效果的网站,使其具有独特的声光效果与寓教于乐的功能,并成为让学生流连忘返的地方。主要的工具软件有 FLASH、JAVA、ASP、PHP 等。

(三) 网页的设置

1. 决定班级网页名称

对于班级网页的名称,教师可以结合班级特色、气氛与学生的特性,和学生共同讨论,或是用票选方式决定。

2. 拟定班级网页架构

班级网页架构的拟定,可以参考其他学校的做法,通过相关资料的搜集之后,再依据班级的实际需要拟定班级网页架构。有关班级网页项目可以参考以下统计表。

台湾地区班级网页内容项目统计表

网页大项	百分比	名次
学校首页	12％	
我们这一班	16％	
教师档案	31％	8
学生档案	86％	1
班级经营	28％	9
课表与日程表	52％	3
教学园地	19％	
学习步道	17％	
充电站	19％	
生活花絮	83％	2
学生作品	24％	
英雄榜	40％	7
公布栏	49％	4
留言板	42％	6
亲师合作	27％	10
休闲区	13％	
作业提交区	1％	
好站链接	46％	5
计数器	7％	
最新更新时间	3％	

3. 班级网页内容

一般学校的班级会依据学校教育目标、班级经营特色、学生学习需要等决定网页内容,作为班级网页制作参考架构。

(1)学校首页:介绍学校特色、简报、教育宗旨等,即学校想要让访客了解的各项资料。

（2）我们这一班：班级特色、班级愿景、班级公约、班级干部、班刊、班歌、班级吉祥物等。

（3）教师档案：教师个人档案（含教学计划、教学理念）、认识各科师长。

（4）学生档案：班级成员照片、简介本月寿星、每月一星（他人眼中的你）、信箱总表。

（5）班级经营：班级经营计划书、奖惩制度、累积点数区、教室布置、学习角、本月座位表。

（6）课表与日程表：总体课程表、本班日课表、学校工作日程表。

（7）教学园地：主题活动网、教学资源（教案）、学习单、线上测验区、试题评量。

（8）学习步道：静思语、成语充电站、唐诗教学、台语念谣、大家说英语、数学周记、创意天地、地方介绍。

（9）充电站：好书报报、时事新闻、生活百科、艺文橱窗。

（10）生活花絮：活动剪影、户外教学、生活周记。

（11）学生作品：作文、美劳作品、创思、专题报道、书法、壁报、网页及其他。

（12）英雄榜：成绩优良、表现优异、各项竞赛等。

（13）公布栏：最新消息、班费明细、老师的叮咛、家庭联络簿。

（14）留言板：讨论区、心情留言板、给老师的悄悄话、意见箱。

（15）亲师合作：家长会组织架构表、亲师沟通（书信文件）、家长会。

（16）休闲区：心理测验、星座物语、笑话连篇、线上游戏、出游何处去、游戏软件下载、音乐网、宠物屋子。

（17）作业提交区：由教师提供当天功课内容，并让学生提交相关的作业。

（18）好站链接：提供内容丰富的相关网站。

（19）计数器：具有班级网页浏览人数的统计功能。

（20）最新更新时间。

4. 编写网页

教师在编写网页时，应该了解使用的对象，如果是低年级的话，应该加上注音，中、高年级则依据学生的成长加上各种功能。在内容方面可以考虑：（1）颜色搭配的使用；（2）最好有童趣图案；（3）文字清楚，叙述正确；（4）有明显的主题；（5）使用电脑预设的字型。此外，在网页主要功能方面应该包括：

（1）主选单：主要将网站上的资料分门别类地放置，让使用者能依照类别观看网站的内容。

（2）次要选单：犹如主选单的功能，只有将资料分得更细，才不会让网站看起来杂乱无章。

（3）首页标志：主要是班级网页的站名或是加上该班的班徽。

（4）最新消息：将有关本班的最新信息、活动、课程传达给学生或家长。

（5）系统维护信息：主要告诉使用者本网站的版权、更新日期及最佳的欣赏设定。

（四）网页使用注意事项

1. 注意隐私权

避免将学生的详细个人资料刊登于网站上，以免被居心叵测的人所利用而使学生遭受不必要的骚扰与勒索。如果要刊登资料的话，最好设计保密的措施，使要查阅资料的人键入密码以作辨识。

2. 尊重知识财产权

若在网站中使用到他人的作品，须事先告知本人，且须经过本人的同意后才可将资料（图片、声音、文件、影片等）使用于网页中，并将取得资料的来源贴于网站上。

3. 尊重言论自由

在网站上所发表的言论，以不可对他人做人身攻击为原则，或不可发表不实的言论。

五、班级辅导活动计划

● 主题一：　我是谁

活动一：小照片会说话

（一）适用年级：低、中年级。

（二）活动时间：新生或刚分班的开学之际。

（三）活动要旨：了解自己、了解别人。

（四）具体策略：

1. 设计活动学习单一张，请学生回家完成。

2. 学习单内容包括：全家福合照一张、家人介绍、我的兴趣、其他……（依年级及班级特色而定）。

3. 让每位同学先在小组中分享、讨论自己的学习单内容。

4. 请学生上台发表，并请台下学生一一记住同学的名字。

5. 将发表完的学习单张贴于教室布告栏中，以利学生认识彼此。

活动二：每周一星

（一）适用年级：中、高年级。

（二）活动时间：利用每周班会时间，或每周利用一次晨间活动时间，召开"每周一星发表会"。

（三）活动要旨：更深入地认识同学并肯定每位同学的独特性。

（四）具体策略：

1. 每周一星的选定：采取抽签的方式轮流，于每周的"每周一星发表会"结束前，抽签选出下周的明星。

2. 设计每周一星活动式海报，每周更换当事人的名字。

3. 请同学观察每周一星好的表现及其个人独特的地方。

4. "每周一星发表会"上先请当事人充分地介绍自己，然后请同学们发表对他的赞扬及鼓励的话。

5. 由专门的同学将发表会上的内容记录下来，制作成每周一星认证卡，送给当周的每周一星。

主题二： 认识彼此

活动三：小记者大出击

（一）适用年级：二至六年级。

（二）活动时间：开学一个月之后。

（三）活动要旨：加强人际互动，增进同学之间的深层认识。

（四）具体策略：

1. 设计小记者访问卡。

2. 访问卡的内容包括：受访者姓名、生日、血型、星座、兴趣、最喜欢的电视节目、最喜欢的科目、最喜欢的动物、最喜欢的食物……

3. 每个人发一张访问卡，分别去访问同学，每位同学只能受访一次。

4. 访问时间结束后，请各位小记者发表其访问所得的资料，并请其他同学一起来猜猜受访者的身份。

活动四：饼干盒游戏

（一）适用年级：一年级新生或三年级刚分班的班级。

（二）活动时间：开学两周之后。

（三）活动要旨：通过游戏的方式帮助学生记住彼此的姓名。

（四）具体策略：

1. 游戏方式：可先分为 6—7 人一组进行游戏，最后再整合成全班一起玩。游戏进行时，请每组围成一小圆圈。

2. 游戏开始时，请学生用手打拍子配合口诀。

3. 游戏口诀：

> Leader：是谁偷了饼干，从那饼干盒？
>
> 全　体：不是我！
>
> Leader：就是你！
>
> 全　体：不可能！那是谁？
>
> Leader：小牛偷了饼干，从那饼干盒。
>
> ※小牛：不是我！
>
> 全　体：就是你！
>
> 小　牛：不可能！
>
> 全　体：那是谁！
>
> 小　牛：大马偷了饼干，从那饼干盒。◎
>
> 大　马：不是我！……

（游戏反复进行，从记号※到◎进行反复）

4. 游戏中如果讲不出名字或互喊对方的名字就算输了。

5. 可请每组输最多次的同学唱一首歌曲或进行其他表演。

主题三：　角色扮演

活动五：服务小天使

（一）适用年级：中、高年级。

（二）活动时间：利用每周班会时间，或每周利用一次晨间活动时间。

（三）活动要旨：请学生扮演付出者的角色，养成付出的习惯，并从此活动中懂得感谢周遭别人对我们的付出。

（四）具体策略：

1. 每周由老师抽出一位服务小天使，但先不对所有同学公布，只告知当事者。

2. 服务小天使在一周内默默地为大家服务，并自己记录做了哪些服务的事情。

3. 请服务小天使于一周服务后写出心得，由老师念出其服务心得。

4. 请其他同学体会一下，这星期是谁默默为我们服务的？ 猜猜本周的服务小天使是谁？

5. 请同学们说说对他的感恩话语，以感谢小天使的付出。

活动六：小天使与小主人

（一）适用年级：四至六年级。

（二）活动时间：利用学期中的一个月时间，分四周进行。

（三）活动要旨：通过扮演小天使的角色，能够学会付出自己的关怀来关心他人。

（四）具体策略：

1. 每位同学抽出一位小主人的名字，自己则成为小主人的小天使，但不可以让小主人知道自己的身份。

2. 于活动期间，默默付出对小主人的关怀之意，如写关怀小卡片、帮他一起抬东西、下课和他玩游戏……

3. 设计小天使与小主人交流园地的大海报，可让小天使在海报上写出对小主人的关怀问候话语，同时也可以让小主人写给小天使，感谢他的付出。

4. 在第四周，举办大揭晓活动。由一位同学先上台，说说他的小天使对他的关怀有哪些以及对小天使的感谢话语，最后猜猜小天使的名字，请小天使上台和小主人拥抱或握手，发表感言，然后猜猜自己的小天使是谁，如此一直循环下去。

5. 活动结束后,可以请同学们写一写整个月来的活动心得。

● 主题四： 凝聚班级向心力

活动七：超级任务

(一)适用年级：中、高年级。

(二)活动时间：班级需要培养凝聚力的时机。

(三)活动要旨：培养凝聚力及合作精神。

(四)具体策略：

1. 设计一个让全班合作共同完成的任务。

2. 任务建议：

(1) 堆沙筑城。(到沙坑去,全班合作堆出一条万里长城)

(2) 我们这一班。(共同创作巨幅图画,画出我们这一班)

3. 任务设计时,要注意是让全班每位学生都能参与的活动。

4. 活动要限定时间完成,让同学们都感受到任务的急迫性。

5. 活动开始前,要先告知完成后的奖励,强化其完成动机。

6. 活动完成后,老师要给予赞赏,并告诉同学,老师最欣赏的是过程中全班一起合作的哪些精神……

活动八：许愿树

(一)适用年级：二至六年级。

(二)活动时间：在学校举办运动会或其他班际比赛之前两周。

(三)活动要旨：凝聚全班的向心力,激励其奋斗的力量。

(四)具体策略：

1. 制作一棵许愿树的树干。

2. 用小卡片制作成叶子及果实样子的图卡,发给每位学生。

3. 小卡片上写出对本班表现的愿望或对某位选手的鼓励。例如,希望运动会接力赛跑得第一。

4. 每位同学分别念出自己的愿望,其他同学一起复诵之,祈祷后贴于许愿树之上。

主题五：　凝聚班级情感

活动九：爱的祝福

（一）适用年级：中、高年级。

（二）活动时间：每次月考前或年终岁末之时。

（三）活动要旨：表达对同学的关心，让同学感情更加亲密。

（四）具体策略：

1. 每次发给每一个人 10 张给同学的小卡片。

2. 请同学根据这次的主题写上祝福的话语，内容至少要 20 个字以上。

3. 写完之后，诚心诚意地交给同学，并口说祝福语。

活动十：优点大轰炸

（一）适用年级：中、高年级。

（二）活动时间：学期结束之前。

（三）活动要旨：借由同学之间互诉优点，增进全班同学情感。

（四）具体策略：

1. 每个人发 10 张有背胶的小卡片。

2. 卡片上写上同学的具体优点，写出本学期中具体的优良行为，而非"你很好"、"你很优秀"等形容词。

3. 请全班同学轮流上台接受优点大轰炸。一位同学上台后，其他同学轮流念出他的优点，念完后将卡片贴在其身上。

4. 最后每位同学身上都会贴满了优点。

5. 老师也可以参与活动，事先写好每位同学的优点。

六、社会资源的运用

班级经营中，运用社会资源于课程与教学，对学校教育的促进具有正面的意义。教师在学校教育中应该对社会资源进行统整，将社会资源与学校教育目标相结合，有效运用社会资源，从而促进教学活动的实施。

(一) 社会资源运用的原则

在学校教育方面,社会资源包括社区中的人力资源、财物资源及各种天然资源等。教师要能充分运用社区资源,才能真正活跃教学,落实教学与课程革新的目标。在社会资源的运用方面,应该注意下列几项原则:

1. 评估效益以切合需要

教师在运用社区资源之前,应该谨慎评估社区资源对学校教育的效益,如果负面效益高于正面效益的话,就应该要特别注意。例如,家长进入学校教学,如果影响甚至干扰班级教学活动的话,就应该给予相当程度的拒绝。因此,在运用各种社区资源前应该谨慎,以免造成负面的影响。

2. 重视创新以切合教育

社区资源的运用也应该强调创新的积极意义,在运用社区资源的同时能提供最大或双面的效益,让双方都可以从社区整体营造过程中获得最大的效益。如果在社区资源的运用上,仅以传统的观念进行非专业方面的片面合作,学校就应该考虑是否运用。

3. 主动联系以建立共识

教师在运用社区资源时,应该化被动为主动,经常性地和家长与社区联系,在不断沟通、协商过程中建立合作的机制并形成共识。此外,从主动联系中可以了解社区对学校的期许,以及家长对学校教育的关心程度。

(二) 社区资源运用的途径

1. 行政措施方面

学校在运用社区资源时,在行政措施方面可以依据社区资源的特性,成立各种推动小组,在小组中研讨运用社区资源的方式,并且调查社区资源的类型,针对调查结果形成档案资料。此外,可以将社区资源整理分类建档,鼓励学校人员主动参加各种社区活动,以便建立沟通渠道。

2. 人力资源方面

在人力资源方面,教师可以运用家长会组织力量,推动亲师合作以建立亲职教育,并且通过亲师沟通宣传各种教育革新的理念,鼓励家长参与学校课程设计。此外,可以推动义工制度,组织各种任务特性的义工团体,协助学校开展各种活动,例如,导护工作的协助、晨光时间的实施、校园纠察队的组成等。再者,鼓励教师参与社区的各种活动,融入社区的特色,并且建立乡土教学资源,使课程设计融入乡土特色。

3. 财物资源方面

在社区财物资源方面,学校可以考虑成立各种文教基金会,由社区热心人士提供各种财力资源,以便协助有急难需要的学生。此外,可以通过社区组织相关的后援会,通过活动的实施开展各种文艺活动、关怀活动。最后,可以运用各种社区场所,举办各项团体活动。

4. 自然资源方面

在自然资源的运用方面,学校可以考虑运用社区人文特色,实施课程探索活动,将学校的课程与教学延伸至社区的每一个角落。通过社区与学校资源的整合,为学生营造一个具有社区背景的学习大环境。

教育箴言录

如何处理学生爱告状的情况?

* 反问学生希望老师如何处理,把问题丢回给学生。

* 若是在课堂中,不想影响教学进度,且事情没有立即性,可跟学生说,老师下课后再处理。

* 告诉学生,生病或受伤等紧急事件才要立刻报告,其他小问题可在规定的时间提出来共同讨论。

本章讨论问题

一、请说明班级干部的组织与选用。

二、请说明如何成立与管理班级图书馆。

三、请说明如何指导学生参与学校生活竞赛。

四、请设计一个班级网页。

五、请拟定一份班级辅导活动计划。

六、请说明在班级经营中,如何有效运用社会资源。

第九章
班级辅导的策略与运用

在学校辅导工作的开展中，依据辅导类型可分成生活辅导、学习辅导、生涯辅导。在班级辅导方面，通常是教师发现学生出现偏差行为或反社会行为时，就提供适时的辅导。

一、重要理念与策略

在班级辅导活动的实施中，教师如何规划与维持适宜的教与学的环境与气氛，通过各种有效的策略，引导学生在班级生活中正常地成长与发展，是相当重要的一环。一般而言，班级辅导的原则主要包括下列几项（谢卧龙，1997）：

（一）预防重于治疗的观点

当学生在班级生活中出现偏差行为时，教师要有能力给予专业方面的引导，通过班级辅导活动的实施，矫正学生的偏差行为并鼓励学生建立积极的学习态度与目标。

(二) 班级常规的设定以关怀为原则

班级常规的设定应该以关怀学生为主,而非着眼于机械性的规范训练,或是一堆严苛的教条,以便提升学生在教室生活中的自我实现规范。如果教师的班级常规制定完全站在管教的角度上,缺乏对学生自我管理的引导或关怀,难免会让学生产生排斥的心理,或是对班级常规内容与规范产生负面的心理作用。

(三) 适时地运用辅导与沟通技巧

在班级辅导过程中,沟通技巧的运用是相当重要的。研究指出,未来优良教师的特质是必须具备良好的沟通技巧,以及班级辅导技巧。班级常规运作过程中,如果教师肯花时间不断和学生沟通的话,学生比较容易接受班级各项规范。教师和学生沟通时可以通过眼神接触、各种辅导技巧,了解学生的感受与需求。

(四) 班级辅导应结合团体辅导

班级辅导活动的实施,通常需要和班级团体辅导结合,才能收到预定的效果。一般而言,教师会在班级生活中拟定各种班级目标,作为班级活动实施的依据和参考。

(五) 班级辅导应该具有一致性与合理性

班级辅导活动的进行,应该着重于启发与鼓励学生,并且要能具有一致性与合理性,才不至于在班级常规辅导中形成前后矛盾或是双重标准的现象,导致学生不知所措。

(六) 强化良好的行为典范

教师在班级课堂中,针对学生良好的行为表现给予正面积极的鼓励,有助于学生自信心的建立与自我概念的强化。教师应该多运用公开场合进行表扬,强化学生在班级生活中良好行为的典范。

(七) 娴熟的班级辅导技术

　　教师在班级生活中,应该具备班级辅导的专业技术,才能针对学生的偏差行为给予适时的帮助,尤其是面对学生出现反社会行为时,提供辅导专业方面的协助。例如,谨慎使用惩罚来训诫学生,使其负面影响降至最低的程度;提供并说明可取代或消除不当行为的方法等。

(八) 运用民主原则于班级辅导中

　　教师运用民主原则于班级辅导中,目的在于促使学生自我约束自己的行为与学习态度,使学生养成尊重他人与民主的风范,培养守法的精神与相互尊重的习性。

二、学生的情绪教育

　　学生需要情绪方面的发展辅导。由于学生的感受敏锐,对外在事物及对自己的反应容易趋于激烈化,情绪起伏波动非常大,对同侪与异性容易因微小事物而产生爱恶分明的表现(黄德祥,1995)。

(一) 情感反映策略

　　情感反映策略的运用,是教师通过对学生敏锐的观察与关怀的态度,运用青少年成长过程中所属的语言与次文化,作为青少年情绪表达的主要方式。情感反映策略的重点在于让学生有机会将自己的想法和情绪作适当的宣泄。

(二) 行为辅导策略

　　行为辅导策略的原理是基于行为学派的理论观点,强调个体的行为可以通过各种外在的策略,给予适当的调整与修正。一般而言,学生情绪方面的行为辅导包括系统脱敏法、认知疗法、满灌法、操作法及示范法,略述如下。

1. **系统脱敏法**

系统脱敏法是以松弛作为违反条件反射的媒介，先将令当事人产生焦虑的刺激由弱到强作层次的安排，列成一表，然后训练当事人做肌肉松弛运动。在当事人学会如何松弛而且感觉舒适后，令当事人想象表上引起其焦虑的最弱刺激，如此将刺激重复与松弛状态配对出现，直到这些刺激与焦虑反应之间的联结消除（郑熙彦等，1985）。

2. **认知疗法**

认知方法是行为学派针对个人情绪反应所提出的辅导策略，具体方面包括训练当事人察觉自我的思想、感受、生理反应、人际行为；改变当事人消极的、不当的内心对话（internal dialogue），代之以积极的"内在语言"；并且加强对自我的信心，学习新的适应行为。

3. **满灌法**

满灌法（flooding）的运用，是一种内在抑制法，教师将引起焦虑的刺激在短时间内不断大量呈现或让学生不断想象，直到个体产生疲乏而对此不再产生反应为止。在运用满灌法时，教师要求学生想象引起焦虑的刺激，但本身不伴随恐怖的后果，完全让学生暴露于持续呈现的高焦虑的刺激之下。

4. **操作法**

操作法的运用源自于行为理论，教师在班级辅导过程中，运用强化、削弱、行为塑造或交互使用各种操作性条件反射的方法，使学生的不当情绪反应减弱或消除。

5. **示范法**

示范法是运用真实的他人（包括师长或同侪）或录音、录像，为青少年示范正确的情绪表达方式，使其学会去除不良情绪的方法。一般而言，示范法强调运用循序渐进与积极强化的步骤，使青少年察觉到如何以建设性的方式表达各种情绪（黄德祥，1995）。

(三) 社会技巧训练

学生社会技巧的训练影响学生的情绪表达。有关学生社会技巧的训练，可以参考戈德斯坦（Goldstein）等人在 1989 年提出的社会技巧训练内容（如下表所示）。

青少年社会技巧训练内容(Goldstein 等,1989)

周次	训练主题	训练内容与过程
1	表达怨言	1. 界定问题性质及应该负的责任。 2. 决定问题应该如何解决。 3. 告诉对方问题所在以及如何解决。 4. 请求有所反应。 5. 表达自己对对方情感的了解。 6. 采取对应的步骤获得共识。
2	对他人情感的反应(同理心)	1. 观察他人的话语和行动。 2. 判断他人可能的感受,以及感受的强度如何。 3. 决定让他人知道自己了解他人的情感是否有益。
3	为有压力的会谈作准备	1. 想象自己处于一个成功的情境中。 2. 思考你将如何感受,以及为何有此种感受。 3. 想象他人处于有压力的情境中,想象对方的感受以及为何有此种感受。 4. 自我想象如何让对方了解自己的想法。 5. 想象对方将如何讲话。 6. 重复上述各种步骤,并尽可能想象其他各种可能的方法。 7. 选择最佳的方法。
4	对愤怒的反应	1. 开放式地倾听别人想说的话。 2. 显示自己了解对方的感受。 3. 请求对方了解自己所不了解之处。 4. 表明自己了解对方的愤怒。 5. 表达自己对情境的想法与感受。
5	避免吵架	1. 停止吵架,并想想自己为何想吵架。 2. 决定自己所想要的后果。 3. 思考除了吵架之外,处理此种事情的方法。 4. 寻找处理此种情境的最佳方法,并努力去做到。
6	帮助他人	1. 判断他人是否需要并想要自己给予帮助。 2. 想想自己可能帮助他人的方法。 3. 假如他人需要,并想要你去帮助他,就主动开口。 4. 帮助他人。

（续表）

周次	训练主题	训练内容与过程
7	处理被责骂的情况	1. 思考别人责骂的内容。 2. 想想他人为何会责骂自己。 3. 想想回应他人责骂的方式。 4. 选择最佳的方式并付诸实施。
8	处理团体压力	1. 思考他人要求自己做的事及理由。 2. 决定自己想要做的事。 3. 决定告诉对方自己想要做的事。 4. 告诉团体自己想要做的事。
9	表达情意	1. 判断你是否对对方有好感。 2. 思考他人是否想知道你的情感。 3. 选择适当时间与地点表达自己的情感。 4. 决定如何以最好的方式表达自己的情感。 5. 以温馨和关怀的态度表达情感。
10	对失败的反应	1. 判断自己是否失败。 2. 思考个人及环境造成自己失败的可能原因。 3. 思考假如自己再次尝试，有哪些不同的处事方法。 4. 决定自己是否再尝试。 5. 假如适当的话，试着再做，并使用自己修正过的方法去做。

　　教师在班级辅导实施中，有关学生情绪辅导的社会技巧训练方面，可以考虑运用上述训练课程为学生提供适当的情绪辅导方案，作为提升情绪发展的策略之用。此外，情绪教育辅导可以结合生命教育的实施，强化学生对自己情绪发展、生命存在现象的了解。

三、多动学生的处理

　　多动学生的处理属于相当专业的范畴，教师如果对特殊学生的处理不熟悉的话，应该通过学校专业人员的协助，或是有效地转介给专业人员协同处理。

(一) 多动症的定义

一般对多动症的定义,理念方面的观点相当分歧。通常多动症的正式名称为"注意力缺陷与多动障碍"(attention deficit/hyperactivity disorder,ADHD)。主要的问题表现在三个层面:注意力不集中、活动量过多、行为冲动。其临床表现包括:

1. 注意力不集中

此类学生在班级学习中往往无法集中注意力,在教师教学活动进行时,无法全神贯注地学习,对于需要高度注意力的活动也无法全程参与。对于需要持久集中精神的事,如做作业,会逃避或拒绝去做;不知工作或活动所需的东西放在哪里,严重的甚至连每天常规的事也会忘记。

2. 活动量过多

此类型的学生,常常没有办法好好地坐在椅子上,不是动手动脚、扭动身体,就是坐立不安,上课时离开座位,跑来跑去,跳上跳下;静不下来,不能从事静态活动,有的话很多。

3. 行为冲动

此一类型的学生往往属于外向型,常常还未听完问题就回答,常常打断别人的谈话或活动,不能乖乖地排队等候。突然出手碰人,未经他人同意擅自拿取他人物品,不管是否危险,他想做就做。

(二) 行为问题处理

1. 专业的训练

教师在班级生活中,如果发现学生出现多动的倾向,应该采取"零拒绝"的教育态度,提供学生更多元的学习机会。

2. 建立信任关系

教师面对有多动倾向的学生时,应该秉持着信任的原则加以应对。相信学生并非故意捣蛋,在班级生活中随时给予学生更多的关怀,让学生了解教师是关心他的,随时可以帮助他的。尤其对学生的行为,尽量避免用学生是"故意的"来解释。

3. 提供练习的机会

对于有多动倾向的学生,教师在班级学习中应该对其降低要求,而且每个要求应该尽量简单、清楚。在每一个概念讲解之后,可以为其提供练习的机会,说明结束之后可以要求学生复述一遍,以确定学生了解了教师的意思。

4. 空间安排以减少刺激为主

教师在多动学生空间的安排方面,应该尽量配合学生心理方面的特性,班级空间处理上尽量以减少刺激和干扰为原则。一般多动学生比普通学生更需要宽敞的空间,教师可以在教室的空间处理上,为此类型学生提供宽敞的空间。

5. 因材施教

在班级生活中,教师必须面对来自不同家庭背景的学生,不同的生活经验与文化刺激造就不同性格的学生。有多动倾向的学生,需要教师付出更多的关怀,落实因材施教的理念,在学习上指导学生和自己比较,而且在学生一有进步时就立即给予鼓励。

6. 教导具体化策略

班级中如果出现多动学生,教师在教学策略上应该考虑多运用文字图形策略提醒学生应该注意的事项,强化学生的学习参与。如果学生的学习有进步,教师就立即运用行为改变技术给予强化,巩固学生进步的行为。

7. 研拟个别教学计划

如果学生出现多动的倾向,不管其行为的争议性如何,教师仍该针对该学生的实际需要,研拟各种个别教学计划方案,辅导学生顺利地在班级生活中进行学习。

8. 培养良好的人际关系

多动学生在班级生活中,通常在人际关系方面是比较差的,和班上学生的互动关系需要教师不断介入处理。因此,在班级生活中教师应该尽可能指导多动学生人际相处的要领,进而培养良好的人际关系。

9. 良好的亲师沟通

多动学生的辅导与教学,需要教师与家长不断地沟通以便形成共识。教师在对多动学生进行辅导时,可以通过和家长、医疗团队形成专业合作关系,充分交换学生的相关信息,让家长与其他人对多动学生有正面的了解。

10. 运用观察记录

多动学生的观察记录对专业辅导是相当重要的,教师应该在班级生活中配合专业人员的需要,将学生日常生活中的重要信息加以记录,提供给医疗人员、专业人员及家长,作为进一步帮助学生的参考。尤其在药物作用及相关治疗细节方面,信息的提供是相当重要的。

11. 适当的转介

在多动学生的辅导过程中,适当的转介是相当重要的。教师在面对多动学生时,除了心怀"零拒绝"的态度之外,也应该在需要专业协助时给予适当的转介。尤其在资源的运用方面,善用学校教育资源,与辅导、特教老师共同讨论分工,必要时可转介资源班。

(三) 教学原则

在教学实施过程中,教师应该拟定教学辅导策略,为多动学生提供学习方面的适当策略。

1. 简化原则

由于多动学生在学习过程中和一般学生不同,需要教师更大的耐心。教师的教学应该遵循简化原则,在教学活动实施中,一次一个命令或动作,让学生可以慢慢地完成教师教学上的要求,达成学习目标。

2. 增进课业参与感

多动学生在学习过程中,需要教师提供一些选择的空间,通过各种策略的运用,增进多动学生在学习方面的参与感。唯有在学习过程中提供更多的机会,才能引导多动学生进行有效的学习。

3. 加强活动机会

由于多动学生在活动量的需求方面,比一般学生需要更多的活动量。因此,教师应该在班级教学活动中提供多动学生更多的活动机会,以协助他们消耗一些过剩的精力。

4. 制定适当的教室规则

多动学生在班级生活中,需要教师切实地执行班级常规及奖赏标准,才能有效地规范其班级行为。

5. 实施缓冲期

教师维持或执行班级常规时,应该为多动学生提供一段缓冲期,让他们可以有一段时间适应。如果一开始就执行的话,他们会适应不良,导致班级常规难以维持。

6. 有效的奖励制度

教师在班级生活中,对于多动学生的行为表现,如果表现良好的话,应立即奖励其适当的行为,忽视其不适当的行为;当出现具有伤害性的行为时,应立即阻止或暂时将其与团体隔离,并逐渐延缓奖励的时间及淡化奖励,以减低其对奖励的依赖感。

7. 分散学习原则

如果班上有多动学生的话,教师在教学中应该采取分散学习原则。每段学习时间不超过二十分钟,并穿插不同科目的学习,先学习喜欢的科目,再学习较不喜欢的科目,使其较不易产生厌倦之心。

8. 分段学习

除了在学习上采取分散学习原则之外,教师也应该考虑用分段学习的方式协助多动学生进行有效的学习。在教学中将工作或功课分成几个段落,逐一做每一个示范动作教导他,再要求他自己完成整个工作或功课。

(四) 辅导策略

在多动学生的辅导与协助方面,需要教师给予更多的关怀与耐心,同时也需要在班级生活中得到更多的支持与鼓励。多动学生的辅导原则与策略,和一般行为偏差学生的辅导原则不一样,需要更多专业技巧的运用与实施。

1. 了解与接纳

教师主动地了解多动学生的问题和困难,是辅导的第一步。由于目前中小学教师对多动学生的了解有限,缺乏专业技能方面的训练。因此,面对多动学生时,常因误解而产生过多的不谅解。

2. 善用频繁的鼓励与运用即时的反馈

任何学生在班级生活中都需要积极的鼓励与即时的反馈。教师在教学中,当学生的行为达到要求的标准,或是比平日进步时,别忘了适时地给予鼓励强化。对于多动学生,他们需要更多更频繁的反馈和鼓励。当孩子做到时,别忘了给予他即时的赞美和奖赏。

3. 兼顾正面鼓励与负面处罚

对于多动学生的不当行为,教师应该采取适度的惩罚,针对该行为提供立即性的负强化,让学生了解该行为是不被允许的。如果教师一味地给予学生鼓励,那么多动学生仅了解哪些行为是好的,却无法了解哪些行为是不被允许的。教师在处理多动学生的行为表现时,可以考虑运用"饱足原理"及"冷静处理",鼓励优异的行为要先于惩罚负面的行为。

4. 善用忽略法则与强化原理

在班级生活中,对于多动学生的不当行为,比较理想的策略是采取削弱的原则,减少对学生行为的反应,以避免形成负面的强化作用。当多动学生表现良好时,教师应该把握机会给予鼓励强化,让学生了解好行为所带来的奖励。

5. 一致性的态度

对待多动学生,在态度上应该保持一致性,不可以因为各种因素而采取不一致的态度,否则的话,多动学生在行为遵循方面无法有一致的标准。教师在班级生活中,对学生的照顾与要求应该要一致,不可以因为学生本身的特性就改变对学生的要求;同时也应该和家长沟通对孩子的态度,并且配合学校的教育措施。

6. 提供感觉统合训练

由于多动学生的体力与精力过人,因此在班级学习中需要更多的发泄机会。教师要针对学生的需要设计和提供各种感觉统合能力的训练,让学生通过运动或他喜欢从事的有趣活动,疏导旺盛的精力;或赋予他特殊的任务,如爱心服务等。此外,在活动设计方面可以运用定期的训练,如滑板、推球、转圈、运球等活动,达到让学生发泄精力的作用。

7. 体谅与包容

多动学生在班级中常常出现冲动性的行为而让教师感到头痛,如果教师与家长对多动行为缺乏认知的话,就会误解学生行为本身背后的动机,将学生行为归因为不用心、不服从管教、上课不专心、不愿意努力等。

8. 提供互动的机会

多动学生在班级生活中,很容易因为行为被误解而导致人际疏离。教师在班级生活中,应该利用适当的时间向班上学生说明多动学生行为表现的特性,并运用各种活动设计,增加多动学生与一般学生的互动机会,从互动过程中引导学生学习,尤其是建立人际关系以及彼此关心的情怀。

四、不守秩序学生的处理

要处理不遵守秩序学生的行为,必须先了解学生不守秩序的相关理论及形成的原因,作为处理的参考。

(一) 形成原因

依据相关的研究,班级生活中不遵守秩序学生的行为,其形成原因通常包括下列重要的因素:

1. 生理的因素

学生不遵守秩序可能有生理因素方面的原因,例如,学生本身内分泌方面出现问题,或是即将进入青春期,生理发展不协调,导致上课时无法遵守教室中的秩序。

2. 感觉统合失调

感觉统合失调的学生,在生理发展方面可能造成冲动、好动、坐立不安、上课无法专心的情形出现,影响教师的教学以及学生的学习顺利进行。

3. 需求无法满足

学生在成长过程中,如果需求无法得到适当的满足,很容易形成负面的行为,以显现其需要被注意、被了解的需求。换言之,学生之所以在教室中不遵守秩序,是因为需求无法满足。

4. 空间规划问题

一般传统的教室在空间方面过于拥挤,导致因空间不足而引起压迫感。学生在教室生活中,因为空间不足,容易和同侪产生冲突和摩擦的行为,进而影响班级学习秩序。

5. 运动量不足问题

学生在教室生活中,容易因为运动量不足而使多余的精力无法发泄,转而通过其他方式发泄自己的精力。此外,因为运动量不足,学生无法疏解其情绪而容易情绪不稳。

6. 师生沟通不良

在班级生活中,教师不当的沟通方式,如动不动就用命令方式、批评的言语,容易造成学生叛逆行为的出现,进而不遵守教室秩序。

7. 观念差异问题

由于传播媒体与资讯快速发展,其中一些错误的信息容易使学生形成偏差的价值观念,因而影响其行为。

8. 家庭环境因素

家庭环境的生活形态与父母的教养态度,影响学生在学校生活中的表现。如果学生来自于比较自由的家庭,则对学校要求规范与常规的班级气氛,难以很好地适应。

(二) 因应策略

教师面对不守秩序的学生时,在班级生活中可考虑运用各种策略加以因应,并且要求学生在生活中遵守秩序。在不遵守秩序的因应策略方面,学者提供的建议策略如下所述:

1. 施加惩罚或口头告诫

教师在学生不遵守秩序时,可以立即施加惩罚或口头告诫,让学生了解自己的行为已经严重影响班级生活的进行,必须立即停止该行为。

2. 剥夺某种学习权利

如果学生出现不遵守秩序的行为,教师必须依据班规给予适当的处理。例如,剥夺学生某种学习的权利、终止下课时间、减少上图书馆阅读的时数等,以惩罚其不遵守秩序的行为。

3. 实施班规要求

如果学生在班级生活中不遵守秩序的话,教师必须依据事先拟定的班级常规,要求学生立即遵守秩序。

4. 讨论策略

教师在班级生活中,应该引导学生讨论班级生活中的各种行为表现,针对不遵守秩序的行为给予适当的规范。教师可以运用班级活动时间,示范良好的班级行为与不佳的班级行为,让学生有榜样学习的机会。

5. 正强化策略

当班级学生出现不守常规行为时,教师可以运用各种正强化或负强化的策略加以处理。例如,当学生遵守班级常规时,教师可以给予立即性的奖励;当学生不遵守班级常规时,教师可以运用各种负强化的策略,削弱学生的行为。

6. 改变状况策略

此策略的运用是教师在学生不遵守常规时,思考影响学生学习的各种外在因素,并且设法改变现在的情况,让学生在班级生活中有机会调整自己的行为,进而遵守班级常规。

7. 运用削弱策略

削弱策略的运用通常是在学生出现不良适应行为时,教师通过策略的运用将偏差行为给予适当的矫正。教师在运用各种削弱策略时,应该了解策略本身可能带来的负面作用。

8. 表达期望策略

教师在班级生活中,应该随时让学生了解教师对学生的期望,并且将期望化为可以遵守的行为标准,如此才能让学生的行为有所遵循。

(三) 辅导原则

当学生不遵守班级常规时,教师应该给予适当的辅导策略,让学生的行为可以适时地调整,并且达到班级规范上的要求。一般而言,学生常规方面的辅导原则如下:

1. 亲切感与安全感

在班级生活中,让学生拥有亲切感与安全感方面的归属是相当重要的,教师应该让学生在班级中拥有安全感,这样学生就不会对班级常规过于抗拒,进而愿意遵守班级常规。

2. 建立自信心

在班级生活中,引导学生建立自信心是相当重要的。教师可以在教学中,提供学生自我表现的机会,多鼓励学生,以提高学生成就感。学生建立对班级的信心之后,才会有兴趣参与班级的活动。

3. 制定合理的班级规范

班级规范的制定必须要结合班级目标,在规范内容的制定方面必须要合理,并且不会让学生无所适从。在班级常规的制定方面,高年级的班级可以通过师生共同参与讨论,以形成班级常规。

4. 创新教学与变化

教学创新与教学活泼化,在班级教学中是相当重要的。教师如能在教学方面力求创新与变化的话,学生对学习内容就会产生高度的兴趣,进而遵守班级常规。

5. 立即反馈原则

学生在班级生活中,如果表现出良好行为的话,教师应该立即给予适当的奖励与反馈,让学生的良好行为可以得到立即性的强化,进而巩固良好的行为;如果学生表现不佳的话,教师也应该给予立即性的告诫,让学生可以随时调整自己的行为。

6. 奖惩应该一致或公平

教师制定的奖惩办法与内容应该尽量维持一致性和公平性,不可以因为刻板印象或学生的性别、学业表现而有不同的标准。

7. 顾及学生的尊严

教师在处理班级学生各方面的问题行为时,应该尽量顾及学生的尊严和自尊心。当学生犯错违规时,教师应该处于辅导引导的角色,提供学生改过的机会,尽量避免在公开场所让学生难堪而影响学生的尊严。

五、逃学学生的处理

依据相关理论,学生逃学多半是因为在学校的生活经验或生活适应不佳、学习上遇到挫折、人际相处困难等问题。辍学和逃学、犯罪行为是相关联的。

(一) 相关理论

在心理状况方面,学生逃学皆是由外在因素造成的,如对某位教师不满、对某些学科的厌恶、对学校措施的排斥,或对父兄管教方式的反抗等,在分类上属于行为问题,是一种反社会或外向行为问题。通常逃学行为会和不良行为相伴随,例如吸烟、喝酒、赌博、偷窃等(林朝夫,1995)。

(二) 影响因素

学生逃学的原因可以从相关的外在环境加以探讨,一般而言与家庭、学校、社会、个体等因素有关,分别详述如下(林进材,1998)。

1. 家庭因素

逃学的家庭因素通常和父母的社会经济地位、婚姻状况、管教方式、教育理念有关。在社会经济地位方面,社会经济地位低的家庭,在物质和教育上无法提供充足的协助,家中文化刺激比较少,学生容易产生自卑或仇视的心理。社会经济地位高的家庭,若因家中富裕,父母不加以有效限制,容易使学生学不会珍惜,在物质上面挥霍无度、游荡成性、漫不经心、缺乏责任感。在婚姻状况方面,如果父母婚姻是不健全的,如分居或离婚的情况,家庭结构方面就比较松散,对子女的照顾比较不周全、约束力低,当学生面对挫折、压力时,能得到的帮助有限,以致形成逃学的行为。在管教方式方面,如果父母对子女的管教方式不当,容易让孩子形成错误的价值观;如果父母对子女的成长漠不关心的话,家庭缺乏温暖,孩子就对家庭缺乏认同感,容易以逃学作为逃避或报复的手段。

2. 学校因素

因为学校因素形成的逃学,通常和学校的课程设计、学习生活是息息相关的。如果学生在学校生活中是愉快的、充实的、成功的,对自己的学习生活就会充满信心,且乐于上学。如果学生在学校生活中是不快乐的、充满挫折的,学生就会将上学视为畏途。

在师生关系方面,因为学生在班级生活中和教师的关系处不好,或教师的性格态度偏差,导致管教不当,让学生对学习活动产生畏惧、排斥,使学生为了逃避、抗拒学习,进而为了报复教师而逃学。

在同侪关系方面,由于学生在班级生活中同侪关系不佳,缺乏同侪之间的认同及友谊,产生学习上的孤独,缺乏认同和归属感。在课业成就上的表现跟不上同侪,容易在团体中产生自卑感,或者在学校受到同侪的恐吓、欺侮、勒索等而心生畏惧,进而形成逃学行为。

3. 社会因素

逃学的社会因素通常和社会风气息息相关,社会风气不良影响学生的价值观念。当今社会充满金钱、物质至上的错误观念,凡事以金钱来衡量,生活上偏重物质享受,精神生活空虚,相较之下,学校生活显得相当枯燥、繁重、乏味,因此学生经不起社会上的一些诱惑。如果再加上同侪方面不当的鼓励,容易使学生选择离开学校,在外面游荡。

4. 个体因素

逃学的个体因素和个人的生理、心理都有密切的关系。如果学生在生理方面跟不上同侪,在班级生活中容易产生莫名的自卑感,对班级生活缺乏兴趣,因自卑感和缺乏信心而对学习产生厌烦的情绪。此外,部分学生因为心理方面的问题,不愿意接受有规律的学校生活约束，在班级生活中无法和大家和平相处，凡事暴力相向，容易被班级同学孤立，形成逃学行为。

（三）辅导原则

逃学行为的出现多半是个体行为，学生一旦出现逃学的行为，接下来往往形成其他各种不良的适应现象，如说谎、粗暴、偷窃等反社会行为。教师在班级辅导活动的实施中，针对逃学行为的学生可以运用下列辅导策略：

1. 个别咨询与辅导

教师在面对逃学学生时，应该通过个别约谈与咨询辅导的方式，了解学生逃学的主要原因，再设法对症下药，协助学生适应学校的各种学习生活。通常逃学学生在学校适应方面，需要教师给予适时的辅导与协助。

2. 教导压力与情绪因应策略

学生逃学行为的出现，通常和自身情绪的管理和压力的疏解有密切的关系。教师在班级生活中，应该教导学生如何面对情绪困扰与压力疏解的方式。此外，让学生了解逃学所造成的后果，个人是要为自己的行为付出代价的。

3. 提供学生班级成功的经验

学校生活中应该提供学生各种学习上所需要的措施，让学生对学校生活产生兴趣，愿意参与学校生活的各种活动。因此，教师应该在班级生活中给予学生适当的智能发展机会，减少以同样标准要求不同学生的方式，提供学生适性化、多样化的学习机会，在班级教学中不断给予其正向的反馈与积极的鼓励。

4. 进行学习辅导与生活辅导

一般逃学的学生多半是对学校学习生活缺乏动机，或是在学习过程中产生困难无法解决的现象，或是在班级生活中无法形成良好的适应状态，进而以逃学方式逃避学校生活，尤其是低成就学生。

5. 实施亲职教育

逃学学生的家庭生活通常是需要再教育的，教师在面对逃学学生时应该给予适当的家庭教育，针对家长实施亲职教育，让家长了解学生在学校的实际生活情形，并商请家长与学校密切配合。

六、说谎行为的辅导

一般而言,学生说谎行为的形成往往和家长或教师的态度有关。尤其在学生出现问题行为时,教师与家长对学生的态度是相当重要的。

(一) 相关理论

1. 说谎行为的意义

说谎行为是班级生活中最常出现的问题行为之一,例如,没有完成功课、忘记带课本等,为了避免给自己带来不必要的困扰而为之。

2. 说谎行为的类型

学生的说谎行为,从发展心理学的观点而言,是一种社会适应不良学生经常出现的行为。一般而言,学生说谎行为的类型可分成下列十类:

(1) 夸张型

单纯的说谎行为,并未和其他偏差行为一起出现,是学生单纯为了某生活事件而出现的行为,是一种"雷声大雨声小"的夸张行为。

(2) 捏造型

捏造型的说谎行为是将毫无依据的生活事件,通过学生个人的诠释和理解,以和事实相反的论调所呈现出来的一种行为。

(3) 玩笑型

学生为了隐瞒某一个对自己比较不利的事实,以开玩笑的方式来掩饰自己的不安所展现出来的行为。

(4) 单纯型

学生在班级生活中,为了隐瞒某一生活事件或将自己的错误隐藏起来,故意将与事件相反的言语作为展现的策略。

(5) 转嫁型

转嫁型的谎言是所有说谎行为中最严重的一种。学生将自己的过失,通过言语的方式转嫁给其他无关的学生。

(6) 模仿型

此类型的说谎行为往往来自于成人社会的不良示范,例如,家庭生活中父母亲的不良示范,无法提供孩子行为的准则与良好的示范,导致孩子有样学样,从重要他人中学到谎话行为。

(7) 补偿型

学生在班级生活中,为了赢得他人的赞赏和尊重,认为说谎可以得到自己想要的,因此不敢实话实说。

(8) 敌对型

此类型的说谎行为是源自于和同学之间关系不佳,采用敌对和不合作的态度,说谎行为即为其采取的因应策略之一。

(9) 社交型

在班级生活中,学生为了逃避某些不喜欢的工作,或是逃避自己应该负的责任,因此通过说谎行为企图掩饰自己的责任。

(10) 防卫型

通常防卫型的谎话是学生为了逃避惩罚而出现的偏差行为,例如,在班级中教师检查作业时,没有按时写作业的学生为了逃避惩罚,故意编造理由,说作业放在家中未带到学校来等。

(二) 行为内涵

1. 行为的特质

学生说谎的行为容易受到内外在环境及重要他人的影响,所以在说谎行为产生的过程中,容易出现下列主要的行为特质:在面部表情方面,不自然、不对称、情绪异常、眼神闪烁等;在声音语调方面,支支吾吾、轻声细语、忽快忽慢等;在谈话内容方面,借口多、重复、错字多、逃避主题等;在肢体动作方面,出现手忙脚乱、擦汗、吞口水等不自然的行为。

2. 产生的原因

说谎行为产生的因素分析,可以从心理因素、家庭因素、社会学习等方面深入探讨。在心理因素方面包括逃避惩罚、自我夸大、否认失败、出于好奇等;在家庭因素方面包括沟通不良、管教不当、家境不好等;在社会学习方面,包括制约学习、模仿学习、忠于帮团、善意的谎言等。

（三）辅导策略

说谎行为是班级生活中最容易出现的反社会行为，教师在面对学生说谎行为时，应该针对学生行为表面背后的动机，拟定相关的应对策略，协助学生纠正说谎行为。在说谎行为的辅导策略方面，教师可以考虑运用下列原则：

1. 鼓励父母以身作则

学生说谎行为通常来自于家长的教养态度，例如，家长在日常生活中无法以身作则，给学生提供了不良示范等。因此，教师应该鼓励家长在教养子女的过程中，采取以身作则的方式，提供孩子一个良好的示范作用。

2. 避免负面消极的惩罚

学生说谎行为部分来自于师长或父母不当的要求，因为学生无法达成不当的要求，害怕被惩罚转而以说谎取代自己的不安，更进而逃避可能的惩罚。

3. 重视互动沟通的技巧

学生出现说谎行为也可能是因为在家庭或班级生活中，父母或师长沟通技巧不佳而形成的，因此在班级生活中，教师应该提供学生学习重要沟通互动技巧的机会，让学生可以在班级辅导活动中学习互动沟通的技巧。

4. 满足学生合理的要求

学生在日常生活中为了满足自己心理上与生理上的需求而出现说谎的行为。某些学生往往用谎言来掩饰自己的弱点或夸耀自己，通过谎言方式满足自己在各方面的需求。

5. 了解原因与困难

说谎行为的出现，必然有其原因与发生的情境。教师在班级生活中，针对学生的说谎行为，应该深入了解学生行为背后的原因与困难之处，才能针对问题提供学生适当的协助。

6. 采取立即处理原则

当说谎行为出现时，教师应该在第一时间即给予适当的积极的处理。在班级生活中，当学生出现偏差行为时，教师应采取立即处理的态度，不可以姑息，但在处理过程中应该给予学生改进的机会。

7. 适当的信任与鼓励

教师对于学生的各种行为，应该给予适当的信任与鼓励，尽量以信任的态度面对学生。倘使学生有说谎行为的话,可以考虑以"将错就错"的方式处理。此外,唯有提供学生信任与鼓励的学习环境,学生才能减少说谎的机会。

8. 扬善于公堂,规过于私室

学生在班级生活中,如果出现优异的行为时,教师应该给予适当的鼓励。在处理学生问题行为时,采取"扬善于公堂,规过于私室"的方式,提供学生更多的向善机会,避免损害学生的自尊心。

七、暴力行为的辅导

教师在班级生活中,往往会遇到学生暴力问题,进而影响教师教学活动的进行。了解学生暴力行为的成因,才能针对学生的行为给予适当的辅导策略,进而纠正学生的偏差行为。

(一) 暴力行为成因分析

一般分析学生的暴力行为因果模式,往往通过家庭、学校、社会、个人等因素,为学校拟定辅导措施提供参考。

1. 家庭因素

家庭因素对学生各种行为表现的影响是相当深远的,一般而言,父母离异、单亲家庭、家庭分裂、家庭不睦、贫穷等因素,对学生的影响是相当大的。在不安全的环境中成长的青少年,对家庭失去信心,容易产生剥离感,得不到家庭的温暖而与家庭产生隔阂,造成身心的不平衡,进而向外发展,认同同侪次文化,导致各种反社会行为,而暴力行为即源于此。

2. 学校因素

学校因素对学生的影响,往往来自于对学生的要求过高,因为各种高标准的要求,导致迷失教育本质,反映现实社会的病态。学校教育无法顾及每一个学生的需要,让学生在学校生活中产生不可言喻的挫折感。

3. 社会因素

当今多元化的社会形态,带给青少年更多的彷徨失措与无依,在各种社会诱因的诱导下,形成错误的价值观与扭曲的生活观。社会各阶层的人无法提供青少年正确的行为示范,成人社会中出现的以暴力处理问题的模式,俨然成为青少年行为的不良示范。

4. 个人因素

青少年阶段是身心快速发展的危机时期,身体的成熟与心理的发展不易保持平衡。加上来自于家庭、学校、社会三方面因素的交互作用,因而情绪不稳定、心理不健全成为暴力行为的潜在因素与引爆点。其次,青少年阶段缺乏一套正确的价值观引导,使本身的道德约束力与行为规范松弛,自我价值观与道德良知薄弱,无法对自己的言行作适度的自我约束与规范。

(二) 因应措施

1. 家庭重塑的必要性

良好的个体来自温暖、和谐的家庭气氛。现代化的家庭提供子女更多的爱与温暖,倾听子女的心声,尊重子女的成长,给予子女更多表达意见的机会,让子女从家庭中得到归属感与认同感,营造良好的亲子关系。良好的亲子关系建立在父母与子女多元化的互动、沟通与相互接纳信任上。

2. 学校教育方面的调整

学生在学校生活中,对学习活动缺乏兴趣,对教师的教学活动缺乏信心,对自己在班级生活中的行为缺乏自信,进而认同同侪次文化。因此,学校教育在学生暴力行为的辅导方面需要投入更多的人力与资源。

3. 社会方面的措施

青少年暴力行为在社会因素方面源自于社会风气、成人不良示范、媒体渲染、价值偏差等各种潜在的外在因素。因此,欲防范青少年暴力行为,整个社会应该正本清源,提供良好的行为典范,引导青少年树立正向的价值观,促进健康的行为发展。

(三) 辅导策略

1. 语言暴力辅导策略

(1) 运用赏罚原则

对于语言暴力的学生,教师应该运用各种赏罚原则,妥善处理,以公开奖励、私下惩罚的方式,避免当众羞辱学生,影响学生的自尊心与自信心。

（2）建立良好的师生关系

教师在班级生活中应该建立良好的师生互动关系,以尊重、理性的态度与学生保持双向互动,随时给学生提供各种倾诉的机会与渠道。

（3）培养良好的人际关系

在班级生活中,教师可以设计各种活动培养学生良好的人际关系,运用各种团体活动的机会,让学生从参与活动中学习良好的人际互动。

（4）获得同侪尊重的策略

教师应该指导学生在班级生活中获得同侪尊重的方法,并开展各种人际互动的活动,提供学生良好示范,进而学习人际互动的策略。

（5）教导正确的情绪表达的方式

教师应该通过班级辅导活动的实施,教导学生正确的情绪表达方式。尤其是负面情绪的表达,需要更多练习与模拟的机会。

（6）关心学生的交友情形

教师应该在平时多关心学生的各种动态,尤其是了解其交友情形。通过对学生交友情形的了解,可以掌握学生的休闲生活。

2. 物体攻击暴力辅导策略

（1）加强认同感的培养

学生在学校如果出现物体攻击的暴力行为,通常是因为缺乏对学校的认同感。因此,教师应该在班级生活中培养学生的各种认同感,进而培养爱校的观念。

（2）理性尊重的态度

教师在面对学生的物体攻击行为时,应该以理性积极的态度处理学生的问题,尽量避免以惩罚的方式面对学生。

（3）培养学生美感的教育

教师在班级生活中,应该拟定各种培养学生美感的课程与教学,引导学生从日常生活中培养美感,培养学生学习欣赏与赞美事物的好习惯。

（4）教导学生运用适当的方法获取喜爱的东西

学生对于自己喜欢的事物,应该通过合理的方法取得,不可以非理性的方式获取喜爱的东西。教师也应该教导学生"一分耕耘、一分收获"的道理,以自己的努力赢取喜爱的东西。

（5）紧急性处理

如果学生的行为具有紧急性或危机性的话，教师应该立即加以制止，并尝试了解问题发生的原因。在了解原因之后，应该让学生负起行为之后的责任，如接受惩罚或赔偿的责任。此外，教师应该针对学生行为给予适当的辅导。

3. 人身攻击暴力辅导策略

（1）建立完善的辅导记录

学生出现人身攻击行为，通常和人格异常有密切的关系。教师在班级生活中应该针对此类型学生，建立完善的辅导记录，作为转介或是医疗的参考。

（2）培养健全的人格特质

教师在班级生活中，应该培养学生健全的人格，例如，落实生活伦理教育及公民道德教育，培养知礼善群的美德。此外，可以鼓励学生参加学校各类型的活动，强化学生积极的生活态度。

（3）培养良好的人际互动

出现人身攻击行为的学生，通常在人际互动方面需要教师特别的指导。教师应该鼓励学生学习良好人际互动的技巧，进而培养互相尊重、相互协助的习惯。

（4）运用奖惩提供自省空间

如果学生出现攻击行为的话，教师应该有效运用各种奖惩策略，奖善惩恶，给学生自省的空间，运用各种策略指导学生针对自己的行为不断地检讨改进。

（5）紧急性处理

学生的攻击行为如果有立即性的危险，教师应该采取适当的处理，引导学生进行情绪方面的疏导，通过各种个别辅导策略矫正其不良的认知、态度及行为，并对学生进行个别咨询。

八、偷窃行为的辅导

教师在班级生活中面对学生偷窃行为时，应该给予专业方面的辅导，为学生提供在学校生活中的各种及时辅导。

(一) 相关理论

一般而言,学生偷窃行为的形成和生理需求、心理需求的满足有关。在处理偷窃行为或拟定辅导策略时,应该针对学生在成长过程中生理、心理的发展特征,拟定适当的辅导策略。

1. 物质支配欲望

个体发展过程中,对于人我之间的区分是相当模糊的,必须假以时日才能完成。个体由于受物质支配欲望的驱使,往往发生不告而取的偷窃行为。尤其是在物质严重缺乏或父母对物质支配欲望教育不足的家庭中,最容易出现偷窃行为。

2. 心理需求因素

学生出现偷窃行为的另一个重要因素为心理需求问题,例如同侪不良示范,或是外在情境的影响。此外,学生对同侪互动的报复与不平衡心态、花费无度不知节制等,都是偷窃行为形成的重要因素。

3. 生理需求因素

在生理需求方面,学生偷窃行为的出现往往是因为生理上缺乏满足感,例如饥饿、染上毒瘾等因素。教师在面对学生偷窃行为时,应该先了解学生生理方面的问题,针对学生生理方面的辅导拟定因应策略。

4. 病态的人格

形成偷窃行为的另一重要因素为病态的人格发展,例如,在成长发育过程中,个体因为重大的生活经验或不幸的童年经验,导致人格发展的偏差。由于人格发展的偏差,形成各种病态人格,偷窃行为即为其中典型的例子。

5. 家庭不良示范

学生偏差行为的形成,通常和家庭生活有密切的关系。偷窃行为的形成除了与父母亲的教养态度有关之外,还与家庭成员的不良示范或缺乏道德观念有关,学生因为从小耳濡目染、模仿或表示反抗而形成偷窃行为。

(二) 偷窃行为的类型

一般的研究文献,针对偷窃行为的形成因素与本身的特性,将其分成下列几类:

1. 思虑型

思虑型的偷窃行为在实施前都会通过周密的计划或布置,因此不容易被发现,可能维持很长一段时间。

2. 非思虑型

此类型的偷窃行为,往往是临时起意的,因此事先并无周密的布置或计划,此类型的偷窃行为容易被发现。

3. 偶发型

偶发型的偷窃行为,往往是由内外在环境造成的。内在环境如个体本身心理、生理方面的因素,外在环境包括各种存在的诱因等。

4. 习惯型

此类型偷窃行为的频率是相当高的,偷窃的对象、地点、情境并无特定的规律可循。面对习惯型的偷窃行为,教师可以考虑以阻绝的方式给予阻断。

5. 选择型

此类型的偷窃行为,会专门选择特定的物品占为己有,或者针对特定的情境进行偷窃。

6. 随意型

随意型的偷窃行为,通常比较没有固定的形式或模式可循。个体的偷窃行为出现并无特定的情境,不管任何东西都要偷,以满足心埋方面的需求。

7. 单独型

单独型的偷窃行为,通常由个体自己进行偷窃,在犯罪前并无完善的规划与情境布置,仅由自己一人完成。

8. 集团型

集团型的偷窃行为,往往通过结伙共同从事偷窃行为,并且在事后共同分赃。

(三) 形成原因

偷窃行为的形成是个体内外在环境交互作用的结果,形成原因可以分成个人因素、家庭因素、学校因素与环境因素,详述如下。

1. 个人因素方面

学生偷窃行为的形成在个人因素方面,起因于社会行为无法发展得相当成熟,进而产生社会适应方面的问题,包括占有欲的作祟、需求无法满足、病态的人格等。在占有欲方面,学生因为缺乏物权的概念,在占有欲的驱使下产生偷窃行为,如某些受到过度保护的学生会因为缺乏自制能力而行窃。其次,学生会因物质的或心理的需求未获得满足而偷窃。

2. 家庭因素方面

犯罪学的研究指出,家庭因素往往是学生偷窃行为出现高频率的原因。偷窃的学生,大部分来自于缺乏爱与温暖的家庭,或是父母管教不当、过分严厉、家庭破碎、父母离异、家庭重组等,孩子在家庭生活中感到不快乐,对家庭生活缺乏认同感与归属感。有偷窃行为孩子的家庭通常具有下列特征:

(1) 父母亲常常不知道孩子到底在做什么。

(2) 父母亲常常无法长时间监督孩子的行为。

(3) 父母亲在社会行为上无法作为孩子的榜样。

(4) 父母亲无法清楚地说明家庭的规范。

(5) 父母对孩子的违规行为无法给予合理、理智的惩罚。

(6) 父母对孩子的合法行为无法立即给予奖励强化。

(7) 对家庭中的纠纷与冲突未能及时予以化解,终使其逐渐恶化。

(8) 家庭中充满着冷漠与互不关心的气氛,成员间显得较不友善。

(9) 偷窃者的父母与正常孩子的父母相比较少惩罚孩子的不良行为。

因此,偷窃行为形成的家庭因素主要在于父母无法花更多时间在孩子的教养上,放任孩子模仿不良榜样或因为缺乏道德观念而出现轻微的偏差行为。

3. 学校因素方面

偷窃行为形成的学校因素,通常是同侪团体之间的不良示范,学生在学校里交友不慎,或是在暴力威胁下养成偷窃的行为。此外,如果学生在班级生活中过得不快乐,学习生活压力过大,学校又疏于对其进行生活教育与品格教育,学生则容易养成不良习性。

4. 环境因素方面

偷窃的环境因素,通常指的是社会风气的污染、成人社会的诱导、金钱方面的诱惑等外在的因素。此外,不正常的心理与价值观念的形成,导致青少年价值观的偏差,加上大众媒体的过度报道,直接或间接地提供了不良的社会示范。最后,不良环境与同伴的影响,亦会导致学生偷窃行为的出现。

(四) 辅导原则

学生出现偷窃行为时,需要学校给予更多的关怀与辅导。一般在偷窃行为的辅导方面,可以从学校、家庭和学生方面多管齐下,才能培养学生正确的观念。

1. 培养正确的行为观念

学生正确行为观念的建立是相当重要的,教师应该在班级生活中通过各种辅导活动或是相关的课程,培养学生正确的行为观念,让学生了解各种行为本身所代表的意义,提供学生行为表现上的参考。

2. 关怀学生需求的满足

偷窃行为的出现和学生各种需求的不满足有关,因此教师应该在平时多重视学生需求的满足,同时培养其对物质及诱惑的抗拒力,引导学生在面对各种诱惑时能以正确的态度加以应对。

3. 成人的正确态度

当学生出现偷窃行为时,成人的态度是相当重要的。例如,赫希(Hirschi)指出,想要引导孩子正确的行为准则,父母亲就必须关怀孩子,监督与了解孩子的行为,在偏差行为发生之后,应该承认事实的存在,并且矫正孩子的偏差或犯罪行为。

4. 加强法律观念

在学校课程中,应该强化学生基本的法律概念,让学生在日常生活中践行遵守法律的观念,培养学生建立物权与道德的正确观念。

5. 培养自我控制能力

偷窃行为的出现,往往是因为学生自我控制能力差。教师可以在班级辅导活动中,培养学生的自我控制能力,在面对各种外在刺激或诱惑时,可以自我约束、自我要求,避免被外界各种诱惑误导。

6. 实施个别辅导策略

在班级中处理偷窃行为时,不宜将该行为扩大。教师应该考虑针对个案给予适当的个别辅导策略,避免损害学生的尊严或自尊心。

九、两性关系的辅导

两性相处问题在班级经营中是相当重要的课题,尤其是小学高年级阶段的男女学生,逐渐进入青春期,开始对异性感到好奇。教师在班级活动辅导时,应该针对学生身心发展阶段的各种特征,拟定设计两性相处的教学活动,为学生提供正确的两性相处的态度。

(一) 相关理论

1. 精神分析论

弗洛伊德的精神分析论指出,人格发展的各个阶段皆受到"性"因素的支配,认为个体的活动即是所谓的性活动。人格发展需经过五个主要的发展阶段(林进材,1992):

(1) 口腔期:出生第一年

本时期的快感是由吸取营养所发出的,从出生到一周岁的婴儿有着口腔的经验,从吸吮中满足食物与快乐的需要,并从吸吮中获得快感。此时期是性心理的开始,是人格发展的重要阶段,但还未发展出自我与超我,仅有需求、要求与求之即满足的本我。

(2) 肛门期:一岁至三岁

此阶段的发展任务是学习独立、个人获得权力、自主与学得如何认识负面情感。随着身体各方面的成长,幼儿对周遭的人、事、物具有认知及反应能力,而且可控制自己的肌肉活动及知晓本身和外在世界的区别。肛门期必须历经断奶和大小便训练,断奶将剥夺口腔期的快感,因而儿童以咬表现攻击行为。

(3) 性器期:三岁至五岁

此时期的儿童仍停留在自我中心阶段,儿童的注意力由肛门转移至生殖器官,且注意他人的性器官。快感地带由肛门转移至生殖器地带,男女儿童均发现生殖器可以带来更大的快感。性器期的发展任务是走路、说话、思考与控制肌肉等,并且开始学习人际交往的技巧。

(4) 潜伏期:五岁至十岁

此时期的儿童已经开始学习各项将来社会适应所需的技能,并且减低对父母的依赖性。新的兴趣替代了性冲动,开始社会化,并对外在世界感到兴趣。性方面的驱力由父母等亲人转移到学校活动、嗜好、运动以及同性朋友并得到升华。

(5) 两性期:十二岁至成年

因为生理的快速生长、性器官的成熟,生理及心理方面渐趋圆融。此时期对异性感兴趣,并沉迷于某些经验中,也开始承担成人的责任。由于生理的快速成长,性欲压力逐渐增加,情绪上产生了紧张、不安或罪恶感,因而青少年常与同侪比较、竞争，爱炫耀自己，以掩饰自己内在的不安与紧张，减少自卑感，而当他们脱离青春期进入成熟的成人阶段时，他们开始发展亲密关系，挣脱父母的影响，并发展对他人感兴趣的能力。

2. 性对抗论

此理论的重点是在异性爱的发展过程中，会出现反抗异性的倾向，称之为"性的对抗"（sex antagonism）。性的对抗通常出现在六岁至十二岁之间，此时期的学生会选同性作为朋友。男生会不喜欢和女生一起玩耍，女生也会指责男生过于粗鲁、太野蛮，此种反抗的情结会一直从小学三年级延续到高年级。

（二）两性关系分析

1. 社会变迁与两性关系

在瞬息万变的社会中，青少年由于身心未臻成熟，情绪不稳定，可塑性强，很容易受到外在的刺激而产生异常行为，其中最重要的莫过于两性关系。尤其随着社会不断蜕变及欧风东渐，今天的青少年正面临着对性的分歧观念，不少与"性"有关的话题也通过大众传播媒体深入社会各阶层。青少年在此种价值体系偏失而社会多样的环境中耳濡目染并受其影响，尤其是大众传播媒体的污染，内容不良的书刊充斥市场，导致青少年两性价值观迷失。

2. 学校教育与两性关系

传统学校教育在两性教育的实施上仅以医学与生物学的观点为主，例如，男女性的生殖系统、生理方面的变化、怀孕与分娩过程等，而忽略了情感方面的问题及正确态度的建立，以及情意方面的熏陶。

3. 家庭生活与两性关系

家庭是学生一生中接触最多、影响最深的地方。父母所持的两性关系的态度，无论是缄默或开放，均在潜移默化中影响着青少年对异性的观点。近几年来，随着社会风气的转变与家庭生活功能的解体，社会面临着家庭功能逐渐松弛与家庭结构逐渐解体、亲职关系淡化的潜在危机。

（三）两性关系处理原则

1. 提供两性合作学习的机会

教师在班级生活中，应该提供男女学生共同相处学习的机会，例如，运用合作学习法,将男女生进行分组,让不同性别的学生可以在同组共同进行学习,通过学习活动增加与异性相处的机会,更深入了解异性之间的差异,并学习和异性相处的技巧与包容力。

2. 避免性别刻板印象的形成

教师在班级生活中,应该避免刻板印象的形成,在工作的指派方面、学生职责的分配方面,应该提供男女学生同样多元的机会,不可以因为性别而有所偏差,或因不同性别给予不同的待遇,形成学生对异性的反感,导致两性之间冲突的产生。

3. 应该避免性别隔离现象发生

小学生在低、中年级时,对异性观感不像高年级阶段的学生那样,同侪之间比较有性别的差异。教师在安排班级学习活动与辅导活动的进行时,应该针对异性给予技巧性的分组,减少性别隔离的现象产生。

4. 提供两性平等课程与教学

实施两性平等的课程与教学,对学生性别观念的提升具有正面的意义。教师应该在进行班级课程安排时,将两性平等课程作为重点科目之一,提供学生正确的观念。

5. 引导进行性别迷失的反省检讨

学生在成长过程中,难免因为各种内外在环境的影响,造成对性别的迷失。教师应该通过各种班级辅导活动的实施,引导学生进行对性别迷失的反省检讨,通过反省活动可以深入了解性别认同的问题,以及尊重不同异性的态度。

6. 运用两性辅导活动策略

教师在班级生活中,应该针对学生设计各种可行的两性辅导活动,让学生有机会通过班级活动和异性相处,并且了解尊重异性的方法。

7. 重视潜在课程并使之起到潜移默化的效果

班级两性相处除了可以运用各种课程与教学之外,教师可以在平时生活中设计各种两性教育课程,让班级男女生在平时学习参与中相处,并且深入了解异性的各种生理与心理,进而收到潜移默化的效果。

8. 实施性别团体辅导活动

性别团体辅导活动的实施,是教师在班级活动中运用团体辅导的各种策略,让学生可以增加和异性相处的机会,并了解和异性相处的艺术。

十、单亲家庭学生的辅导

根据台湾"内政部"的统计，近年来台湾地区的单亲家庭数目逐年上升，因此学校教育未来必将面对严重的单亲家庭辅导的问题。学校辅导工作的开展，也应针对单亲家庭的学生拟定适当的策略。

(一) 单亲家庭的类型

单亲家庭的形成不只是人为的问题，还包括自然因素与各种内外在因素。有关单亲家庭的类型，简要说明如下：

1. 婚变的单亲家庭

此类型的单亲家庭基于孩子的父母因各种因素离婚而形成。通常因婚变形成的单亲，孩子必须面临跟随父亲或母亲生活的窘境。婚变的家庭通常会和外遇、家庭暴力、酗酒、药物滥用、赌博等有关。

2. 意外事件的单亲家庭

此类型的单亲家庭是因为各种意外事件的发生而形成，包括各种天然的、人为的意外事件，例如，台湾地区在九二一地震中罹难的家庭，容易因为天然灾害而形成单亲。此类型的学生，容易因为家遭巨变而呈现缺乏信心、畏缩胆怯的心理特质。

3. 父母身亡的单亲家庭

因为父亲或母亲死亡而形成的单亲家庭，学生除了性别方面的问题之外，容易出现不信任他人、缺乏自信等行为。单亲家庭首要面对的是经济方面的问题、家庭负担以及在成长过程中早熟等。

4. 父母不详的单亲家庭

此类型的单亲家庭包括未婚生子、父或母不详、认养等问题。来自此类型单亲家庭的孩子，通常在学校会出现不合作、人际关系不佳等问题，需要教师花比较多的心力在其辅导上面。

5. 养父母的单亲家庭

养父母的单亲家庭通常比父母不详的家庭状况好一些，此类型的孩子比一般正常家庭的孩子更需要教师用心关怀。养父母的单亲家庭比较容易出现两极化的问题,一为家人过于宠爱,另一为家庭暴力与人际疏离。

(二) 单亲家庭带来的影响

1. 自信心问题

来自单亲家庭的学生,通常因为家庭因素而对自己失去信心,对周遭的人失去信任感,因此教师应该在班级生活中协助单亲家庭的学生建立自信心,让其可以通过各种表现的机会,重新建立自信心。

2. 情绪管理问题

单亲家庭的学生在情绪管理方面,往往因为家人情绪问题导致情绪失控。通过班级辅导活动的实施,教师针对单亲家庭的学生应该指导其情绪管理与控制技巧,让学生了解正确的情绪管理。

3. 生活习性问题

单亲家庭首要面对的是经济方面的问题,对单亲父亲(或母亲)而言,经济是首要面对的压力,因此在家庭生活中无法有效教育孩子的日常生活习惯。单亲家庭的学生在生活习性方面需要教师给予各方面的指导,以配合学校的生活作息。

4. 自我概念问题

单亲家庭学生在自我概念方面,往往因为家庭因素而显得相当薄弱。教师在班级生活中,可以通过各种活动的实施,引导学生建立正确的自我概念。

5. 人际相处问题

人际相处是单亲家庭学生另外要面对的议题,由于父母的婚姻关系或家庭生活影响,学生在人际相处方面缺乏正确的引导,造成人际关系不佳,导致班级适应困难。教师可以通过各种人际互动的机会,指导单亲家庭学生培养良好的人际关系。

6. 情感需求问题

单亲家庭学生因为缺乏健全家庭生活的陶冶,因而在情感需求方面显得比一般正常的学生更需要积极的关怀与关爱。面对单亲家庭的学生,除了可以通过班级小团体辅导或是学校辅导室举办的团体辅导,给予学生更积极的关怀与关爱之外,教师也可以运用各种班级时间,以个别辅导方式指导学生适应学校的学习生活。

（三）单亲家庭学生的辅导原则

1. 不介入原则

在班级辅导中的首要原则为"辅导而非介入"，教师在处理与辅导单亲家庭学生时，不可介入学生的家庭生活，避免影响学生的家庭。

2. 了解单亲家庭的影响

在辅导单亲家庭的学生时，教师要深入了解单亲家庭对学生的影响，以及对个体身心发展可能带来的后遗症，而后针对各种单亲家庭形成的生理、心理特质，拟定适当的辅导策略，落实在班级辅导活动中。

3. 建立信任的师生关系

在辅导关系建立中，信任关系的建立是相当重要的，尤其是单亲家庭学生的辅导，良好师生关系的建立，有助于教师通过关怀协助学生建立自信心。

4. 运用周记、作文了解学生的生活

单亲家庭的学生在各方面总是容易自我封闭，不愿意和其他人分享自己的生活。教师可以运用周记、日记、作文等方式，了解学生的家庭生活，对家人关系的想法，如此才能深入了解学生的家庭生活状况，进而拟定有效的辅导措施，协助学生建立良好的家庭生活态度。

5. 引导疏解情绪

单亲家庭的学生在情绪处理方面，不像一般正常家庭的学生一样可以拥有正常的疏解渠道，因此教师在班级辅导中，更该引导单亲家庭学生疏解情绪，尤其是负向情绪的疏解。通过情绪的疏解，可以引导单亲家庭学生建立正确的生活和学习态度。

6. 以关怀取代指责

单亲家庭的学生在学校生活中比较缺乏自信心，需要教师给予更多的关怀与辅导，因此教师在面对单亲家庭的学生时，应该尽量以关怀取代指责，尤其在学生犯错时，更应该给予积极的关怀，避免过度指责，导致学生偏差行为的出现。

7. 信守公道比公平重要的理念

班级辅导过程中，每一个学生对关怀的需要量是不同的，教师应给予"需要"的学生多些关怀，"公道"是比"公平"更重要的！尤其在面对单亲家庭学生时，更应该信守公道比公平重要的理念，但不可以因为是来自单亲家庭的学生就特别给予优惠，形成班级严重不对等的现象。

8. 善用鼓励与赞美

对于单亲家庭的学生,教师应该多给予鼓励和赞美,避免给学生过多的责难,尤其是当学生在班级中不守规矩时,教师应该以"鼓励取代责罚"。

9. 持续关怀单亲家庭学生的辅导策略

教师在进行班级辅导时,应该针对学生的实际需要给予关怀和指导,并且对学生的指导关怀应该是持续的,不可因为换班级、换导师而有所中断。此外,教师对学生的辅导应该随时记录,以便作为下一位教师进行辅导时的参考。

10. 让学生知道求助的渠道

教师在班级生活中,应该在学生遇到问题时随时给予协助。同时让学生知道有求助的方法,并且让自己成为学生求助的渠道,随时提供各种咨询与辅导。

十一、新移民家庭学生的辅导

(一) 导论

最近几年来,台湾地区新移民现象所带来的议题,不仅仅是人口增加的问题,同时衍生生活适应、社会适应、学习适应、孩子教养等问题。尤其是号称"新台湾之子"的外来新娘家庭的学龄儿童的学习问题,更是教师在班级辅导活动实施中相当重要的议题。

(二) 问题性质

新移民家庭的子女,有不少学童由于父亲疏于教导,新移民的母亲也没有能力管教,导致课业上、言行上都出现问题。新移民家庭的子女教育问题如不加以重视,等五六年后进入中学,问题会更加严重。教师在班级生活中面对新移民家庭的学生时,应该给予适当的辅导策略与协助,才能引导学生正常学习。在协助新移民家庭的学生时,教师应该了解分析台湾的新移民现象,普遍受关注的议题包括以下几类。

1. 社会适应、文化调适问题

台湾的男子和东南亚的女子所共同组成的家庭,不仅要面对婚姻调适、生养子女等问题,加上跨文化适应下形成的风俗民情、生活价值观差异,语言沟通隔阂等冲击,且双方结婚动机不同,台湾男子有些是为解决延续后代的压力,东南亚女子部分是以经济为重要考量因素之一。面对社会大众给予的"买卖婚姻"烙印,这样的婚姻相对而言容易产生婚姻不协调、夫妻关系冲突及养育小孩困难等问题。

2. 家庭婚姻问题

非以感情为基础的婚姻,短时期可能基于经济的因素未被当事者所重视,但长时间对婚姻及家庭产生的效应,实待观察、辅导。此外,家庭生活可能因为经济方面的问题,导致家庭的不和谐。

3. 亲子教育问题

无论是父职或母职部分,限于夫妻双方社会经济地位或身心障碍困难,加上东南亚新娘普遍教育水准或语言能力不足,在下一代教育上的需求同样需要关注。

(三) 辅导策略与原则

1. 强化生活教育的辅导

来自新移民家庭的学生,通常在语言沟通、生活习性、日常行为方面都和一般学生有某种程度上的差异。因此,教师在班级生活中应该针对移民家庭的学生,提供各种强化生活教育的策略,对其进行一般的生活教育,以弥补新移民对子女教养上的不足。

2. 加强学习适应的辅导

相关的研究指出,来自新移民家庭的学生,在学习适应上比较弱,需要班级导师在班级生活中给予额外的关怀,面对这些"新台湾之子"的学生,在学习适应、生活适应、心理适应方面应该给予强化,让这些学生可以在学校生活中和一般的学生一样快乐地学习,减少因为学习挫折带来的不适应现象。

3. 运用小老师指导制度

教师面对新移民家庭的学生时,可以运用各种生活上、学习上的小老师制度,请班级学生基于同侪之间的关怀,随时给这些学生提供各方面的帮助与指导。如此,在此类学生需要协助时,可以随时提供适时的指导和帮助,以降低此类学生对学校生活的恐惧感,进而适应学校的各种制度。

4. 建立信心的辅导理念

"新台湾之子"在生活适应上,往往因为家庭内外在的因素,对自己缺乏自信心。由于自信心不足而导致各种不正常的心理,进而出现各种反社会行为、人际关系不佳、和同侪无法相处等问题。

5. 运用小团体辅导活动

来自新移民家庭的学生,在行为表现、学习参与、班级生活、社会化等各方面,都需要教师特别给予辅导与协助。但是在班级生活中,教师无法顾及每一位学生的需要,也不能独厚此类型的学生。因而,运用小团体辅导的方式,提供同类型学生各种同质性的辅导策略是相当重要的。学校辅导单位也应该针对学校特别需要的学生,以同质性为实施辅导的对象,运用各种班级小团体辅导的方式,达到适性辅导的效果。

十二、药物滥用行为的辅导

随着社会的快速变迁,青少年药物滥用的情形日趋严重。教师在班级经营中必须针对药物滥用的问题,指导学生尽量远离药物与毒品,以免形成终生的遗憾。

(一) 形成因素分析

1. 内在因素

(1) 不自觉的冒险

青少年时期喜欢新奇与冒险行为,对于冒险行为往往不计成本与后果,尤其对于成功机会少而成功之后报酬高的活动有相当大的兴趣。

(2) 好奇需求

青少年由于外界的刺激与各种诱因,满足其好奇心成为此时期重要的发展任务,因此药物的使用与滥用和此时期好奇需求的满足是相关的。

(3) 角色榜样

青少年的药物滥用行为部分来自于同侪团体的角色榜样学习,同侪的角色榜样学习,增强了青少年的次文化与行为,提高了药物滥用的使用机会。

（4）利用药物提高自尊

青少年时期对于同侪认同与团体次文化的认同，成为此时期行为的重要指标。青少年从团体规范与同侪团体中得到此时期的认同感与归属感。药物滥用通常是青少年用来提高自尊的主要手段之一。

（5）性别差异

依据相关的统计数据，青少年药物滥用的情形有性别上的差异，男性在药物滥用情形上远高于女性。换言之，药物滥用方面，男性在使用程度上强于女性，范围比女性广，类别比女性多。

2.外在因素

（1）无效的药物教育

截至目前，学校在对药物教育的实施与推广中，缺乏对于药物常识与药物使用的知识教学，导致学生无法从正规的学校教育中得到有关于药物使用方面的常识。在使用药物过程中，"教育上的无知"导致药物的滥用与误用。

（2）广告增加

青少年在药物滥用方面包括烟、酒及其他违禁药品等。成人社会中将药物使用商业化，或发布药物不当广告，均强化了青少年药物使用行为。过度的商业化与传播媒体的渲染，虽然提高了商业效果、利润，但也强化了青少年的药物滥用学习途径。

（3）家长教育

药物滥用的家长教育层面，指的是家长的言教、身教与不良示范。青少年问题行为通常来自于家长在教育上的无知，教育上的缺乏与不足导致家长不知如何在家庭教育与亲职教育过程中，教导子女解决其行为问题。

（4）不当立法

青少年药物滥用的惩罚，目前并无积极性的措施，对于贩毒、吸毒行为有其法律与刑法上的措施，然而主要偏重于禁制方面，对于引诱青少年药物使用及其他不当行为并没有有效的管制与法律上的规定。因此，未来在防范青少年药物滥用的相关法律拟定上，应该更积极正面地立法。

（5）医师与家长知识欠缺

医师与家长对青少年药物滥用方面知识的欠缺，导致各项教育措施的失败。对于青少年的药物使用，往往将其行为界定为生理方面的需要，而忽略药物使用在心理上的意义。青少年药物滥用除了产生生理上的化学反应与戒断性之外,还会带来强烈的心理感受,表现为一种幻想的满足与高峰体验。

3. 内在催化因素

(1) 内分泌改变

青少年时期内分泌的改变造成心理与生理发展的失调,外在环境与内在自我成长的调适问题,使得青少年显得相当无助与惶恐,眼高手低的不当自我要求及外界的过度期望导致成长上的困境。青少年为了突破与排除高度的压力与焦虑,药物滥用成为其满足欲望与幻想的途径。

(2) 缺乏知识与经验

一般学校教育在处理青少年药物滥用方面,知识与经验是相当缺乏的。青少年在使用药物时,无法形成正确的判断与决定,在随波逐流与社会的诱惑之下,无知地使用各种药物,造成生理与心理方面的问题。

(3) 多重药物使用

药物滥用通常是多重药物使用的结果,例如,烟、酒等常是交互使用的。青少年在多重药物使用之下,造成在药物滥用方面的交互作用。

4. 外在催化因素

(1) 社会压力与同侪诱发

社会方面对青少年的不当期望、要求与压力,使得青少年在社会层层的规范与枷锁中无法自我发展,无法寻求自我实现。各种反社会行为来自于对现有规范的约束与不满,而药物滥用行为与社会压力及同侪诱发有直接的关系。

(2) 药物易得

成人社会为了本身的利益而不择手段,将青少年成长过程中的特质与各种反社会行为"商品化",满足其在商业上的不当欲望。通过各种市场导向与途径,诱使青少年吸毒嗑药,甚至经由生理心理的控制达到赚钱的目的。

(二) 药物滥用的对策

1. 适当的教育措施

学校教育在青少年药物滥用方面,应该加强对药物使用的知识教育。在教育过程中强化讲解药物的化学性质及成分,有助于加强青少年对药物的了解,不至于因轻易尝试而遗憾终生。

2. 同侪次文化的运用

青少年的行为、思考模式、次文化都受到同侪团体的学习影响。因而在防范药物滥用行为时，必须从同侪团体着手，通过青少年同侪团体的掌握与辅导，指导青少年树立正确的价值观与人生观，引导其身心方面的正常成长，尤其是情绪方面的发泄等。

3. 社会加强立法

对于药物滥用的立法方面，社会应该加快步伐。除了对于贩毒、吸毒行为有其刑法上的措施之外，对于药物使用也应该有法学上的考量。如此，才能对遏阻青少年药物滥用有真正的意义。

4. 传播媒体

对于各种社会现象，媒体除了报道"事实面"外，也应强化"应然面"的正面报道。例如，对于药物滥用的案例报道，除了报道过程外，也应该加强结果的报道，让社会群众知道药物滥用的结果与影响。

5. 建立共识

青少年的药物滥用行为是各方面交互作用而产生的，遏阻药物滥用行为不单是学校、社会、家庭的责任，或是某一机构的责任，而需要各方面建立共识，才能结合各层面的力量，共同努力以减少青少年的药物滥用行为。

6. 多元化的措施

对于青少年成长过程中的各项需求与特征，应该给予正视。针对青少年的生理、心理需求给予适度的满足与强化，尤其是正面的引导是相当重要的。

教育箴言录
如何激发孩子的创造力

▶ 和孩子玩"后来呢"的游戏。

▶ 常用一些未完成的句子来训练孩子的推理能力。

▶ 尽量利用日常生活方面的物品。

▶ 让孩子尽情表达。

本章讨论问题

一、请说明如何实施学生的情绪教育。

二、请说明多动学生的处理原则。

三、请说明不守秩序学生的处理与辅导策略有哪些。

四、请说明逃学学生的处理与辅导策略有哪些。

五、请说明说谎行为的处理与辅导策略有哪些。

六、请说明暴力行为的处理与辅导策略有哪些。

七、请说明偷窃行为的处理与辅导策略有哪些。

八、请说明班级两性关系的处理与辅导策略有哪些。

九、请说明单亲家庭学生的处理与辅导策略有哪些。

十、请说明新移民家庭学生的处理与辅导策略有哪些。

十一、请说明青少年药物滥用行为的处理与辅导策略有哪些。

第十章
班级时间的管理与运用

本章针对班级时间管理的相关议题,提供实务性的建议,让教师在班级经营中可以参考。

一、管理时间的重要法则

一般人对时间的管理是相当积极的,尤其是工商企业界对时间的敏感度比学校教育人员还要高。缺乏对时间管理的概念,教师在班级生活中就无法给学生提供更丰富的学习活动。

(一)安排事情的处理顺序

教师在时间管理方面,应该先安排各种事情管理的优先顺序,作为时间管理运用的参考。例如,将班级各种事务依据事情的先后顺序、轻重缓急等特性,拟定遵守的规则,在班级中遇到各种事情时,就可以作为处理的参考。

(二) 善用 60、40 法则

教师在时间的管理方面,可以考虑运用 60、40 法则。此法则强调时间管理应该将 60% 的时间运用到重要事情的处理上面,全心全力地投入处理重要事务中;将 20% 的时间放在处理一般事务上面;另外 20% 的时间弹性分配,提供人、事更多的弹性安排。如此,在时间的管理上就不至于过于僵化。

(三) 运用零碎时间

在时间的运用管理方面,教师应该有效地运用各种零碎时间,并且有计划性地运用各种零碎时间,处理班级经营中的各项事务。学校生活中除了固定的作息时间之外,尚拥有相当多的零碎时间,教师应该通过整合各种零碎时间,将各种班级的例行公事处理完毕。

(四) 养成拟订计划的习惯

教师在班级生活中,应该养成凡事计划的习惯,有了完整的计划就可以有效率地处理各种班级事务。如果事先完成计划的拟定,还可以在计划执行时不断调整修正计划的内容,作为日后相同或类似事件处理的参考,将计划修改至完善的程度。例如,在周休二日前,教师先和学生共同拟定下周的学习计划,使学生了解下一周的学习重点,让学生可以事先准备。在有计划和准备的情形之下,做任何事情就不会急躁,不会潦草敷衍。

(五) 错开与别人共用时间

在时间管理方面,教师可以错开和别人共用的时间,如此可以让班级时间管理更完整,并且使时间运用达到最高效率。例如,图书馆阅读时间应该和其他班级区隔,可以和其他班级教师讨论错开。必要时,教师也可以将班级的下课时间稍加调整,例如,早一分钟下课,提早一分钟进教室,就可以和全校其他班级错开下课时间。

(六) 减少拖延的习惯

一般班级事务无法如期完成,通常和教师习惯拖延有关。因此,教师应该和学生养成"今日事,今日毕"的习惯,在当天就将班级的各种事务完成,以避免不必要的拖延。

（七）善用辅助工具

教师的时间规划可以运用各种辅助工具加以协助处理。例如，在班级里挂一个月时间表，将班级的各种重要事项列在班级时间表上面，让学生可以随时注意班级时间表的内容。

（八）养成自我监督的习惯

教师在完成班级重要工作时间表以后，应该同时建立自我监督制度。通过各种自我监督的机制，随时提醒自己应该准时完成的重要事情。如果无法准时完成，就应该将其列入检讨事项。

二、教师的日程表

小学教师从早上 7:30 到下午 4:30 漫长的一天中，都有其固定的事务安排。在学校里，教师必须熟记日程表，作为班级经营的依循。有关教师的日程表，以小学教师为例，如下表所示：

台湾地区小学班主任的日程表

时段划分	时间	班主任的日程表
第一节上课前的时段	7:20—7:40	· 学生上学、导护（维持上学排队）。 · 晨间活动指导（自习、阅报、体能活动……），亦会请高年级生伴读、维持秩序，安排晨光时间、爱心妈妈时间。
	7:40—8:00	整洁活动（老师要在现场并且注意安全）。
	8:00—8:40	· 一、三、五召开教师早会，学生自习（或爱心妈妈时间）；二、四升旗。 · 儿童朝会（学生主持），带动唱、话剧等活动。
第一、二节	8:40—9:20 9:30—10:10	上课（照课表上课）。

（续表）

时段划分	时间	班主任的日程表
课间活动	10:10—10:30	• 课间活动(健康操)。 周一、周二：一、二年级，地点：礼堂 周三、周四：三、四年级，地点：中庭 周五：五、六年级，地点：操场
第三、四节	10:30—11:10 11:20—12:00	上课(照课表上课)。
午餐及 午睡时间	12:00—12:40	• 午餐(校内用餐，学生不得外出)，整理餐后残渣；低年级于走廊集体放学(或参加课后辅导班至 16:00)。 • 周三中午 12:30 用餐后集体放学。
	12:40—13:20	午间静息(不午休学生替代活动，改作业，辅导成绩低弱学生等)。
第五、六节	13:30—14:10 14:20—15:00	上课(照课表上课)。
下课时间	15:00—15:20	整洁活动(老师要在现场并注意安全)。
第七、八节	15:20—16:00 16:10—16:50	• 上课(照课表上课)。 • 作业指导(规定回家作业，填写家庭联络簿，作业订正)。
放学	16:50	中、高年级集体放学，导护站岗。

三、晨间活动设计

对于晨间活动的安排，教师需要花一些心思在活动的设计上。通常晨间活动设计，教师可以考虑依据班级特性、学生的组成、课程教学上的需要、一年四季气候的变化情形、学校本位课程的实施等，为学生安排一系列的活动内容。以下仅提供数种晨间活动设计，供教师参考。

（一）体能锻炼时间

教师可以在晨间活动时间为学生安排各种体能训练活动，例如慢跑运动、简单体操运动、基本体能活动、快走运动等，让学生可以从活动中训练体能。此项活动适合在冬季天气寒冷时，让学生通过活动训练自己的体能。

（二）古诗背诵时间

古诗背诵属于比较静态的活动，教师可以依据学生的年龄、年级的差异，搜集各种适合学生欣赏的古诗，例如唐诗宋词、三字经等适合学生学习程度的古诗，由教师讲解之后请学生背诵。

（三）音乐欣赏时间

音乐欣赏是教师结合音乐课程，搜集各种适合学生程度的音乐，包括地方民谣、儿歌、世界民谣、各国交响乐曲等，先由教师讲解乐曲的内容和特色，再由学生静静地欣赏，以达到心灵净化之效。

（四）时事评论时间

时事评论是教师运用媒体新闻与学生生活经验相关的案例，让学生了解当天的岛内外大事以及和学生有切身关系的新闻。

（五）英语充电时间

英语学习的主要目的是希望学生的未来可以和世界接轨，并强化学生和外界的语言沟通能力。晨间活动时间可以一星期安排一次英语教学时间，或是定为全校英语晨光时间，运用早晨时间教学生基本的英语会话、简单的英语名词等，强化学生的英语能力。

（六）母语学习时间

母语学习是近年来学校教育的重点，目前已经列入正式课程之中。如果学校或地区需要的话，可以在晨光时间将母语的学习列入重点学习内容。

四、处理家庭联络簿

家庭联络簿是学校和家长联络的重要渠道,一般学校都会提供比较制式的家庭联络簿。教师可以使用学校的家庭联络簿,也可以自行依据班级特性设计属于自己班级的联络簿。

(一) 家庭联络簿的样式

有关家庭联络簿的样式,请参考下表。一般的家庭联络簿在封面或底页需要家长填写基本资料,包括家长的姓名、职业、联络电话、地址等。此外,有些学校会请家长将和子女有关且学校可能用到的资料,填写在家庭联络簿上,例如学生的就医记录、重要的疾病等。在家庭联络簿的底页会提供学校的联络电话、班主任的联络电话等,部分学校会将各种制度、简单的规定等加印在联络簿中。

家庭联络簿的样式

项目 / 日期	今天功课和明天应带物品						学生状况通报		亲师沟通	静思语	家长签章
年 月 日 星 期	1.	2.	3.	4.	5.	6.	上课认真				
							表现进步				
							服装不整				
							功课没写				教师签章
							成绩退步				
							精神很差				
							上课不专心				
							忘带学习用品				
							睡前洁牙				

日期	联络事项	爱的箴言	自我反省	小帮手	亲师交流	教师签章
月　日　星期　天气：	★今天我洁牙（　）次。 ★今天（　）课最开心，收获最多。		我今天在（　　）方面表现很好，值得被嘉许。	我是爸爸、妈妈的好帮手，我今天做了（　　）的工作。	（表现章）	家长签章

(二) 联络簿的处理原则

1. 教师应在家长前签名

教师在处理家庭联络簿时，应该在学生抄写完成之后检查并签名，以避免学生抄写不完整，或是写错字造成家长的反感。

2. 确定学生抄写完整

联络簿抄写应该在上午时间，教师尽量避免在放学前抄写，因为时间的因素造成学生抄写不完整的现象，徒增家长的困扰，也造成老师的麻烦。

3. 多写鼓励的话

家庭联络簿的撰写，应该避免写一些学生犯错的话，而改之以写鼓励的话，或是教师希望学生达成的话，如此对学生和家长都具有鼓励作用。

4. 提供生活小妙招

家庭联络簿在格式设计中，都会预留一些家长和教师沟通的空白处。教师可以运用联络簿的空白处，粘贴一些基本生活小妙招，例如，亲职教育的实施要项、如何和孩子相处的诀窍、如何指导孩子做功课等，提供家长重要的信息，可以引导家长和学生同步成长。

5. 有效运用沟通渠道

教师如果有重要的事情（但可以让学生了解的）和家长沟通的话，可以运用家庭联络簿,提供教师对家长的重要建议。如果学生有好的表现,也可以写在家庭联络簿上,和家长共同分享孩子成长的喜悦。

五、导师时间的安排

导师时间是晨光时间的重要项目,教师可以在导师时间处理各种班级事务。在导师时间的运用方面,教师可以参考下列要点。

(一) 师生温馨对话时刻

教师可以运用导师时间和学生展开"师生温馨对话时刻",和学生分享自己的童年生活、值得回忆的事件(例如教师当年结婚的录像带)、一件令人难过的事件等,通过温馨对话缩短师生之间的距离。

(二) 检讨班级重要事务

教师可以运用导师时间,定期地检讨班级实施的各项常规,或是进行一周以来各方面表现的检讨与新进度的规划。请学生针对各种与班级相关的主题资料,提出大家应该检讨与反省之处。

(三) 配合学校宣传活动

导师时间可以配合学校各项教育宣传活动,例如校园安全、拒绝毒品、两性教育、春晖活动、防灾防震等可以运用导师时间让学生了解。如果学校设备允许的话,可以全校商请学者专家或各类成名人物至学校演讲,各班级以现场转播方式同步参与。

(四) 各项班务处理时间

教师也可以运用导师时间处理当天未处理完成的事务,例如:学生的收费、座位的处理、清洁工作的补充等。

六、课堂时间的安排

学校生活中，每天所运用的课程与教学时间都是固定的，教师在课堂时间的安排方面，应该针对学科教学性质，规划与运用班级学习时间。许多研究证明学生在课堂上投入课业的时间越长，学业成就就越佳，时间越短则越差，所以增加学生在课堂的"投入时间"，其实就是在增长学生专心于课堂活动的时间。如果学生上课时的注意力增加，自然更能吸收老师所安排的各种教学内容，相信这样的结果是所有教师所衷心期望的。

有关课堂时间的安排原则以及具体做法叙述如下。

（一）教学进行时

1. 充分的教学准备

教师教学前应该针对学科教学进行充分的准备，包括教学计划、教学媒体、教学资料、教学环境等各方面，都应该充分地加以准备。教学前的准备，可以请学生和家长一起进行，在教学前搜集各种与教学有关的资料，以提升学生对学习的兴趣。

2. 建立完整的教学惯例

教师在教学进行前，就应该和学生讲解重要的班级规则，在教学进行时的时间安排如何，哪些事情是被允许的，哪些是不被允许的，等等，都需要让学生了解。如果在教学前可以建立良好的教学惯例，教师教学活动的开展就会较顺畅，不至于因为学生的反社会行为而阻碍教学活动的进行。

3. 提示学生教学纲要

教学进行前，教师应该将课程教学的纲要发给学生，让学生了解教学活动进行的主要目标是什么、预期学习哪些重要的概念、教学活动如何进行、教学活动的评估方式和标准如何等。教师在提示教学纲要之后，可以利用时间抽问学生，以了解学生是否掌握重要的教学纲要。

4. 不断进行师生双向互动

教学活动进行时的师生双向互动是相当重要的，如果教学活动的进行仅停留在教师的讲解上,而缺乏学生对教学活动的反馈,则教学效果很难达到预期的目标。整堂课都应不断有师生的互动,如果整堂课都是老师在台上口头讲述课文或是抄写,会使整个课程显得枯燥乏味,因此可以设计一些活动让老师与学生之间或学生与学生之间产生多一点的互动。

5. 低调处理学生脱序行为

如果学生在教学活动进行时出现反社会行为或脱序行为,教师不可以因此中断教学的进行,而应该以惯用的手势、信号提醒学生教师已经在注意他了,请学生稍加收敛。如果教师在教学中经常中断教学来处理学生的脱序行为的话,不但容易影响教学目标的达成,也会影响教学品质。

6. 提示学生应该有的表现

教师应该在教学中随时让学生了解教师的期望,并提醒学生哪些行为是正确的,哪些行为会影响教学活动的进行。教师要让学生知道教师晓得他们在做什么,让学生察觉教师其实知道他们的一举一动,如此一来,学生就不容易出现不良的行为。

7. 鼓励并指出正确的行为

教师对于学生表现良好的行为应该给予适当的奖励,并且让全班学生了解哪些行为是值得鼓励的,哪些行为是不正确的,使学生从教学奖惩中理解行为表现的正确标准。

8. 充分运用课余时间

教师在教学活动进行时,应该有效地运用课余时间,指导学生进行学习。对于学习进度落后的学生,可以利用课余时间或零碎时间给予充分的指导;对于学习进度超前的学生,可以考虑加深加广其学习内容。

七、值日生工作分配

班级值日生工作的分配,应该以学生轮流的方式处理,让每一位学生都有为大家服务的机会。班级值日生的工作分配,教师可以依据班级的特性以及每天需要处理的事件,作为值日生的主要任务。有关值日生的工作分配说明如下。

(一) 以全班轮流的方式处理

班级值日生的工作分配应该以全班轮流的方式处理,教师将全班性的工作一一陈列出来,写成值日生备忘录,交给每天的值日生作为交接的参考。值日生依据工作备忘录所记载的重要工作项目,在规定的时间内一一完成。在交接给下一位值日生时,新接值日生工作的学生应该先检查当天值日生是否完成该做的工作项目。

(二) 值日生服务性工作内容

值日生的工作项目包括全班性的服务工作,例如,擦黑板、整理讲桌、倒开水、浇教室前的花草、借用各种教学器材、整理打扫用具、下课时间整理教室、倒班级垃圾、午餐时间的清洁工作维持、午休时间协助维持秩序、协助教师各项教学活动进行等。

八、用餐指导

学生中午用餐礼仪、基本态度的指导是班级生活教育的重要事项,教师必须运用用餐时间给予学生机会教育,以便养成用餐的礼仪。有关用餐的指导略述如下。

(一) 安全教育

学生用餐时间是容易发生意外事件的时段,教师必须在平时就严格要求学生遵守用餐安全事项,不可以在用餐时间嬉戏、开玩笑,以免导致意外事件发生。例如,在抬放午餐热汤、蒸饭箱时,都需要注意安全。

(二) 卫生教育

学生用餐前的卫生习惯养成是相当重要的,否则容易染上病症,例如前些时候流行的肠病毒等。教师应该要求学生在用餐时做到"饭前洗手、饭后漱口",同时注意各种用餐的卫生习惯等。

(三) 感恩活动

学生在用餐之前,教师可以设计唱一首谢饭歌曲,请学生在用餐前齐声唱一首歌,感谢所有的人,并借此培养感恩的心。

(四) 培养分工合作的精神

用餐时间可以培养学生分工合作的精神,教师可以依据学生的体能和身体的敏捷性,将午餐工作安排平均分配给班上学生。请学生在处理各项午餐工作时,工作前要洗手,工作中勿讲话,打菜、舀汤的同学要戴口罩。因各校办理午餐的形式不一,工作项目可斟酌调整。

(五) 用餐礼仪

学生在用餐礼仪方面,需要教师运用机会教育指导学生正确的礼仪。而午餐时间的机会教育是相当重要的,教师可以在午餐时间请学生随时注意用餐礼仪,例如,养成细嚼慢咽、口里含有食物时不说话等习惯。

九、午睡时间的指导

午睡时间对中小学学生而言是相当重要的日常作息。教师在班级经营中,应该运用各种午睡指导技巧,让学生可以在学校午休时间获得充分的休息。

(一) 午睡形式的改变

一般中小学学生是趴在自己的座位上午睡的,此举违反人体工学,导致学生很难入睡。因此,教师应该在午餐结束之后,学生清扫工作进行时,请学生将教室地板清扫干净,让学生可以在教室地板上午睡。冬天可以请学生携带厚棉被或睡袋,夏天可以请学生携带凉被到学校,这样可以拥有一个甜蜜的午睡时间。

(二) 另类午睡的实施

除了上述的午睡形式之外,教师还可以将教室的窗帘拉上,让遮光效果更好,并在教室里播放轻柔的或有助于睡眠的轻音乐,请班级学生轮流念一段"心情故事"或是感性的文章,让学生在轻柔的乐声中入睡。午睡时间结束时,教师也可以请值日生以"定时方式"播放比较动感的音乐,让学生从音乐声中悠悠醒来。

(三) 午睡的注意事项

学生午睡之前,教师应该避免让学生进行剧烈的活动,以避免学生过于兴奋无法入睡。此外,教师可以请学生自备小枕头,不勉强一定午睡,但必须做静态活动(如看故事书、看报纸),尊重别人,不干扰他人午休。

十、回家作业的指派

学生的回家作业应该减少传统抄抄写写的方式,而应该针对学校的课程教学,设计一份适当的回家作业。教师在指派回家作业时,应该依据学生的午龄、学习特性,设计适当的作业。

(一) 作业分量问题

一般教师在考虑回家作业时,依据完成作业时间加以区分,以低年级 30 分钟、中年级 40—50 分钟、高年级 60 分钟为宜。除非教学上特别需要,否则的话,教师不可以给学生过多的作业量,造成学生和家长的困扰。

(二) 作业内容问题

除了作业量的考虑之外,教师应该在作业的内容方面尽量结合各级各科教学与学习活动,提供学生学科学习的复习机会。通常回家作业指派以学生需要反复练习或是需要事前预习的主题为主。

(三) 另类作业设计

回家作业的指派除了传统的抄写方式的作业之外,教师也应考虑做家务、课外阅读、生活检讨反省、参观、运动、日行一善、美劳活动、亲子同乐等各种另类的家庭作业,让学生除了学习学校的课题之外,也能进行生活经验的学习。

十一、回家路队指导

放学是学校一天生活的结束,教师除了放学回家路队的处理之外,也应该切忌随便留学生在学校,以免发生各种意外事件。在班级回家路队的指导方面,教师可以参考下列几点重要事项。

(一) 请学生填写回家路线调查表

教师可以设计各种回家路线调查表,让学生和家长详细填写,作为学校放学的依据和参考。回家路线调查表可以包括学生回家的路线、需要的时间、主要的交通工具、接学生的家人或车牌号码,以及各种紧急联络电话等资料,让教师收集整理作为参考。

(二) 请学生填写放学回家的交通事宜

教师应该请学生提供放学回家的交通事宜,包括回家时间、行走路线、一起回家的同伴等相关资料。

(三) 每日到学校之后,请路队长作简报

教师应该在班级依据学生居住社区的特性,选派回家路队长,并交付路队长应该负责的任务,请路队长管理学生回家路队,隔天上学时向教师进行回家路队简报。

───────────────── 教育箴言录 ─────────────────
你可以这么做

▶ 站在学生的角度看事情:

就像一棵柏树,照得到阳光的地方是翠绿的,但照不到阳光的地方是枯黄的。事情都有不同的面向,学习从不同角度看事情。

▶ 倾听学生的声音：

　　多听听学生的意见，当一个适合的倾听者。

▶ 在生气前先深呼吸：

　　在发怒前先缓和自己的情绪，可减少许多不必要的遗憾发生。

本章讨论问题

一、请说明教师管理时间的重要法则有哪些。

二、请拟定一份中小学教师的工作时间表。

三、请设计一份班级晨间活动计划。

四、请说明处理家庭联络簿的要领有哪些。

五、请说明导师时间的安排要领有哪些。

六、请说明如何进行课堂时间的安排。

七、请说明值日生工作分配的要领有哪些。

八、请说明用餐指导的要点有哪些。

九、请说明午睡时间的指导要领。

十、请说明家庭作业的指派要领。

十一、请说明回家路队的指导要领。

第十一章
亲师沟通的策略与做法

～教育工作的要点～

"教师应该缩小身影、放下身段，以方便进入家长的瞳孔。"

本章针对班级亲师沟通的相关理念与策略，拟定可行的策略，作为教师进行亲师沟通的参考。

一、重要理论与策略

良好亲师关系的建立有助于有效联结学校、教师、家长的资源，教师和家长密切配合，对学校教育的进行以及班级教学活动的实施具有相当正面积极的意义。建立良好亲师关系的重要性有下列四项（邓运林，1994：201—203）。

（一）提高学生学习效果

家长参与学生学习过程，将可以使学生感受到父母对自己的关怀与重视，激励其学校生活中的学习动机与兴趣。学生会因为父母的重视和参与，得到适时的指导，化解各种学习上的障碍；有了家长的参与，教师可以减少许多备课的时间，进而从事教学品质的提升，在教学上可以给学生更多的指导和关爱，从而丰富学习的内涵。

(二) 促进教师专业成长

建立良好的亲师关系，可以为教师提供更多与家长沟通的机会。教师通过与不同家长的互动，不但可以达到扩展视野的效果，将自身的思想延伸到教育范畴之外，同时可以通过亲师合作汲取不同的资讯，有助于促进自身各方面学习的意愿，从而充实自己的知识。教师本身也会因为必须发挥专业领导者的角色需求，愿意投注更多的心力于教学之中。

(三) 增进家长教养知识

家长参与学校教育对家长教养知识有正面的作用，欧阳圁(1989)研究指出，一般家长并不觉得自己有能力帮助孩子的学校学习，大多数的家长需要教师寄更多的相关课程资料给他们。

(四) 营造学校良好关系

学校关系的营造有助于教育目标的达成，家长通过学校教育活动的参与，可以了解学校办学方针及各项教育活动本身所蕴含的意义。学校接纳家长，一方面可以了解家长的期望，另一方面可以随时澄清家长对学校的误解。

二、良好的亲师关系

(一) 家长的类型与处理要领

教师面对各式各样的家长，必须依据家长的各种类型提供教育上的支持与理解，才能和家长营造一种双赢的局面。一般的研究将家长分成漠不关心型和斤斤计较型两种。教师在面对不同类型的家长时，必须了解家长的特性，才能在亲师沟通中赢得家长的信任。

1. 漠不关心型的家长

针对此类型的家长,教师应该了解家长的处境,在教学之余,多与家长进行良性的沟通,让家长了解自己的孩子在学校的生活情形,请家长多关心自己的子女、陪伴子女,让子女可以正常健康地成长,不可以一味地给予物质方面的满足。此外,如果发现家长对子女有不当的教养态度,如虐待孩子的话,必须通知学校陈报处理。

2. 斤斤计较型的家长

一般斤斤计较型的家长,对学校教育措施与班级教学的进行,经常持与教师不同的意见与观点。部分家长会因为过于质疑教师的教学能力与方法,导致和教师的冲突。

(二) 家长人力资源的运用

教师在班级经营中,应该考虑家长人力资源的运用,了解家长的社会经济背景、工作经验以及社会资源,对家长的人力资源进行调查(请参考家长人力调查表范例),将家长可以为学校提供协助的各种资源进行整合,在班级经营中随时将家长的人力资源纳入,协助教师进行班级经营,提升教育品质与效果。

家长人力调查表范例

_____年_____班_____号
学生姓名:_____
家长姓名:(父)_____
　　　　　(母)_____

亲爱的家长您好:

　　为了让孩子有更多元化的学习,您是否愿意和孩子们一起分享您的才华与爱心,在此我们设计了一份问卷,竭诚欢迎您的加入,并感谢您的热心帮忙与协助。

教师×××敬上

一、您可以协助哪些班级活动?（可复选）

□晨光活动	□补救教学(上课时间)	□教室布置
□海报制作	□教具制作	□影印
□资料打字	□户外教学的安全维护(上课时间)	□其他

（续表）

> 二、您可以协助哪些学校的例行工作？（可复选）
> □导护工作（早上：7:20—7:40 中午：12:00—12:15 下午：16:00—16:15）
> □图书室的书籍整理 □教具室的整理工作
> □周会时的专题演讲 主题：＿＿＿＿＿＿＿
> □分组活动 组别：＿＿＿＿＿＿＿
> □其他

家长服务意愿调查表

素仰贵家长平日对子女教育的关爱，为了积极扩大孩子的教育层面，本着"让每个孩子都好，我的孩子才会好"的精神，诚挚地欢迎父母亲也能走进学校，参与帮助孩子茁壮成长的工作。您不一定要有特殊才艺，只要有"心"即可，因为您的参加，我们的教学环境将更丰盈。兹将本校亲师会服务项目详列如下，请您勾选（可复选）：

家长可提供学校之协助与支援	家长可提供教师之协助与支援
□1. 校园安全巡逻	□1. 亲师协会之筹办与运作
□2. 导护——维护学生上下学的安全	□2. 布置教室与规划教学情境
□3. 校舍修护维护	□3. 亲师生户外教学
□4. 校园美化绿化	□4. 教室清洁维护
□5. 户外教学	□5. 设计学习单元
□6. 教具图书管理	□6. 教具制作
□7. 布置教学环境	□7. 评量（过关）
□8. 协办亲师活动	□8. 出版班刊或班讯
□9. 专业咨询（法律、医疗等）	□9. 协同辅导
□10. 其他	□10. 担任"班爸爸"或"班妈妈"
	□11. 其他

＿＿＿＿＿年＿＿＿＿＿班 家长姓名：＿＿＿＿＿＿＿＿＿ 学生姓名：＿＿＿＿＿＿＿＿＿

联络电话：(O)＿＿＿＿＿＿＿＿＿＿ (H)＿＿＿＿＿＿＿＿＿＿

（三）家长配合事项

教师在班级经营中与家长沟通时，应该具体明确地让家长了解需要其配合的地方，必要时将家长配合事项以书面资料呈现出来，让家长参考，或是将家长配合事项以检核表的方式提供给家长参考。有关家长配合事项举例如下：

1. 请提醒孩子每天生活作息要正常，上学不迟到、不早退，早上尽量吃完早餐后再上学。

2. 每天睡前请提醒孩子自己整理书包、学习用品，以培养对自己负责的态度。

3. 请家长每天签阅联络簿,随时关心子女的学习表现,并能让孩子感受到父母的关爱。

4. 孩子若因故请假不能到校,请务必尽早联络通知。

5. 请让孩子帮忙做家事,学习分担家务,体会父母辛劳。

6. 有关孩子学习及老师教学上的各项问题,请直接与班主任联系,可多利用联络簿或到校面谈。

7. 每位孩子有其个别差异及无限发展潜能,请家长勿拿孩子的成绩与其他同学作比较、竞争。当孩子学习出状况时,老师会给予适当的引导及适时的指正,并知会家长多关心留意。

8. 班上实施荣誉奖制度,根据孩子的表现给予奖惩,请家长配合辅导,多给予赞美鼓励,激励孩子争取荣誉。有荣誉心的孩子懂得上进,也能有良好的人际关系。

9. 中年级的课业并不难,小朋友只要把课本、习作的题目弄清楚,老师强调的重点多练习熟记,课堂上专注些,课后灵活运用复习,就差不多了。更重要的是请家长要有耐心配合指导,并养成其良好的读书习惯,才能使学习基础稳固,孩子终身受用。

10. 希望家长除了重视孩子智育上的发展,也应鼓励孩子发挥多方面的才能,让孩子均衡发展,做一个身心健康、充实快乐的学生。

11. 家长为学校教学的后盾,鼓励家长分享孩子的学习活动,并组织家长会,协调班级经营及提供家长专长和教育资源,扩大孩子学习领域。

三、给家长的一封信

教师在班级经营中,可以运用"给家长的一封信"的方式,和家长沟通学校及班级生活状况,让忙碌的家长对学校生活有概括的认识。教师如果有重要且隐秘的事情要家长了解的话,也可以通过给家长的信,告知家长重要的信息。在给家长的信件中,教师应该以鼓励取代打小报告的方式,轻轻提醒家长应该配合之处,尽量避免过于指责家长或一味地指陈学生在学校的反社会行为。教师写给家长的信件在内容方面应该包括教师自我介绍、学校重要政策、教师班级经营理念、家长应该配合事项、学生的身心发展特征、学期或学年的教学重点、各学科的知识与内容、学校与班级的生活作息、教师与家长的联络方式等。"给家长的一封信"的内文撰写请参考如下范例。

亲爱的家长：

　　展信愉快！

　　首先做个简单的自我介绍，本人姓王，名叫大中，是彰化县二林镇人，很荣幸担任本年度三年甲班贵子弟的班主任。教育是学校的重大工作，但必须与家庭教育充分结合，才能将贵子弟教得好，让他们学得愉快！

　　有了家长的充分配合，学校教育才能获得顺利的推行。只要您肯相信我，给我支持与鼓励，我有信心教导贵子弟在校期间能学得好规矩、习得好品行，同时给予活用知识的传授，这更是我责无旁贷的事。

　　班上部分家长反映：对数学新课程有许多观念还是不太清楚，对孩子学习数学的解题能力及计算速度迟缓感到忧虑。

　　为了厘清大家对数学新课程的教育理念及发展儿童"解题能力"暨加强其"计算熟练度"，在这提供一份有关数学新课程的主张及培养"效率"的最佳时机、内容进度表，请家长配合进度，在家中可以自行辅导孩子。

　　数学新课程主张：数学概念与格式表征并重。

　　（先建立概念，再发展格式）

　　学习先有效果（会成功解题），才讲求效率（精、熟、快）。

　　教学应基于群体讨论文化（社会面），符合儿童认知发展（认知面），建构儿童的数学知识（数学面）。

　　——低年级：心理性

　　——中年级：社会性

　　——高年级：科学性

　　配合数学新课程进度，培养"效率"的最佳时机及内容如下：

年级	可熟练之计算教材
二下	20 以内的加、减（横式）或基本加减（横式）
三下	乘法＋＋（横式）
四下	整数的加、减（直式）

(续表)

年级	可熟练之计算教材
五上	小数的加、减(直式),同分母分数的加、减
五下	整数的乘、除(直式)
六上	异分母分数的加、减,小数的乘(直式)
六下	小数的除(直式),分数的乘、除

家长亦可在家利用"亲子作业"(自行出题,少量多次),协助儿童在既有概念下逐渐熟悉格式,增进速度。

一切教育信念的执行,有赖于家长们的共同推行,以下是必须请家长们与老师合作的事项:

一、每日检查贵子弟的作业,并在联络簿上签名。

二、睡前请检查第二天到校携带物品(例如课本、文具、作业簿等)。

三、请依规定穿着校服(一、四)、体育服装(二、五)及便服(三、六)。

四、请督促贵子弟每日准时就寝。

五、准时到校不迟到。

-------------------------------(沿线撕下,请贵子弟带回班上)-------------------------------

在此向各位家长请益一事,若孩子有犯错的时候,您赞不赞成适度的处罚?(请在下列选项中勾选一项,并说明原因,谢谢!)

☐赞成　　方式为何?_____

☐不赞成　有其他的方法吗?_____

您有任何想法或意见? 请写在这"意见回条"上,谢谢!

家长签名:_____
学生姓名:_____

教师的电话:0988888888
学校的电话:2345678 转

四、班亲会的成立与运作

教师在班级经营中,应该针对学生家长组织班亲会,并且通过班亲会的成立与运作,协助班级教学活动的实施。有关班亲会的成立与运作,以下分成组织家长会、恳亲会、家庭访问等形式加以说明。

(一) 组织家长会

对于班级家长会的组织,教师可以事先了解班级学生家长的基本资料,通过各种班亲会的举办,详细地向家长说明家长会对班级经营的重要性,以及对子女在学校生活的影响。班级家长会的组织可以考虑下列要点与程序:

1. 运用学校日

教师在成立班级家长会之前,应该先搜集有关家长会的组织、功能、规章等相关资料。在熟悉班级家长会的运作和功能之后,可以运用"学校日"或是"恳亲会"时间,向班级家长作详细的说明,以避免家长对班级家长会功能的误解。如果需要的话,教师可以先将相关的资料寄给家长作参考。

2. 发开会通知单

此外,教师可以设计一份比较温馨的开会通知单,请学生回家之后转达。在通知单发出之后,教师也可以考虑用电话或其他形式通知家长出席班级家长会。

3. 进行工作分配

教师在向家长说明班亲会的功能之后,可以由家长相互推选的方式,进行班级家长会的工作分配。在工作分配之前,教师应该向家长说明各项工作的内容,并且将家长分成下列几个小组,如会长、副会长、总务组、活动策划组、文书组、公关组等,各组人员的编派可以考虑家长的职业背景以及担任工作的意愿,让每位家长都可以为班级事务付出。

4. 举办各项家长活动

班级家长会成立之后,教师可以指导家长拟定各种属于班级的活动计划,例如读书会、家长联谊活动、组织义工妈妈、亲师联谊会、校外联谊等。通过活动的进行,增进家长与教师之间的感情。

5. 家长会正式运作

家长会的运作除了在选择时必须符合程序之外,也应该遵循正式的程序,将各个家长会的开会会议记录、会议决议等形成书面资料,作为日后执行的参考。

(二) 恳亲会

学校举办"恳亲会"(或称家长参观教学日)的主要目的在于促进教师与家长之间的感情,同时让家长了解子女在学校的学习生活,让教师了解家长对子女的期望以及对学校教育的期许。一般恳亲会的举办,学校会挑选家长共同休假日(例如劳动节)或是周末实施。

1. 事先安排座位

恳亲会之前,教师应该事先将座位安排好,请学生先将教室打扫干净,让家长对班级有新的印象。

2. 展示学生的作品

教师可以将学生的各学科作品分类整理,展示学生的学习成果以及作品,让家长了解自己的子女在学校的学习成果。家长通过子女作品的展示,可以了解教师在班级教学中的用心,增强对教师教学的信心。

3. 准备签到簿及茶水

举办恳亲会前,教师应该先将家长的签到簿准备好,让家长感受到学校对恳亲会的重视,同时也可以通过签到簿了解家长的出席情况。

4. 准备相关资料

恳亲会是学校与班级宣传的重要时间,教师可以将学校要让家长了解的资料以及班级想让家长了解的资料作整理,提供给家长。这些资料包括学校简介、班级经营计划、班级经营理念、学期教学计划等。

5. 推选主席

恳亲会最重要的事项之一是推选主席,请家长轮流主持会议,并针对重要的议题进行讨论,形成会议记录。

6. 亲子教育经验分享

班级恳亲会开展过程中,教师可以引导家长针对议题进行经验的分享与交换,将各种事先规划的议题进行讨论,并且留时间让家长进行亲子教育经验分享。

7. 班亲会教师讲纲范例

亲师讲纲

时间	流程	细目
	签到 领取资料	1. 事先请学生在桌上贴名牌，家长到时可自行找到位子。 2. 在桌上展示学生作品，先到的家长可先参观，了解子女在学校的学习情形。
5′	推选主席	教师指导，由出席的家长成员互相推选主席。
10′	转达学校配合事项	1. 学校行政方面。 2. 学校行事方面。 3. 学校课程方面。
15′	班级事务及配合事项	1. 教师教学理念。 2. 班级经营方式及需要的支援或配合的事项。 3. 课业需家长配合之事项。
40′	成立班亲会	1. 教师对班亲会的作用与功能稍作解释。 2. 家长自我介绍（每人约2分钟）。 3. 决定班亲会的成立方式： 　（1）自愿； 　（2）将每个干部全部选出； 　（3）只选家长代表，其他由家长代表自行招募。 4. 成立班亲会。
40′	亲师座谈	双向沟通，自由发言。
5′	结语	1. 补充尚未说完或忘记说的话。 2. 感谢家长出席的话。
	散会	

（三）家庭访问

学校为了促进教师对家长的了解，最常使用的方式就是家庭访问。教师通过家庭访问，可以了解学生的家庭状况，接触家长并了解家长对学校教育的期许及对子女的教养态度。一般家庭访问的进行，应该掌握下列要点：

1. 约定访问时间

教师在进行家庭访问前，应该和家长约定时间，让家长对教师的访问有事先的准备,不至于心慌意乱。

2. 事先规划谈话主题

教师访问家长之前,应该先针对谈话主题进行规划,预先了解学生的家庭背景,做好访问之前的各种心理准备。教师对家长如果有事先的了解,就不至于在家庭访问时出糗或者造成彼此之间的难堪。

3. 运用良好的沟通技巧

家庭访问时,教师应该具备良好的沟通技巧,避免因为沟通不良使彼此之间产生隔阂,或者是造成彼此之间的误会。在态度方面应该诚恳,以礼貌的方式进行谈话。

4. 注意自身的安全

教师实施家庭访问时,应该注意自身的安全事宜,尽量请同事作陪或是请热心熟悉的家长同行。

5. 以家长容易接受的方式进行访问

教师和家长访问时,话题如果涉及学生在学校的各种表现,应该先多聊学生的优点,再谈论学生应该改进之处,这样家长比较容易接受教师的观点,不至于因为自己的子女被否定而恼羞成怒。

6. 形成家庭访问记录

教师完成家庭访问之后,应该针对访问重点形成访问记录。如果是属于重点访问的话,应该将访问记录报备学校行政人员,让学校校长或主管人员了解需要协助的家长,以提供行政方面的支援。

五、亲师沟通计划书拟定

(一) 沟通前的准备

1. 拟定亲师班亲会的内容和程序

教师必须先了解学生家庭的背景、学习状况,之后再拟定班亲会内容:

(1) 说明活动的目的与方式,请家长踊跃发言。

(2) 报告学校极需家长配合、支持的各项措施(如接送儿童上下学时的停车问题)。

（3）展示个人的班级经营理念及期望家长配合事项。

（4）请家长分享教养子女的经验与棘手问题。

（5）共谋如何使儿童健康、快乐成长的策略。

2. 全力邀请家长出席

除由学校校长具名发通知单以外，教师可依班级需要，自拟一份诚挚的邀请函(卡)，或以联络簿诚挚邀请，再通过儿童口头邀约以及家长参加意愿调查，提高家长出席意愿，并掌握当天可能参加的人数。邀请越诚心，家长的反馈会越热烈。

3. 拟写学校及教师期望家长配合的事项

教师应依据实际需要，拟出基于学校规定及教师班级经营理念所需家长配合的事项。必要时可准备"备忘表"，在座谈会上依序说明，并于会后将备忘表发给家长，如下表所示。

备忘表

配合学校活动方面
（1）每天于 7:30—7:50 之间到校，不要太早，以维护儿童自身的安全。 （2）接送儿童时，请依学校规划的各年级接送地点接送，以免妨碍儿童路队和安全。 （3）为提高儿童环保意识，请在家庭中配合实施垃圾分类。
教师对儿童期望方面
（1）让儿童准时到校，参加晨扫和晨光时间。 （2）每日检查联络簿并签名。 （3）尽量让孩子学习处理自己的事(例如，让孩子准备自己该带的学习用具)。 （4）住址、电话及接送状况若有变动，请随时和班主任联络。 （5）尽量抽空陪孩子，倾听孩子的心声。

4. 预想家长可能提出的问题及应对方式

教师宜预想家长可能于班亲会中提出的问题，应有腹案在心里，以便做最适当的临机处理，如：

（1）家长反对教师限制儿童带零钱到校的问题，应如何说明？

（2）家长当场批评学校措施，应如何应对？

（3）家长直接指责教师的教学方式，应如何处理？

5. 模拟可能情境的应变方式

对于预定的主题,万一家长反应不热烈,教师宜设法变化主题及方式来激发家长发言。可将自己在经营班级中所发现的事例,如夸赞孩子好的表现或师生互动良好的实例等,与家长分享。例如,×××小朋友的作业做得很好,请×××的爸爸(妈妈)谈谈你们在家的引导方式,好让其他家长参考,进而鼓励家长发表自己的经验和想法,和大家一起分享。

6. 布置会场

教师宜配合班亲会内容,将会场加以规划,甚至让家长一同参与规划布置。当教师非常重视这件事情时,家长也会更用心、更认真地参与。布置内容参考如下:

(1) 展示亲子互动资料,如爸妈的赞美、孩子的特点等。

(2) 展示平日教学及学生搜集的资料、作品及各科作业。

(3) 提供亲职教育资料,供家长取阅。

(4) 桌椅的排列,最好能让与会的人都能面对面交换意见。

(5) 呈现会议内容、程序,可事先写好张贴于黑板上,或当场板书于黑板上。

7. 各处室的行政支援

(1) 教务:事先规划当日活动流程,于一周前晨会报告、说明、讨论,且于定案后向全体教师说明并分发流程表给每位教师。

(2) 训导:配合学校宣传事宜,于会前分发给每位教师一份资料,方便于班亲会进行中配合宣传。

(3) 辅导:分发亲职教育资料,并商请专家当天配合亲职教育内容演讲,以增加说服力。

(4) 会后可举办学年检讨会,并作经验分享。

(二) 班亲会的实施计划

1. 目的

(1) 引发家长的关心及爱心,共谋学校教育及家庭教育的发展。

(2) 加强学校与家庭的联系,增进亲师合作。

(3) 策划班级活动,以便有效进行各项班级活动。

(4) 运用社会资源,提供家长贡献专长的机会。

2. 实施日期

（1）每学期第一次班亲会的活动时间在开学后四周内举行，时间由各年级统一规定，第二次及之后由各班自行确定。

（2）为便于家长参加班亲会，各学年开会时间的安排以不同的时段为原则，若时间太短，则分低、中、高年级安排三个时段举行。

（3）为便于家长参与，班亲会的召开以非上班、上课时间为原则。

3. 实施程序

（1）班亲会的召开可由导师及选出的召集人共同通知家长，若尚未选出召集人，则由导师负责通知。

（2）第二次及之后班亲会的召开，由导师及召集人决定后，依需要召开。

（3）班亲会的召开须事先填写活动计划表，列明时间、地点后，由班主任签名，送交相关处室，经校长核准后，再发开会通知单给家长。

（4）班亲会的活动地点、时间及各项收费，均须依教育局有关规定办理。

4. 教师及校方人员之任务

（1）每学期定时做班亲会的活动，并确实传达校方欲传达的事项。

（2）班亲会中家长若有不明白的事项，必须给予详细说明。

（3）会议结束后，请家长于三天内将会议记录交给导师，以便答复各家长的建议事项。

（4）班亲会或家长个人拟的问卷或通知单，由学生带回者，教师须详加阅读，如发现有不妥之事，请知会有关处室协商或修订，以避免误解或困扰之事发生。

（5）本计划呈校长核准后实施，修订时亦同。

（三）班亲会的组织运作

1. 班亲会组织图

班亲会组织图

2. 各组工作职务

行政组：协助主持班亲会，联络班级家长情谊。

文书组：负责会议记录、文书处理、照相等。

总务组：负责收入支出及各项财务管理。

活动组：负责安排各项活动及场地布置。

联络组：负责各项活动策划、联络、执行等。

餐点组：负责活动的各项餐点事宜。

3. 班亲会工作项目

(1) 举办亲师恳谈会。

(2) 制作"班级通讯"，布置"活动看板"。

(3) 开展亲、师、生联谊活动。

(4) 晨光、弹性活动时间的安排。

(5) 协助学习情境的规划与设置。

(6) 协助开展户外教学。

(7) 支援补救教学。

(8) 支援班级人力、物资。

(9) 其他。

六、家庭联络簿的运用

　　家庭联络簿是学校班级与家长联络的重要渠道，同时也提供学生每日生活的重要信息。教师在班级生活中，应该妥善运用家庭联络簿，作为和家长沟通的重要渠道。由于近年来信息技术的快速发展，相当多的学校已经发展"电子联络簿"以强化家庭联络的功能，或有部分学校要求教师必须规划班级网页，将班级生活中的各种重要信息发布在班级网页中，使家长可以通过班级网页了解子女在学校中的各种动态。

(一) 家庭联络簿的内容

在家庭联络簿的内容方面,教师应该结合班级教学活动的实施。联络簿的内容如下:

1. 每天班级教学的功课以及学生必须携带的用具。

2. 亲师联络的重要事项,包括赞扬学生在学校的良好表现、在班级中的生活点滴,以及需要家长配合之处。

3. 学生在班级教学中的学习心得。

4. 教师应该要求家长每天签阅孩子的家庭联络簿,了解学校的重要事项,以及子女在学校的生活点滴。

5. 教师如果有需要家长配合或是要求学生改进之处,应该尽量以电话联络,避免在联络簿上面直接写学生的缺点。

(二) 家庭联络簿的批阅

1. 在家长之前批阅

教师对家庭联络簿的批阅,应该在家长签名之前。换言之,每天在教室请学生抄完联络簿之后,就应该进行检查签名。如此,可以确保学生联络簿抄写完整,同时还可以将学生的错别字挑出来,请学生及时改进。

2. 避免在上面写学生的缺点

一般教师习惯在学生的联络簿上面写下学生的缺点,以及需要改进之处。殊不知,首先接触联络簿的是学生而非家长,如果学生在联络簿上面发现教师的评语,因为怕回家被家长惩罚而不敢将联络簿交给家长,反而就失去联络簿的功能了。

3. 请多运用鼓励原则

教师应该尽可能地在学生的联络簿上面写一些要鼓励学生的话,让学生可以从联络簿上面了解教师对自己的期望。此外,将各种鼓励的话写在联络簿上面,教师可以让学生从中感受到教师的关怀。

4. 多写一些感性的话

教师在联络簿的评语中可以考虑写一些感性的话,作为鼓励学生的座右铭,同时可以让家长从联络簿的签名中了解教师对学生的用心,以及学校对学生的教育。

5. 提供家长各种亲职教育常识

教师可以在联络簿上提供各种教育基本常识以及亲职教育的基本原理,让家长可以从联络簿签名中,附加学习各种重要且有用的理念。

七、亲师通讯的应用与实例

(一) 亲师通讯的种类与功能

1. 教师的信

开学的第一封信往往可以让家长了解教师带班的理念,宣传学校相关活动,打开亲师沟通的心门,借此阐述教师教学理念、对学生的期许和用心,以及需家长协助的地方,并可于信末附家长回条,请家长给教师反馈和建议。

2. 班亲会

班亲会前可以先向家长通知日期,预告讨论主旨,班亲会后可以公告班亲会决议的事项。

3. 班级刊物

班级自编的刊物,可以定期向家长报道班上最新的动态,让亲师共同关心孩子的成长。内容大致包含:班级动态、学习进度、学生优良作品发表、亲职教育心得、家长心声、班级行事历、班费收支等。

4. 不定期的通知单

传达学校行政事项、重要活动前的通知、活动后的花絮报道、学生学习状况和行为表现或问题,并沟通教育观念。

5. 爱的温馨小语

一颗感恩的心,感谢家长的支持和付出;一张卡片、一句小语,皆可流露出学校教师对家长的谢意,使家长感受到学校教师的善意并乐于付出。

(二) 亲师通讯的注意事项

1. 谈孩子需鼓励、关怀、夸赞或特别关注(好或不好)的地方。

2. 尽量让家长意识到教师是站在协助其子女进步与成长的积极立场上的,而非批评论断。

　　3. 可借此机会表达教师对家长的关心与感谢。

　　4. 让家长感到你是竭诚欢迎他们一起经营这个班级的,让他们有参与感。

　　5. 回条要写上小朋友的姓名及家长姓名。

　　6. 可附上有关教育的文章,请家长在回条上写感想。

(三) 亲师通讯的优点

　　1. 可与家长保持联系及互动。

　　2. 增进亲师情谊。

　　3. 联络事项。

　　4. 家长可了解子女在校状况。

　　5. 了解学校活动。

　　6. 了解教师的教育观念。

　　7. 赢得家长的信任,消除他们的疑虑。

(四) 每月例行性亲师通讯

　　1. 活动报马仔:(1)本月学校及班级的活动项目;(2)预告下月活动。

　　2. 生活花絮:班级的日常情形。

　　3. 特别报道:择一活动细节报道。

　　4. 教育理念:教师阐述自身的教育理想。

　　5. 教学专栏:针对课堂的教学单元择一复习。

　　6. 本月之星(本月最乖的小朋友)。

　　7. 回条:家长的话或意见。

八、班刊的设计与运用

　　班刊的设计与运用是教师将班级各种信息转化成文字的方式,提供给家长以及关心班级事务的人作为参考之用。亲师沟通的互动可以通过电话、联络簿、班刊、亲师交流网等来联系,其中班刊不但可以作为亲、师、生沟通交流的渠道,也可以让学生有参与感,培养孩子编辑写作的能力,体会团结合作的重要性。

(一) 班刊的形式

班刊的发布可以有各种形式,例如,以班级网页、电子班刊等方式出版。此外,班刊也可以用海报的方式展示出来,变成教室布置的一部分。

(二) 班刊的内容

班刊的内容应该结合班级各种生活信息,内容方面采用多元方式,由教师指导学生自行创作。班刊在内容方面,可以考虑下列形式:

1. 教室新鲜事

班上发生的大小事,可请学生轮流记录,并将令人印象深刻的部分选出来编辑。

2. 亲师交流站

教师可通过此部分和家长沟通教学理念,家长亦可提出看法和教师讨论。

3. 大事公告栏

如学校活动或班级活动的公布。

4. 学生作品区

将学生的作品呈现出来,包括文字、美劳作品等。

5. 民意调查站

票选各方面表现出色的学生,如"运动高手"、"烹饪专家"等。

6. 活动花絮

将学生上课或其他活动的情形拍摄下来或用文字加以叙述。

此外,班刊内容在编辑上可以考虑加入"活动后感言"、"我有话要说"、"父母的话"、"班级信箱"、"本月寿星"等,也可加入趣味栏,如"漫画窝"、"有奖征答"、"故事笑话"等。

(三) 班刊的制作

班刊的制作需要教师结合各科教学,例如艺术与人文的教学。一般而言,班刊的制作可以考虑下列几个步骤:

1. 作品观摩

教师先拿一些刊物让孩子观看，并告知班级刊物的构想，师生一同讨论班刊的形式及内容，作为班刊制作的先期作业。

2. 选定工作人员

班刊的制作，第一次可以由教师先选定班刊编辑人员，从电脑文书、美编、写作能力较强及自愿性高的学生着手。一开始由老师负责召集，告诉学生编辑的技巧，如何去做，如何找题材，并分配每一个人的工作内容，且告知完成时间。

3. 展开作业

学生可利用电脑或手工编辑方式制作，完成后由教师协助影印，并发给每一位同学，亦可让学生发给校长、主任及相关教师。

4. 作品评论

班刊完成后，由教师带领大家浏览一次，讨论优缺点，并感谢编辑同学的辛劳。

5. 正式展开作业

在做了几期班刊后，教师可以开始征求其他志愿者加入编辑行列。再过一段时间，则全班分组来轮流制作。

教育箴言录

引以为戒

1. 彰化的×××老师：大太阳底下绕着操场青蛙跳，直到老师喊停为止。

2. 新竹的×××老师：上课时说话的两人互打巴掌且要有声音，直到脸发红了为止。

3. 屏东的×××老师：全班上课太吵，罚全班半蹲，且依照吵闹程度加拿椅子或放上书包。

4. 台东的×××老师：用棍子打手背、小腿、脚底……

5. 台南的×××老师：因上美劳课时作品未交，老师拿原子笔戳学生的头。

6. 淡水的×××老师：罚学生半蹲，要让老师看到流三滴汗才可回座位。

本章讨论问题

一、请说明在班级经营中如何建立良好的亲师关系。

二、请拟定一封给家长的信。

三、请说明班亲会的成立与运作。

四、请拟定一份亲师沟通计划书。

五、请说明家庭联络簿的运用要项。

六、请说明亲师通讯的应用与实例。

七、请设计一份班刊并提出报告。

第十二章
校园危机的处理与管理

本章将对校园各种危机的成因、学校中的利害关系、校园危机的特性、感应危机的警讯、校园危机发生时的运作、校园危机解决后的运作、教师班级危机管理要项等作详尽的说明，并提供教师班级经营中危机管理的参考。

一、校园危机的成因

校园危机的成因，依据学校的发展与特性，通常可分成学校的外在因素与学校的内在因素，兹分析罗列如下。

(一) 学校的外在因素

有关校园危机发生的外在因素，通常由于外在大环境的改变，影响学校内部的组织运作，因此学校行政人员与教师必须对影响学校的外在因素有所知觉，才能在危机发生时，运用适当的策略加以应对。

1. 政治与社会变迁

政治与社会变迁对学校发展的影响是无远弗届的,教师必须了解整体社会与政治变迁,才能在学校生活中给予学生正确的引导。一般而言,社会环境的改变对学校的影响是相当大的。

2. 大众传播媒体的压力

近几年来,大众传播媒体深入校园,对校园生活的关注俨然影响到学校人员的生活作息,学校必须针对大众传播媒体作相关的调整,例如设置"新闻发言人"等,由专人作为学校代表进行新闻发布与应对。

3. 不法分子的破坏行动

由于学校是开放的空间,因此在校园安全方面无法做到滴水不漏的境地。一般民众对学校的各项设施不至于随意破坏。学校方面最害怕放长假,因为长假结束后,校园往往惨不忍睹。

(二) 学校的内在因素

校园危机发生的内在因素,通常包括学校文化、教师专业自主、学生争取权益、管理特质、人员结构、组织结构。详述如下:

1. 学校文化

学校文化因素通常和学校内部组织气氛具有相当大的关系,学校内部的组织气氛如果是和谐的,学校运作就会相当顺畅;如果学校的组织气氛是诡异的、内斗的、不信任的,则学校的运作就容易出问题。

2. 教师专业自主

校长必须让全校教师了解专业自主的意义,同时也要领导教师从专业方面争取自主。此外,学校也应规范专业自主的范围,配合学校教育目标的发展,避免过于扩大解释专业自主的定义,阻碍学校的发展。

3. 学生争取权益

传统的学校生活仅重视教师本身的权益关系,忽略学生对学校生活的要求。因此,学校的各种措施与制度,仅考虑教师本身的需要,而忽略学生的各种需求。近年来,学生自我意识扩增,对学校各种教育制度与措施的要求越来越重视。学生在争取权益过程中,如果缺乏正确的渠道或是适当的沟通渠道,容易导致学校危机的产生。

4. 管理特质

学校危机的发生在管理特质方面,通常分成领导管理与管教管理两个层面。前者指的是学校的行政人员对教师的领导风格,后者指的是教师在班级教学中对学生的管教。

5. 人员结构

人员结构是学校危机发生的另一个重要因素,一般学校单位的人员组成是相当单纯的,不像一般的公司机构人员的组成那样比较复杂。学校系统中人员的组成有学生、教师、兼任行政人员、一般行政人员、工友、警卫、家长等。

6. 组织结构

学校组织结构是校园危机发生的另一种潜在因素,学校内部组织成员及各个组成分子,如果对学校缺乏向心力的话,容易因各种理念的不同而导致摩擦,进而形成学校的潜在危机。

二、学校中的利害关系

一般而言,学校中的利害关系包括校内与校际形成的因素,具体有学生、行政人员、家长、地区警局及社教机构、民意代表、厂商、校际关系、上级机关、大众传播媒体、教师与教师会等。有关学校利害关系的说明如下。

(一) 学生

学生是学校的基本组成,也是学校的主要成员。学校必须将学生在学校生活中的各种特性与需求,纳入校园危机管理政策中。

(二) 行政人员

行政人员在行政运作过程中,如果缺乏危机意识或危机处理的基本概念,则容易发生各种校园危机事件。例如,学校营养午餐如果缺乏严谨的管理系统,则容易导致饮食卫生方面的问题。

（三）家长

家长对学校政策或实施办法如果缺乏了解的话，就容易因误解而导致学校在行政运作方面的困扰。例如，学校如扬弃传统的纸笔测验而实施多元评价的话，必须取得家长的了解与配合，才能落实动态评价的效果。

（四）地区警局及社教机构

地区警局与社教机构应该配合学校校园危机管理的计划，在校园危机发生时提供各种人力、物力和资源的协助。

（五）民意代表

民意代表虽为民众喉舌，然而民意代表往往在执行业务时，因民众的请托或选民所请而造成学校行政运作方面不必要的压力。例如，教师甄试的作业依法必须公平、公正、公开，而在"名额有限，角逐者众"的情形下，民意代表难免因各种选民的请托，必须向学校表达相关的看法，因而形成学校在甄选过程中的压力和包袱。校长在学校校务运作过程中，往往碍于民意代表的施压而感到相当的无奈。

（六）厂商

学校的行政运作往往必须和一般的厂商打交道。尽管现行的采购都由采购法规范，然而在学校执行采购的过程中，往往容易因为厂商问题而酿成学校危机。例如，如果学校的营养午餐供应未经严密的品质管理，那么厂商提供的餐饮可能就会出现卫生问题，造成学生食物中毒或营养不均；如果在学校工程施工期间，厂商缺乏危机意识而未在施工现场设置围栏以保障安全的话，学生在下课时间因好奇或贪玩擅入施工地点，就容易造成施工安全的问题。

（七）校际关系

校际问题方面，中小学有学生就读与学区划分、学生流失的问题，中等以上学校有招生与学生入学的问题。如果校际缺乏合作，不但无法达到教育资源共享的理想目的，同时容易因为校际缺乏合作而形成校园危机事件。

（八）上级机关

学校与上级机关存在指挥与监督的专业关系，因此学校在拟定校园危机管理政策时，必须和上级机关维持密切的联系，随时将学校的各种动态让相关的上级机关了解，以便作各种应对措施的准备。

（九）大众传播媒体

大众传播媒体对校园运作具有很大的影响。近年来，随着媒体的开放与对新闻自由的重视，大众传播媒体渐渐对学校生活产生影响。因此，校园危机处理应该将大众传播媒体列入重要的项目之一。例如，如果学校发生各种事件，那么学校新闻发言人必须向媒体提供正确的信息，避免媒体针对各种学校事件做不必要的报道或负面的渲染。

（十）教师与教师会

随着强调教师专业自主权的风气渐盛，学校在行政运作上往往导致教师与行政人员的对立现象。教师如果和行政人员缺乏双向且善意的沟通，则容易因为立场不一致而形成各种冲突事件，导致校园危机的产生。

三、校园危机的特性

一般校园危机的产生，多半是内外在环境造成的。因为校园危机本身的各种特性，使得行政人员与教师无法以例行性的系统或策略进行事前预防工作。因此，在校园危机处理前，应该了解校园危机本身的特性，才能做好事前预防工作。

（一）由学校内外在因素造成

一般校园危机的形成是由学校内外在因素造成的。通常外在因素指的是整体的社会环境、时代风气等。例如，家庭结构与功能的解体，使得单亲家庭越来越多，进而形成校园危机事件。内在因素指的是学校的组织气氛，人员的组成及各个成员的想法、理念等。正因为校园危机的形成是由学校内外在因素造成的，所以使得校园危机很难事前预防。

(二) 具有不确定性

因为校园危机本身具有不确定性,所以学校人员无法做好事前预防工作,仅能针对学校生活中可能造成的各种事件作事前的规划与防范。学校日常生活中应该针对各种可能形成校园危机的因素做好管制工作,以预防校园事件的发生。

(三) 具有时间紧迫性

校园危机事件的发生在时间上具有紧迫性,导致教师无法应对并措手不及。例如,校园意外事件的发生都是迅雷不及掩耳的,教师必须立即采取行动应对,才能将意外事件的影响降至最低。

(四) 无预警性

校园危机的发生除了具有不确定性、时间紧迫性之外,更重要的是无预警性。换言之,校园危机的发生无法事前预警,也无法在事情发生前有所警觉。例如,2003 年的 SARS 流行事件,本身就无预警性,并且无法在短时间内掌握。

(五) 影响范围大

校园危机的另一特性是影响范围大,无法在短时间内降低对学校的影响。因此,校园危机的处理本身就必须考虑事件对学校的影响,并针对影响范围作必要的处理应对,使危机本身对学校的影响降至最低的程度。

(六) 无法以例行性程序处理

校园危机通常无法以例行性程序加以处理,学校必须针对危机本身的特性作各种处理应对。当校园危机发生时,学校必须作立即性的处理,针对危机本身特性、形成原因、可能影响层面,进行危机处理的检讨。

(七) 结果可能恶化或好转

危机发生时不一定都是负面的,学校可以在危机发生时,妥善地面对危机本身可能的影响,并针对危机的发生彻底检讨与反省学校应该建立的制度是否齐全,校长可以责成学校的相关人员做检讨与反省的工作,以作为学校危机发生的参考。

四、感应危机的警讯

(一) 人的警讯

校园危机的发生在人的警讯方面,通常和学校生活中的各种人员息息相关。针对人的警讯方面,学校应该拟定有效的应对策略。

1. 歹徒侵入校园

校园危机的发生,部分是因为歹徒侵入校园,造成学校管理上的问题。因此,学校在校园安全与警卫的管理上面,必须多加注意以避免校园危机的发生。

2. 亲子关系不良

由于亲子关系不良所产生的校园危机事件,最常见的是监护权问题。因此,学校在家庭问题的汇报方面必须切实实施,让教师与行政人员了解因为亲子关系不良所产生的危机事件。

3. 师生关系不佳

师生关系不佳可能导致的校园危机事件,通常是发生在父母不当介入的情况下。例如,教师如果在班级生活中,对学生的管教未能适时地运用各种策略,如管教过当或管教不当,学生家长因教师的管教问题而衍生的校园危机事件,皆为师生关系不佳的典型案例。

4. 同侪关系恶化

同侪关系恶化问题,最常见的是校园暴力事件、校园恐吓勒索事件、校园集体行贿事件等。在班级或学校生活中,教师应该引导学生培养良好的同侪关系,让学生彼此之间维持友好的关系,避免因不必要的冲突而酿成校园危机事件。

(二) 时的警讯

1. 教师不在时

教师不在教室或请假时,是校园危机最容易发生的时刻。因此,教师如果临时要离开教室,必须嘱咐班级组织干部掌握班级常规;如果需要长时间离开教室的话,尽量委托隔壁班级的教师加以管理。

2. 下课时间

一般而言,下课时间是学生最容易出现意外事件的时段,教师应该在平时就不断叮咛学生,在下课时间注意安全,不可以到比较偏僻的地方,更不可以离开学校。在下课使用各种游戏器材时,也应该随时注意器材本身的安全,例如,秋千、单杠等游戏器材是否安全等。学校总务人员或教师应该定期检查学校的各种游戏器材,避免因为年久失修或是不当使用造成器材的损坏而影响学生使用上的安全。

3. 午休时间

午休时间是学校最安静的时刻,由于一般学校都会强调学生午睡的重要性,因此在午休时间,教师应该将教室的门窗上锁,只留通风口即可,避免因为午休而造成各种意外事件。如果教师将教室重要出口上锁的话,至少可以将意外事件阻绝在外,降低学校危机事件发生的可能性。此外,学校应该在午休时间派人员轮流担任巡逻工作,负责校园的安全。

4. 打扫时间

学校生活作息中,由于学生在打扫时间处于动态状态,容易发生意外事件,因此教师在学生的清扫工作分配上面应该多花些心思,避免将过于活泼的学生分派在同一组,以免因打扫时间嬉戏而发生意外事件。例如,部分学校仍由学生担任打扫厕所工作,打扫厕所必须运用各种清洁剂,如盐酸类的化学试剂,更需注意安全问题。

5. 放学时间

放学时间是一天学习活动的结束,学生在心理方面难免比较放松,易导致意外事件发生。放学时间同时也是学校秩序最乱的时刻,全校学生要在短时间内离开学校,难免因为秩序乱而发生推挤或意外事件。学校对放学队伍的安排与学生路队的安排,应该利用各种时间进行练习。班级教师也应在放学时间确定学生已经离开学校,不可以擅自将学生留在学校,以免发生意外事件。

6. 长假时间

学校如果放长假的话,容易因为假期过长,学生的行为缺乏有效的约束而发生各种意外事件。因此,教师在学校放长假之前,必须不断叮咛学生假期中的注意事项,最理想的方式是由教师撰写一份"假期安全备忘录"并交给学生或家长,让学生和家长了解假期应该注意的事项。此外,教师可以在班级学生中以"安全编组"的方式实施小组相互关怀策略,每一安全小组选定一位小组长,负责假期安全汇报事宜,由小组长将小组员的安全情况汇报给班长,再由班长汇报给导师。

7. 天气酷热

炎热的天气由于气温升高,学生容易出现中暑或意外事件。每年的夏季是学生最容易出现意外事件的季节,例如,学生三五成群地到溪边或海边玩水,往往导致溺毙事件的发生。

8. 庆典活动

庆典活动是学校容易出现校园危机的时刻,由于学校举办庆典活动,因而在校园开放的情况之下,容易发生意外事件。此外,庆典活动期间人来人往十分复杂,学校必须特别注意出入人员,提醒学生特别注意陌生人员,同时在交通安全方面也应特别注意。

(三) 事的警讯

1. 实验方法问题

学校实验室是最容易发生校园危机的地点,由于实验课程的进行需要各种化学器材或实验仪器,如果学校实验室管理不佳的话,容易发生各种无法收拾的事件。因此,学校的实验室应该采取专人专管的方式,严加管制并严格要求使用人员。属于管制的化学药品应该加锁集中管理,并由专人列册管制使用。危险的药品应该加上标签,以提醒使用的师生加以注意。

2. 游戏过程疏忽

学生在学校游戏时,往往因为疏忽或过当而发生意外事件。因此,教师在学生游戏前应该随时提醒学生注意安全事项。学校的各种游戏器材也应该加上安全告示牌,提醒学生在使用游戏器材时随时注意安全。教师在平日班级生活中,应该随时提醒学生游戏的安全注意事项,尤其在下雨天时更应如此。

3. 学校工程进行

学校工程的进行应该尽量安排在学校放长假时,避免因施工不当或学生擅入工地而发生意外事件。如果学校工程无法将施工时间安排在寒暑假,总务单位人员应该严格要求施工厂商在工地做好"安全围栏"设施，并且立安全告示牌提醒师生注意安全。最理想的状况是将施工范围与学校生活圈作严密的隔离，以避免施工意外事件的发生。除了施工安全围栏的设置之外，也应该在施工现场标示工程进度与危险性，让社区民众与学生家长随时了解学校的工程进度，并提醒自己的子女在学校注意安全。

4. 体育课程进行

学校课程进行时，体育课是所有课程中比较容易发生意外的一门课，因此担任体育课程的教师在教学时应该特别注意学生的安全。如果体育课程是由任课教师担任的话，班主任应该有义务提供学生的健康记录，或是需要注意的事项（例如，某学生有心脏病不适宜跑步），作为体育教师教学时的参考。

5. 艺术及手工类课程进行

除了体育课的进行容易发生意外事件之外，艺术及手工类课程的教学也会因为使用各种器材而导致危险事件的发生。例如，使用美工刀的课程就必须随时提醒学生注意工具使用的安全，不可以过于粗心大意；上工艺课程时会使用各种刀具，应该随时提醒学生注意安全，不可以随意嬉戏。

（四）地的警讯

1. 厕所

厕所虽是学生每日生活必需场所，然而厕所是校园危机事件发生最频繁的地点，学校应该在厕所装置各种使用安全告示，可能的话，应该在厕所里装置安全警铃，以供意外事件发生时之用。

2. 地下室

学校的地下室如果年久失修或是废弃不用，学校应该上锁或是加以封闭，以避免学生无意中擅入而发生意外事件。学生也有可能会将学校地下室作为犯罪的场所，或作为恐吓同侪、欺侮同侪的场所。

3. 楼梯间

一般学校的大楼建筑，在楼梯间都会设置安全措施，预防学生在楼梯间发生意外事件。例如，在楼梯间应该设置消防安全绳索，将各种意外事件加以阻绝。对于学校楼梯间的各种装置，学校应该定期检查并填写检查单，要求相关人员随时检视学校设施的安全性。

4. 屋顶

学校楼梯往屋顶的通道应该设置安全门并且上锁，避免学生下课时因好奇或上屋顶而发生意外事件。在楼梯往屋顶的通道上，应该设立禁上标志，严禁学校人员与学生进入。

5. 活动中心

学校活动中心是意外发生频繁的场所之一，尤其是活动中心通常会摆设各种活动器材，如果学校在活动器材的管理方面不够妥善的话，就容易在活动中心发生意外事件。因此，有关学校活动中心的使用注意事项，应该贴在活动中心适当的位置上，提醒全校师生注意。

6. 专科教室

专科教室通常会摆设各种教学器材，例如各种实验仪器或实验药品，因此学校在专科教室的管理方面必须特别用心，以避免师生意外事件的发生。专科教室平日应该上锁并请专人管理，如上课需要时再向保管者商借锁匙，使用完毕之后回复原位。

7. 偏僻地点

通常学校偏僻的地方，教师应该随时提醒学生注意安全。郊区的学校通常校区比较宽广，偏僻地点比较多，学校针对比较偏僻的校区应该作妥善的规划运用。例如，将其规划成为花草欣赏区或蔬菜栽植区，尽量不要因荒废而形成学校危险地带。

(五) 物的警讯

1. 建筑物老旧问题

对于学校建筑物应该建立检查制度，针对每一栋建筑物应该建立定期检查修缮制度，指定专人或相关的建筑师做定期的维修检查。在重大的天然灾害之后，更应该进行结构体的安全检视工作，避免因建筑物老旧而突然酿成意外事件。

2. 游戏器具失修

学校应对游戏器材进行定期检修并追踪考核，在各个游戏器材旁边应该加装检修记录表，校长也应该责成负责人员进行定期的检查工作，以维护学生使用上的安全。如果游戏器材本身有问题的话，就应该在器材旁边设立警告标志，禁止学生使用,以免酿成意外事件。

3. 废弃物未即时处理

一般学校教学用的废弃物或是废水,应该立即处理,不可有所延宕,以免形成学校的危机事件。例如,学校实验室使用的实验废弃物或废弃污水等,都必须在教学结束之后立即进行专业处理,以免形成校园危机事件。

(六) 领导的警讯

1. 师生关系问题

师生关系的经营应该保持密切的专业关系,如果师生之间未保持良好的互动,容易形成校园的另一种危机。例如,相关的研究指出,教师与家长之间的冲突往往来自教师与学生关系不好,学生回家之后恶意评论教师或渲染教师在班级的教学行为,引起家长与教师间的误会。

2. 校长领导问题

校长在学校的领导风格,影响学校组织气氛与教师同侪之间的关系。如果校长过于威权的话,容易形成行政人员与教师之间的对立关系,进而产生彼此之间的不信任问题。

3. 非正式组织问题

学校非正式组织的运作,如果未能有效掌握的话,就可能会造成校园危机。例如,学校同仁之间如果成立"互助会",但未能有效地运作或掌握的话,倒会事件就容易影响学校的校誉,造成行政运作方面的困扰。

4. 压力管理问题

通常压力管理指的是教师本身的压力管理,如果教师本身在心理卫生与情绪管理方面出问题的话,容易在执行专业时因个人情绪问题而形成校园危机。例如,脾气暴躁的教师因管教学生问题而不当体罚,训导人员因为学生常规问题而采取集体惩罚方式等,都容易形成校园危机事件。

5. 各种个人因素

除了上述的问题之外,各种个人因素也是导致校园危机的主要症结。学校行政主管和教师应该针对各种影响校园危机的潜在因素,作有效的掌握并加以应对,才能将校园危机发生的概率降至最低,将其对学校的影响减至最小。

五、校园危机发生时的运作

校园危机发生时的运作，应该包括危机情境的侦测、危机资源管理系统的运用以及危险情境的沟通，这样才能在危机发生时，做好危机处理与管理工作。

(一) 侦测危机的情境

校园危机的管理通常是学校人员对危机情境的侦测，如果没有做好基础的管理工作，就会导致危机不断扩大，进而影响学校的运作。因此，学校行政领导人员及教师皆应该对校园危机的侦测具有相当的警觉性，平时做好各种危机管理，才能避免校园危机的发生。

(二) 运用危机资源管理系统

学校除了拟定校园危机管理计划之外，也应该建立各种学校危机资源管理系统，作为危机发生时处理之用。例如，社区的各种可运用资源，社区各个机构的联络电话、系统等，都应该做好事前的管理，这样，在校园危机发生时，才能有效运用各种校园危机管理系统。

(三) 沟通危险情境

校园危险情境的沟通是相当重要的，如果危险情境缺乏沟通的话，学校危机发生的概率相对地就会提高。例如，学校校园中如果有池塘的，就必须在周遭设立警告牌；校园中有种植高大椰子树的，在椰子成熟的季节里就必须设立警示牌，以免因为果实掉落而发生意外事件。

(四) 具体做法

校园危机的处理在具体做法方面，学校与教师必须沟通各种危机处理的有效策略与应对方法，学校平日应该针对可能发生的危机作各种处理。

1. 确定组员及联络电话

学校应该将全体教职员工,采用任务编组的方式,建立危机处理小组联络渠道。一旦学校发生危机的话,每个小组成员应该可以随时提供自己所拥有的资源,协助学校降低危机对学校的影响。此外,教师也应该将班级学生进行安全与任务编组,让每个学生都可以随时和自己的成员联络,如果发生各种危机或需要协助的话,就将自己的需要提出来。

2. 建立巡逻网

学校应该将校园进行安全区域的划分,并且建立安全巡逻网,请学校教职员工定点定时巡逻。例如,对学校比较偏僻的地点,如学校厕所或地下室等都需要进行安全性的巡逻。此外,学校应该提醒学生避免到校园的偏僻地点。

3. 建立电话联络网

学校行政人员应该针对校园安全建立电话联络网,并且让每个教师或学生能随时携带"电话联络卡",如果有需要的话,可以随时打电话联系。教师在班级生活中应该将学生家长的电话做成电话联络网,可以让学生随时和家长联络。

4. 选择召集组员的危机信号

学校在校园安全小组的编组方面,应该针对每个同仁的性质进行分组,并且在每个小组成立时,选择召集组员的危机信号,让每个小组成员都可以了解信息的作用。

5. 规定组织及学校成员的工作项目

学校必须赋予校园危机小组相关的危机工作责任,尤其每一个小组成员必须熟悉工作项目,一旦学校发生危机事件,就应该能马上提供各种资源。

6. 详列校长及危机管理小组代理人

除了组织及学校成员的工作项目之外,学校应该在校园危机管理计划中,详列校长及危机管理小组代理人。如果校园危机发生时校长不在校内的话,小组代理人可以马上处理校园的危机事件。

7. 列出了解急救与 CPR 的成员名单

一般而言,校园意外事件的发生,大部分和学生安全有密切的关系。因此,学校应该实施各种校园急救训练,例如 CPR(心肺复苏术)、紧急包扎等各种安全急救常识,如此才能在意外事件发生时立即提供各种简要的医学常识,降低校园安全事件对师生的影响。

8. 列出学校危机装备的内容与地点

学校除了将校园比较偏僻的地点或场所作各种安全警示之外,也应该将学校危机装备的内容与地点列出来,并且将这些资料提供给学校每一位成员,让其在危机发生时,可以了解各种装备的设置地点,并且妥善运用于危机处理。

9. 确定学校附近位置以作为危机来临时的避难方向与位置

除了将学校危机装备(例如灭火器)公布之外,也应该对学校附近的地点开展确认的工作。如果危机来临时可以作为避难之用,学校师生不必过于慌张,可以就近运用学校附近地点作为避难之处。

10. 建立学校及家长的联络名册

在校园危机发生时,如果和学生安全或健康有关的话,教师势必要马上联络家长,取得家长的同意或是谅解。因此,教师必须将班级所有家长的通讯电话作整理,要求家长必须提供至少三个以上可联系的电话,这样就可以知道在无法联络到家长时还可以联络哪些人,才不至于在校园危机发生时因无法联络家长而错失黄金时间。

11. 列出有助于解决危机的重要利害关系者名单

学校除了将危机小组成员公布之外,应该列出有助于解决危机的重要利害关系者名单作为参考。例如,社区家长的医疗诊所、社区消防队的电话等,作为校园危机发生时的参考。

六、校园危机解决后的运作

校园危机解决之后,学校必须针对危机发生的各种特性召开危机处理检讨会,针对学校危机处理计划进行检讨与修正。

(一) 评估危机管理计划与处理

首先在危机管理计划方面,学校必须召开危机处理检讨会,彻底检讨危机发生的原因、学校人员对危机管理的处理态度,并且作各种危机管理计划与处理的修正,作为日后学校危机发生时的参考。

(二) 复原及追踪辅导

在校园危机处理完成与解决后,应该针对校园危机管理计划作复原及追踪辅导工作,了解校园复原情形以及后续危机管理的追踪。如果在危机处理之后可能爆发各种后遗症的话,就必须定期召开危机处理会议,杜绝可能产生的影响。

(三) 修正及学习成长

在修正及学习成长方面,学校必须针对危机发生的各种状况,提供学校师生学习与成长的机会,作为日后处理校园危机的参考。

(四) 具体做法

1. 以诚实的态度提供重要且正确的信息

在校园危机发生时,学校必须通过"新闻发言人"以诚实的态度提供正确且重要的信息,让全校相关人员(stakeholder)都能了解校园危机的特性、影响以及可能产生的后遗症。学校应该尽量避免虚与委蛇的态度,以免师生因对校园危机不了解而产生过度惊慌。

2. 对于不实谣言应尽快予以驳斥

校园危机发生时,针对不实的谣言应该给予驳斥,避免因为大家捕风捉影、过度恐慌或不了解而酿成学校更大的伤害。尤其在新闻媒体采访时,应该针对危机的性质提供正确的信息,以免媒体记者凭个人的想象杜撰,影响学校平日的声誉。

3. 尽快针对危机可能引发的不良后果加以消除

校园危机发生时,学校人员如何针对危机可能引发的不良后果加以消除,是一件相当重要的工作。如果学校无法在第一时间降低危机可能引发的后遗症,则校园危机容易扩大而对学校造成更严重的伤害。

4. 对学校的施政表达高度信心

学校教师与学生应该对学校施政或行政运作表达高度的信心,不可以做出有碍学校声誉的事件,尤其师生对学校的行政应该随时给予关怀,了解学校行政运作情形,以免在校园危机发生时,无法在第一时间提供学校正确的信息,或是将校园危机的影响降到最低。

5. 定期主动邀集新闻媒体参与制作简报或召开记者会

学校在平时应该定期主动邀请新闻媒体参与制作学校的各种简报,或是在固定时间召开记者会,让媒体了解学校的施政方针、学校在各方面的改变,以利记者在报道校园事件时能作平衡的报道。

6. 危机时间加长时,可多派一位负责相关事宜的人员

通常危机的发生具有不可确定性、快速性,学校很难在危机发生前给予有效的遏止,通常是危机发生时才进行紧急处理。因此,如果危机时间加长的话,学校应该多派一位负责相关事宜的人员,随时掌握危机的演变情形,以便更有效地掌控危机。

7. 需对采访记者身份加以确认

一般而言,校园危机发生后,在新闻发布时,应该由学校新闻发言人负责发布相关的信息,但学校也应该对采访记者身份加以确认,以避免不必要的纠纷发生,进而影响学校的行政运作,造成学校的困扰。

8. 避免谈论可能对学校运作产生负面影响的话题

校园危机发生时,不管事情严重与否、紧急或轻缓,学校同仁应该避免谈论可能对学校运作产生负面影响的话题。例如,学校如果发生火警的话,应该由校园危机处理小组统一发布信息,并且商请消防单位协助,由学校负责部门与人员向消防单位作救灾方面的简报。

9. 避免以煽动语气或言词回答媒体的话题

校园危机发生时,由于时间上相当紧急,因此学校应该针对校园危机性质作简要的说明,让学校相关人员可以在第一时间取得信息,避免以煽动语气或言词回答媒体的话题,才不至于让新闻从业人员有更多想象的空间,影响学校声誉及危机处理的进度。

七、教师班级危机管理要项

(一) 校园危机处理要项

1. 通知学生校园危险地区

教师在班级生活中,应该随时提醒学生校园有哪些危险地区,不可以随便进入,以免发生意外事件。尤其是学校比较偏僻的区域,如地下室、楼梯间、厕所、实

验教室、施工地点等,应该在班级生活中随时提醒学生,让学生对学校危险区域有所警觉,以免发生意外事件。

2. 了解校园危机处理政策

教师应该了解学校所拟定的校园危机处理政策,并且在班级生活中配合学校的各种危机处理计划,提供学生各种危机处理的相关信息。如果发生校园危机的话,也应该全力配合学校执行校园危机处理政策。

3. 配合学校危机政策

班级生活常规的要求以及学生各种班级生活的训练,必须配合学校危机政策,降低学校危机发生的概率。例如,教师的教学时间应该配合学校上下课作息,不可以擅自更改学生休息时间,导致校园意外事件的发生。如果上体育课,应该在场地和各种器材的使用上多花心力作双重的检核,以免因学校设备老旧或年久失修而酿成学生意外事件。

4. 宣布学校危机处理政策

对于学校在平时所制定的危机政策,教师必须在班级生活中让学生了解,并且随时提醒学生应该注意的事项,养成正确的应对方式,将学校危机管理政策或内容中与学生有关的部分作详细的说明,并且引导学生了解危机可能发生的时间、地点、人、事、物等。

5. 宣传校园危机政策

校园危机政策的宣传对降低校园危机而言,是相当重要的一环。学校教师如果在班级经营中,随时让学生了解学校的危机政策,并且培养学生危机处理的正确方法,让学生有机会进行危机处理,那么在危机发生时,自然可以通过旧经验加以应对。

(二) 班级危机处理要项

1. 建立家长紧急联络网

教师在接手新班级时,应该运用各种渠道和家长保持密切的联系,并且要求家长至少提供三个紧急联络电话号码,可以让教师随时联络家长。如果有紧急事件要联系时,可以随时联系,避免因家长联络不上而错失黄金时间。教师应该将家长紧急联络电话建档并且随时携带,在学期中应该保持密切的联系;并且向家长沟通学校的各种政策,让家长了解孩子在学校的学习生活情形。

2. 上课时间的安全措施

在班级生活中，上课时间的安全措施是相当重要的。例如，教师在上课时间应该将教室的前后门上锁，以预防外来意外事件的发生；中午午睡时间应该将重要门窗关好，只留气窗以避免陌生人突然闯入；上课时间如果学生临时要上厕所的话，应该请班上同学同行，以防意外事件发生，教师本身也应该关心学生上厕所的安全事宜。

3. 运用小老师制度

教师在班级生活中，应该针对班级事务建立小老师制度，协助教师处理各种班级事务，包括校园危机处理工作的协助。教师可以将班级学生依据各种特性，以分组方式建立安全小组，并且设定安全小老师，协助各种生活安全的指导工作。此外，小老师应该担任小组成员安全方面的汇报与监督工作，随时提供教师班级学生的安全情形以及各种信息。

4. 采用自治干部责任制

班级学生自治干部的运用，对班级危机管理是相当重要的。教师应该在班级生活中，妥善运用班级自治干部，并且建立自治干部责任制，赋予干部危机管理方面的责任，以协助教师在班级危机管理方面的任务。

5. 培养学生危机与安全意识

教师在班级生活中，应该通过各种生活课程提供并培养学生危机与安全方面的意识，让学生了解班级危机存在的可能性，作为提高危机意识的参考。

6. 班级设备安全处理原则

教师在班级生活中，必须在平日重视班级设备的安全。如果设备本身有危险性，教师必须提醒学生，并作设备方面的安全区隔，避免学生在班级生活中因嬉戏或不当使用导致危险发生，甚而影响人身的安全。

7. 正确的作息时间

教师在班级生活中，应该遵守学校的作息时间，并且提醒学生作息本身所代表的意义。在平日的生活作息中必须随时提高警觉，尤其是有危险性的时间、地点、设备、人物等。

8. 了解班级危机可能发生的事件

班级或校园危机案例的提供，对班级学生危机的预防与处置是相当重要的。教师应该随时将班级或校园可能发生的危机案例作为教材，向学生说明班级可能发生的危机,并通过活动设计形成旧经验,让学生可以在模拟的情境中练习处理班级或校园危机。

9. 提供学校危机处理的重要政策说明

对于学校危机处理的重要政策,教师应该在班级生活中随时提醒学生。将学校的危机政策做成书面资料或各种宣传海报,在班级生活中随时通过各种形式提醒学生,确保学生对校园危机的政策有深入的了解。

10. 危机处理的课程演练

危机处理的课程演练对一般危机处理是相当重要的,如果师生缺乏对危机的处理经验,容易在校园危机发生时乱成一团,导致校园危机的影响扩大。教师可以运用各种班级生活课程,或是在相关的课程中设计危机处理的课程演练,让学生从活动的进行中形成对危机的深刻认识,并且熟练危机处理的技巧。

■————————————————— **教育箴言录** —————————————————■

校园危机处理

- 平时应重视师生双向沟通并掌握学生的动态。
- 加强道德教育、情商教育,以及培育正确的自我观念。
- 加强校园安全警戒及防护措施。

———————————————————— ■ ————————————————————

本章讨论问题

一、请说明校园危机的成因有哪些。

二、请分析学校中的利害关系。

三、请说明校园危机的特性有哪些。

四、请叙述如何感应校园危机的警讯。

五、请简要说明校园危机发生时的运作程序。

六、请说明校园危机解决后的运作程序。

七、请说明教师班级危机管理要项有哪些。

第十三章
班级例行公事处理策略

本章针对班级生活中的各项例行公事,提供实务与处理策略方面的分析,让教师可以在处理例行公事时得心应手,不至于因为手忙脚乱而影响班级事务的处理。

一、每日例行公事

(一) 打扫

1. 分派值日生及指定班级各项工作

7:30—8:00 为各班打扫教室及外公共区域时间。教师应该拟定班级清扫计划以及工作分配表,落实责任制。

2. 早上及下午各一次

视学校而定,有些学校只有下午课间 15 分钟为打扫时间;有些学校则上午和下午都有课间 15 分钟的打扫时间。如果只有半天课(如星期三),则会在上午课间时间进行第二次打扫。

(二) 早自修、晨光活动

1. 点名

每日的早自修时间或第一节课,由班干部清点学生人数,如果有学生缺席,请副班长打电话到学生家中询问。有些学生有迟到的习惯,可于第一节后再打电话;若是特殊情况,则由老师打电话处理,并请负责的班干部在记录本上面登记联络情形。

2. 教师自由运作

(1) 早自修时间,教师能自由运用,可让学生读经及做护眼操(护眼操由一位学生开学时到保健室接受训练,再回班上教每位同学)。教师也可让学生阅读课外读物,写读后心得。

(2) 每日的最后一节课让学生将联络簿写好,请小组长检查,教师等隔天再检查;若发现学生有投机行为(先写上,回家再擦掉),则罚写 10 遍。但大部分教师于每日放学后,将隔日的联络簿内容写在黑板上,隔天学生一早到校后就将联络簿写好(此种方法可让早来的学生有事情做,不至于吵闹),利用下课时间请小组长检查,小组长检查完后盖章,再由教师复查。通常教师要在家长签名之前批阅联络簿,以确定学生抄写的完整性。

(3) 因为有些小朋友回家先玩,然后把写作业的时间拖到很晚,这使家长误会教师派的作业太多,所以有些教师让小朋友在早自修时间写生字新词。但是台湾地区的教育主管部门已于 1999 年废除早自修,所以早自修时间不宜派作业给小朋友写。

3. 义工妈妈时间

教师可以请家长轮流在晨光时间设计各种学习活动(例如,读经时间、故事时间、生活家事时间),让学生学习课外事务。

(三) 上课

按课程表上课。导师一周共有二十二堂课;任课教师上课时,导师多半在休息室批改作业。

（四）午餐

教师与学生在教室共进午餐。在值日生制度之外，另外排"午餐班"，负责抬饭菜、打饭等工作。午餐时间可以在教室设置小小广播员，请学生将自己最喜欢的 CD 或录音带，利用午餐时间播放，以增加用餐的气氛。

（五）午休

1. 不完全强迫午睡（但应该请学生安静）。

2. 导师可自由利用。

午休时间，不强迫学生午休，学生可安静地做其他事，但不可随意走动。学生可以自行运用午休时间。

（六）整队放学

放学时间，由教师整队带出去。有些学校的放学时间，让各班在走廊上集合降旗，再由教师带队放学。具体视各校情况而定。大多数的学校都会排路队，把家住得近、走同一条路的学生集合成一路队。

（七）其他例行公事

1. 升旗、降旗

按学校规定，例如，部分小学是每星期一、五的早自修，中、高年级升旗，低年级不升旗；部分小学是每星期一的早自修，全校轮流升旗；部分小学则是每星期二，全校各年级一起升旗，但没有全校一起降旗。

2. 教师进修、研习

大部分在星期三下午进行全体教师研习。

3. 社团时间

有些学校会利用星期三的晨光时间实施各种社团活动。

4. 教师开会

大部分利用晨光时间，例如，高雄市的某小学是星期二、四早自修时间教师开会，导师不在，请学生或家长带读经；新北市的某小学是星期二早自修时间教师开会，导师不在，请学生自行阅读并写心得。

班级例行公事范例

时　间	例　行　公　事
7:30	小朋友、导师到校
7:30—8:00	扫地
8:00—8:40	晨间活动(20分钟)→写生字新词、复习功课 导师时间(20分钟)→抄、改联络簿,教师爱的叮咛 (星期二早上本时段为升旗时间)
8:50—9:30	第一节
9:40—10:20	第二节
10:30—11:10	第三节
11:20—12:00	第四节
12:00—12:40	营养午餐(导师与小朋友一起在教室用餐)
12:40—13:20	午休(导师可自由利用) ① 请部分训练过的小朋友帮忙改作业 ② 没写或缺交作业者,站在窗台旁边写完作业 ③ 不睡觉的小朋友可以自由选择在图书角看书 ④ 其他小朋友睡觉
13:30—14:10	第五节
14:20—15:00	第六节
15:00—15:20	打扫
15:20—16:00	第七节
放学	

注: 低年级——星期二整天,其余半天。
　　中年级——星期一、二、四整天,星期三、五半天。
　　高年级——星期三半天,其余整天。

二、班级安全检查

　　教师在班级生活中,针对学生进行各项安全检查工作是相当重要的。尤其学生是否携带违禁品到学校,如果教师未经查禁而酿成班级意外事件的话,是相当麻烦的。在班级安全检查方面,通常可以区分成学生方面、硬件方面与检查技巧方面。

(一) 学生方面

教师在班级生活中,应该定期对学生实施安全教育,提供各种社会意外事件作为案例,让学生从经验中学习与成长。在学生方面的安全检查,教师可以考虑下列要项:

1. 列出违禁品供参考

教师在班级生活中,应该将各种违禁品以图画的方式列出,供学生参考,让学生了解哪些东西、物品是学校的违禁品,不可以随意携带至学校,以免造成不良后果。如果教师可以将各种违禁品事先在教室公布栏公告,让学生了解违禁品的项目,在后续实施安全检查时,学生就不至于产生不必要的反弹;或因此形成师生之间的冲突,导致学生对学校产生不满。

2. 实施不定期检查

教师在实施安全检查时,应该采取不定期检查的方式。比较理想的方式是教师在拟定学年或学期计划时,就将安全检查列入重点工作。此外,教师也应该利用各种机会向家长说明各种违禁品的项目,以及学校实施安全检查的必要性,让家长理解学校的做法,并配合学校的各项规定,在家庭教育中与学校同步实施。

3. 鼓励学生自己坦白

教师在实施安全检查之前,可以再将违禁品的图文呈现说明,请学生仔细想想自己是否无意中带违禁品到学校了;如果有的话,可以"自首无罪",给学生一个坦白的机会。

4. 查获的处理

如果实施安全检查之后查获学生的违禁品,教师应该先了解原因,再决定处理的程序。如果情节严重的话,应该陈报学校行政单位,并电请家长会同处理。

5. 列册管制与处理

安全检查实施之后,如果查获违禁品的话,教师应该将学生的违禁品列册管理,或是交由学校处理,不可以将各种违禁品私下处理,以免造成家长与学生对教师的不良反应。

(二) 硬件方面

教室中除了学生的安全检查之外,教师也应该针对班级硬件设施进行定期的检查。例如,教室的门窗是否安全牢靠、教室的铁窗是否年久失修、教室的灯具是否安全无虞、教室的各种插座开关是否漏电、教室的桌椅是否用久松脱等,都需要教师实施定期检查,以避免意外事件的发生。

(三) 检查技巧方面

1. 熟悉法令的规定

在安全检查实施技巧方面,教师应该熟悉相关的法令规定,避免在检查过程中因无心而触法。例如,现行的法令规定教师不得随意搜学生的书包,教师不得随意侵占学生的东西等。

2. 顾及学生的自尊心

在安全检查时,教师应该给予学生适度的尊重。例如小学高年级以上的学生,部分已经进入青春期,教师可以请学生先将个人的卫生用品放进抽屉,以避免产生不必要的尴尬。如果查获色情书刊的话,教师应该低调处理,不可在公开场合喧嚷,以免学生被同学嘲笑。

3. 提供解释的机会

教师如果发现学生携带违禁品的话,应该针对物品的性质给学生提供解释说明的机会。如果是首次查获的话,应该给予学生改进的机会;如果是累犯的话,就实施该有的惩罚。

三、学生人数的掌握

在班级生活中,有关学生人数的掌握以及学生个人问题的处理,教师必须运用各种策略与方法,才能有效地加以处理。

(一) 出席人数掌握

1. 落实干部责任制

教师每天踏进教室的第一件事就是要掌握学生人数,如果教师在一天开始无法有效掌握学生人数的话,班级经营就容易出意外事件。在学生人数的掌握方面,教师可以落实班级干部责任制,请班级干部做好人数的掌握工作。

2. 采用简报方式处理

教师可以在班级中运用自治干部掌握学生的各种动态,以便协助教师进行班级事务的管理。例如,每天早上请班长清点学生人数,如果有学生在上学时间未到校,就请班长负责打电话到学生家里了解情况,并且形成记录禀报教师;学习委员负责清点学生的回家作业上交情形,如果有未完成的同学,就请指派班级小老师进行同侪学习辅导。

3. 运用出席人数登录表

教师应该在班级设计学生出席人数登录表,并请班长或副班长负责在登录表上记录当天学生出席情形。教师可以通过出席人数登录表掌握学生的出席状况,并且了解学生的缺席情形,从而能够立即掌握学生的动态。

(二) 学生生病或受伤处理

学生在学校生病或受伤是相当频繁的事,教师遇到此类事件时,必须谨慎且有步骤地处理,否则很容易因为教师粗心或疏忽而引起与家长的重大纠纷。

1. 建立学生基本健康资料表

教师在接新班级时,应该建立全班学生基本健康资料表,请家长提供学生成长的相关资料。学生基本健康资料表中应该至少包括:(1)提供家长三个可以紧急联络的电话;(2)提供学生成长过程中的重要疾病记录;(3)学生曾经患过的哪些重要疾病需要教师了解(例如心脏病);(4)学生生病时如果需要送医的话,家长要求送哪些特定医院;(5)提供学生重要就医记录及相关资料;(6)提供学生对哪些激烈活动需要避免等资料,作为教师在班级生活中的参考。

2. 时间第一、安全为上

教师在处理学生生病或受伤事件时,应该掌握"时间第一、安全为上"的要领。当学生生病或受伤时,教师应该立即判断是要通知家长,还是学校医务室即可以处理。如果需要通知家长的话,应该偕同学校护理人员做短暂性处理之后,运用学生健康资料表上面所记载的资料和通讯电话,请家长立即处理。

3. 宁可大题小作,勿因小误事

教师处理学生生病或受伤事件时,千万不可以掉以轻心,应该将学生的事件随时让家长了解,提供家长协助。如果学生在学校受轻伤,也应该在联络簿上面告知家长学生在学校所发生的事,请家长进行后续的观察处理。教师应该将和家长联络的事件做成重要的班级记录,避免来日发生不必要的纠纷。

4. 务必联络家长并请健康中心支援

当学生在学校生病或受伤时,教师应该立即联络家长,让家长了解,并请家长提供处理的意见。教师在联络家长时,不管有没有联络上都需要记录,以便需要查证时提供书面资料。在学生生病或受伤时,教师应该依惯例请学校健康中心支援,因为健康中心有医疗专业人员,可以提供医疗专业方面的协助。

5. 若需送医,请校护陪同

如果学生生病或受伤需要送医的话,教师应该请健康中心医护人员支援,并且将班务处理妥当之后,随同将学生送医。在送医的同时,教师应该随时和学生家长联系,让家长可以掌握自己子女的状况。此外,学校应该和社区医疗单位建立医疗服务网关系,当学校有学生需要医疗服务时,可以随时获得社区必要的协助。最好是社区的家长本身是当医师的,学校可以和家长签订相关的合约。

(三) 收心操

学生在长假之后或是新学期开始,难免因为心情浮躁或是安逸过久而无法集中注意力学习。此时教师就需要进行类似收心操的活动,引导学生让自己沉静下来,以便慢慢集中注意力学习。教师可以考虑运用下列策略指导学生集中注意力学习:

1. 分享与讨论新学期计划

在开学前,教师可以花时间和学生讨论新学期的相关计划,例如,班级常规是否调整、班级自治干部是否更新、新学期有哪些新的计划、班级教室有哪些新的目标等。通过和学生讨论新学期新计划,可以让学生慢慢进入学习生活,同时也了解未来的学习重点,以及学科学习的要领。

2. 以短时间静坐的方式

教师也可以运用静坐的方式,在教室中播放一些比较沉静的背景音乐,请学生将眼睛闭起来,并请小组长阅读教师事先准备的文章。通过静坐与文章欣赏的方式,让学生可以安静下来,并且在欣赏文章中让心情慢慢沉静下来。

3. 请学生阅读励志的小品文

教师也可以事先安排几位小组长,阅读教师准备的小品文或励志的文章,让全班学生静静地欣赏。此外,教师也可以请学生分享假期中自己的旅行经验、难忘的经验、家居生活、过年的景象等，通过生活经验的分享，可以让学生的心情慢慢静下来。

4. 分享假期生活经验

教师也可以和学生分享自己的假期生活、宝贵的生活经验、未来对学生的期许等，通过分享可以拓展学生的视野，同时也可以让学生的心情慢慢地沉静下来。相对地，教师也可以播放一些比较具思考性的电影供学生欣赏，或是一些比较励志的电影让学生观赏。

5. 检查学习用品及各种准备事项

新学期的开始，难免有一些重要的事情要先处理。例如，学生学习用品的检查、新课本的发放、各种教科书的整理、学习新计划的拟定等，都可以利用这段时间处理。顺便让学生从开学用品的整理中慢慢地将玩的心思收起来，准备迎接新学期的开始。

四、忘记带东西

(一) 善用联络簿

教师在班级生活中，应该随时运用家庭联络簿，请学生将重要的行程或要提醒的事，随时记录在联络簿上面，提醒自己每天需要带的学习用品或是班级重要事项。

(二) 运用班级置物柜

一般学校的班级都设有学生置物柜，教师可以向学生讲解置物柜的功用，请学生将一般常用的学习用品放在置物柜中，不必每天带来带去增添麻烦。对于学生的置物柜运用，教师必须经常性地提醒，才能收到预期的效果。

(三) 班级备份

一般教室中的各种物品，教师都应准备备份，如果学生需要的话，可以随时提供备份。例如，经常有学习用品无人认领，教师可以集中放置处理，如果有学生忘记带学习用品到学校的话，就可以从教室备份中借用。

(四) 补救策略

如果学生忘记带的东西是无法立即补救的,就请学生暂时和同学共用,并在正式课程中先进行其他活动,以免影响其他同学的学习,请学生回家之后再进行补救。

五、班级清洁工作

班级清洁工作的实施是每天的例行工作,如果清洁工作做得不理想的话,容易影响学习气氛。教师在安排班级清洁工作时,应该以公平、轮流的方式实施,尽量让每一位学生都有机会分配到工作。

(一) 清洁工作分配

教师首先应该了解班级清洁工作的范围与项目,向全班学生平均分配各项负责的工作,并且定期检查学生清洁工作的执行情形,作为工作轮流的参考。

清洁工作分配表

场地	教室				音乐教室					二楼厕所			水沟		中廊		
工作内容	倒垃圾	排桌椅	擦窗户	扫拖地板	倒垃圾	排桌椅	擦窗户	扫拖地板	整理教具	刷洗厕所	整理用具	倒垃圾	清扫水沟	倒垃圾	扫地板	擦玻璃	倒垃圾
人数	1	1	4	4	1	1	4	4	3	3	1	1	3	1	1	4	1

(二) 制作工作分配旋转盘(参见下页图)

1. 将硬质材料裁成大圆半径 25 厘米、小圆半径 20 厘米的两个圆。再选择两种不同颜色的纸,一张做半径 25 厘米的大圆,一张做半径 20 厘米的小圆,并将圆平均划分成 32 等份(班级人数)后,分别以双面胶粘贴在硬质材料上。

2. 将清单上的场地及工作内容填写在大圆上。

3. 将裁好大小的纸张发给小朋友,请小朋友写上自己的座号及姓名,背面贴上双面胶后,自行粘贴于平均划分成 32 等份的小圆上的任一位置。

4. 将两圆对准圆心后，以铁钉钉在揭示板上。

5. 清洁工作分配图可以配合劳作课程实施，请学生设计各式各样的清洁工作分配图。

清洁工作分配图

（三）实施办法

1. 第一次使用时，老师可请推选出的卫生委员旋转轮值表，大圆上的工作内容与小圆上学生名字相对的即为其工作，如此即可轻松又公平地完成清洁工作分配了。

2. 每隔两周（视各班情况而定）旋转轮值表一次，可配合荣誉制度来决定下次旋转轮值表的人选。

3. 采用在硬质材料上贴纸这一做法的好处是，下次换新的班级或新的清洁工作时，只要换新的纸即可，可谓一劳永逸。

六、假期作业指导

对于学生假期的作业设计，教师应该运用创意且动态的作业方式，让学生的假期生活过得多姿多彩，而且充满学习乐趣。

(一) 展览布置

教师在假期作业的指定方面，可以事先和学生讨论内容的呈现，让学生可以运用假期搜集资料或是完成个人作品，在开学初期以展览方式将学生的作品编辑展出，并请全校师生共同参观，提供学生作品发表与欣赏的机会。

(二) 主题发表

教师可以指导学生在假期进行专题研究，在日常生活的经验中挑选一些有趣而且具有学习价值的主题，进行资料的搜集、分析、讨论、分享等。在开学初期，可以通过各种专题发表的方式，在学校特定的展出场所发表，或是运用教室的空间提供展览，让全校师生可以分享假期生活经验。

(三) 分享园地

假期生活经验的分享，可以提供师生各种丰富的生活经验学习，通过了解他人的假期生活作为未来安排假期生活的参考。学生也可以了解别人的假期作哪些安排，拥有哪些有趣的经验。此外，可以从分享园地的展览中看出学生各式各样的假期生活，教师也可从中了解学生的假期生活。

(四) 专区发表

专区发表是教师事先和学生或家长讨论主题、内容以及未来呈现的方式，然后拟定相关的主题、经验，请学生在假期中集合社区的资源、家长的指导，搜集各种生活的经验，形成学生的作品，通过专区发表的方式展现出来。例如，生活中的食、衣、住、行、育、乐等方面的信息，可以请学生通过小组或个人的方式，统整相关的资料以提供给其他同学作参考。

(五) 优秀作品

此外,教师可以将学生各方面的优秀作品,经过整理编辑后在学校公开场所展出,一来鼓励学生认真做作业,二来可以丰富学生的生活经验。学生的优秀作品不局限于艺术与人文方面的作品,举凡童诗、短文、长篇小说、绘画等,都可以参加展出。如果学生作品数量过多的话,教师可以考虑以每人一件的方式处理。原则上每位学生都可以参展,以提供学生一个正式发表的机会。

七、学生的转学问题

学生转学是教师在学期中常会遇到的现象,需要教师在各方面给予协助。

通常转学的学生,多半是因为家庭因素而需要转学。例如,搬家、父母离异、家庭经济因素等。教师在接获学生需要转学的信息时,应该尽量劝家长不要在学期中转学,以免影响学生的学习进度,或是影响学生适应问题等。

(一) 资料移转方面

学生转学时,教师应该将学生的重要资料,如学籍记录表、辅导资料表、训辅资料等填写完整,以保密且用挂号的方式寄达转学的学校。切记不可以让家长携带到当地学校报到,以免因为家长好奇偷窥资料而引起不必要的争执。

(二) 提供详细的观察记录

学生需要转学时,教师应该将平日对学生的观察记录,包括学生的日常生活表现、在各学科的学习情形,提供给新教师,让教师可以通过资料的阅读,很快地认识学生,并了解学生需要哪些专业方面的协助。

(三) 协助适应新环境

通常转学生会面临环境适应、学习适应、生活适应等方面的问题,需要教师给予各方面的协助。教师可以在学生转学时,提供未来转学新学校的简介,让学生可以事先对新环境有些许的认知。

(四) 写一封感谢书函

教师可以在学生转学时,写一封感谢或委托信函给新任教师,内文包括对该学生平日表现的描述、教师对该学生好的印象,以及该学生需要哪些专业方面的协助,并感谢新任教师对该学生的接纳,同时留下自己的联络方式,作为日后联络之用。

八、作业提交问题

学生作业的提交是教师每日应该面对的例行公事,教师可以依据班级学生的特性,设计一份班级作业提交的表格与程序,请班级学习委员协助教师处理作业提交问题。教师可以从学生作业提交的过程中,了解学生的责任感与荣誉感。

(一) 统计作业提交情形

教师每天应该请学习委员了解学生作业提交情形,并运用作业提交统计表(参见下表),将学生交作业的情形进行统计,作为教师的参考。学习委员应该将每日作业统计表送给教师参考,缺交作业的学生由教师进行个别提醒;如果多次缺交的话,则以书面方式通知家长处理。

作业提交统计表

座号	表现	座号	表现	座号	表现
1	C11	11		21	
2		12		22	
3		13		23	
4		14		24	
5	C1M3	15		25	

（续表）

座号	表现	座号	表现	座号	表现
6		16		26	
7		17		27	
8		18		28	
9		19		29	
10		20		30	

（二）落实小老师检查制度

学生当天提交的作业，教师可以请小组长先进行初步的检查，将内文有错字的或是需要调整的部分，运用同侪学习辅导的方式，请小老师指导该同学进行适当的修改。如此一来，教师可以在批改作业上面减少相当多的时间。

（三）立即处理制度

如果小组长发现同学未提交作业或是作业没有写，可以基于职责，辅导同学抓紧时间完成作业，等作业完成之后再交上来。如果学生的作业是需要指导的，可以请小组的小老师进行作业指导。

九、接新班级的处理

教师接手新班级时，应该先将各种前置工作做好，让学生和家长对教师的教学产生信心，尤其是对学生家庭背景的了解，以及和家长的沟通。在接新班级的处理方面，可分成新生训练和老生训练。

（一）新生训练方面

1. 准备工作

在新生训练方面，教师的事前准备包括：（1）先将教室进行温馨的布置，降低学生对新环境的恐惧感，同时也可以增加对学习的兴趣；（2）事先将学生的座位表规划好,将学生的座位表公布在教室前面,让学生可以很快地找到自己的座位;(3)规划新生入学当天的流程,尤其是新生入学当天的活动流程表;(4)将学校的位置图公布在教室前,让新生和家长可以很快地认识学校的环境,不至于因为陌生而迷失。

2. 教师本身方面

教师在新生训练当天,应该尽量梳洗干净并穿戴整齐,带着愉快的笑容进教室,给学生和家长一个好印象。此外,当天应该尽量早些到学校,避免让早到的家长久等。教师在家长就坐之后,将各种事先准备好的资料发给家长,并请家长填写学生基本资料,同时将各种家长须知及需要和学校配合之处,一一告知家长,让家长了解。

3. 资料提供方面

新生训练当天,教师应该提供的资料包括:新生训练流程表、教师班级经营理念与计划书、家长应该配合的要项、家长和教师联络的方式、辅导家长如何协助子女正常的学习衔接(由幼儿园至小学)、每个月亲师座谈的时间、学校需要家长配合之处等。

4. 活动进行方面

新生入学当天,教师在活动的进行方面,通常包括运用活泼的方式进行自我介绍、指导学生认识新朋友、配合各种熟悉的音乐做律动、进行师生之间心灵的对话以缩短彼此之间的距离、引导学生认识校园的环境、进行基本生活常规的讲解训练等。

(二) 老生训练方面

教师如果面对的是学校新班级老生的话,可以考虑运用新生入学的方式,实施生活方面的训练。在老生训练方面,包括认识校园环境,介绍新课程及新的任课教师,了解班级重要的规定和措施,填写各种资料表,准备各种学习用书和学习用品,为学生布置一个温馨的学习环境。

十、学生收费问题

学生收费问题是教师在班级经营中需要谨慎处理的重要项目,教师在学生收费方面,应该注意下列收费原则。

(一)尽量不收费原则

学校生活中的各项费用,原则上都需要经过学校统筹办理,教师尽量不要额外收费,以避免家长和外界不必要的误解。如果班级运作需要收费的话,教师应该经学生家长讨论或学生班会讨论通过后才可以收费。

(二)需经过家长同意

班级任何一项属于个别的收费,都需要班级家长会正式通过才可以收费。如果没有家长同意的话,教师尽量不要额外收费。属于紧急性收费的话,教师应该经过班亲会主席的同意并且联络相关的家长。

(三)亲、师、生共同理财原则

教师如果收班费的话,在金钱的管理方面应该尽量以亲、师、生共同管理为原则。如果需要运用班费的话,教师应该和家长或学生讨论之后,才可以动用班费。

(四)教师以不管钱为原则

基本上教师以不管钱财为原则,如果班费数目过于庞大的话(例如,有家长捐赠),教师可以用班级的名义在金融机构开立账户,将费用存进去,或由班级家长、学生负责管理钱财。

(五)期末征信原则

在学期末应该将所有的账目公开,让班级相关人员了解班费的运用情形。在学期末应该以征信的方式公告,以避免不必要的质疑或纠纷。

班费的缴交应该以公正、公开为原则,教师可以运用班费管理作为学生的机会教育,让学生学习金钱的管理,熟悉金钱管理的重要程序。如果班费的数目过大的话,教师可以通过家长会成员负责管理班费,并且在适当的时机公布班费的使用情形以及剩余的状况,避免因为钱财管理不当而引起教师与家长、学生不必要的误解。

十一、补救教学的实施

在班级教学实施中,学生因为家庭背景、文化刺激、学习参与等,在学习成果方面难以达到一般的精熟度,需要教师给予特别的补救教学,才能提升学生的学习成就。

(一) 了解学习落后的原因

教师在实施补救教学前,应该先了解学生学习落后的原因,针对学生学习落后的原因,给予专业方面的指导。通过对学习落后原因的了解,教师才能拟定补救教学的有效策略,并且依据对学习落后的了解,才能实施具体有效的补救教学。

(二) 诊断学习,实施补救教学

对需要补救教学学生学习的了解,对学习的提升是相当重要的。教师通过学习的诊断,才能了解学生在学科方面的学习情形以及学习程度。如此,才能针对学习情形进行补救教学。例如,如果五年级学生的数学程度停留在三年级下学期的话,教师就必须从三年级的数学开始进行补救教学。

(三) 有效地运用人力资源

教师在班级实施补救教学时,应该有效地运用人力资源,才能达到预期的效果,并且不影响教师的教学活动。人力资源的运用方面包括教师本身、学生小老师、爱心家长、社区人士的运用等。

(四) 安排补救教学的时间

实施补救教学时间的安排,教师可以运用各种课余时间,例如,利用中午午休时间、团体活动时间、课余时间进行补救教学。如果需要在放学之后留下来进行补救教学的话,必须事先征求家长的同意,才可以实施补救教学。

(五) 拟定适当的评估标准

教师在班级实施补救教学时,应该依据学生在学习方面的情形,拟定补救教学措施,并且在学习评估标准方面,考虑降低对学生的要求。通常需要补救教学的学生,学习成就是比较低的。因此,教师应该降低对学生的要求,只要学生学习有进步,就应该给予鼓励。

十二、假期生活辅导

学生假期生活辅导对教师班级经营而言,是一项相当重要的例行公事。教师必须拟定各种假期辅导方案或措施,作为学生假期前的参考。如果属于重要注意事项的话,教师应该考虑提供详细的书面资料让家长和学生参考。

(一) 提供假期时间规划表

教师在放假之前,应该针对假期详列一份日程表,在日程表中记载重要事项的安排以及学校需要家长和学生配合之处,作为学生拟定假期日程表的参考。

(二) 提供休闲资料

教师可以在平日通过资讯课程教学,指导学生搜集相关的休闲资讯,作为假期休闲的参考,尤其是合法、安全、适合学生前往的各种场所。

(三) 提供心灵充电妙方

教师在假期开始前,应该拟定假期心灵充电的妙方,供学生和家长参考。例如,各种阅读活动、参观重要的建筑(如美术馆、博物馆)、参观重要展览(如美术展、电脑展)等有助于增广见闻的活动。

(四) 避免意外事件发生

学生在假期中最容易发生意外事件,教师必须不断地叮咛提醒学生。因此,教师可以将各种日常生活中的意外事件一一列举,提供给家长和学生作为假日中的参考。例如,家庭生活中的用电安全,燃气使用安全,各种户外运动应该注意的要点,网络交友的安全,戏水安全,各种网吧、地下舞厅、撞球间、电动玩具店等场所安全,需要教师不断地提醒学生。

教育箴言录

如何表达对老师的感谢

一、诚挚的掌声永远胜过虚伪的贺礼

* 别让收礼失去您的尊严。

进门拜三拜,出门骂你祖宗十八代。

微不足道的"实惠",失去的却是无法挽回的尊严。

* 感情不能用礼品来交换。

老师对学生的关心和帮助应该是发自内心的。

每个学生都应该是平等的。

二、收礼的"学问"各国大不同

* 以功利为目的收受学生礼物,世界各国都是禁止的,但是对师生间以"礼物"表达感情,各国也有"网开一面"的规定。

丹麦:在特殊节日,可收五元美金以下的礼品。

韩国:教师节时可酌情收受学生赠送的手绢、袜子等小礼物。

本章讨论问题

一、请说明如何进行班级安全检查。

二、请说明教师如何进行学生人数的掌握。

三、请说明忘记带东西的学生如何辅导。

四、请说明班级清洁工作如何分配与监督。

五、请说明教师如何进行假期作业指导。

六、请说明学生的转学问题如何处理。

七、请说明如何有效处理学生作业上交问题。

八、请说明教师接新班级的处理原则与程序。

九、请说明教师如何处理学生收费问题。

十、请拟定一份班级补救教学的实施计划。

十一、请说明教师如何进行假期生活辅导。

第十四章
欺凌行为的类型与因应策略

本章的重点在于说明欺凌行为的意义、类型与相关因素，以及面对欺凌行为时的因应策略，供教师在班级经营时参考。

一、前言

有关欺凌行为的类型与形成及因应策略方面的重要性，林进材（2016）研究指出，美国"国家中学校长协会"（National Association of Secondary School Principals）所提出的数据显示：

1. 欺凌行为最常来自于一般的社会的暴力行为；大约有 15％至 30％的学生曾经是欺凌者或是受害者。

2. 1994 年到 1999 年之间，有 253 人死于学校暴力事件，有 51 种不同的死因。但是，欺凌时常是与学校死因有关的因素。

3. 直接的肢体欺凌正在小学校园里增加，高峰停留在初中，而在高中校园内下降。但是,在另一方面,言语欺凌却一直持续增加。根据美国司法部(The U. S. Department of Justice)的报告,新进的学生比起老生更喜欢欺凌同学。

4. 有超过三分之二的同学相信,学校无法有效回应欺凌事件,有更高比率的学生相信大人的帮助是没有效率也没有效果的。

5. 25％的教师觉得欺凌没什么或根本不理会它,只有4％的教师会持续去调查欺凌行为的事件。

此外,萨维奇等人(Savage & Savage,2009)指出,美国全国教育协会(National Education Association)在2003年已经把反欺凌作为学校主要关心的议题。同时,也有研究结果显示,70％的教师相信他们已经回应了所有欺凌事件,但是只有25％的学生认同这样的看法。这显示出教师们对于欺凌这件事情的看法与学生的看法有大幅度出入,并且其中有非常严重的沟通问题。

从上述研究得知,对于欺凌行为,一般的应对策略即为消极地不去理会,或是不上学,一再容忍欺凌行为,从而导致欺凌行为不断地重复上演。

二、何为欺凌行为

欺凌行为的意涵,一般指的是"蓄意且具伤害性的行为,是持续重复出现在固定孩子身上的一种现象"。有关欺凌行为的意涵,详细说明如下。

(一) 欺凌行为的定义

有关欺凌行为,全世界各国家的定义相当复杂。一般的欺凌行为定义,主要包括下列重要的内容(林进材,2016):

1. 欺凌行为是重复的、有意的、长期的;

2. 欺凌行为的背后是在口头、感情、生理或是心理上让其他同学不舒服;

3. 受欺凌者的特点是故意被欺凌者显露出来,被拒绝于一个或多个学生之中,不能防卫自己;

4. 欺凌行为的模式是要在他人身上施加伤害、欺压、暴力行为、攻击行为。

因此,欺凌行为的定义是:刻意地暴露出某个固定的学生,让其长期地、一再地在口头、财物、感情、生理、心理上被其他同学拒绝,意图伤害而造成直接或间接的人际关系排挤。

(二) 欺凌行为的意涵

在一般欺凌行为的意涵中,包括三个重要的概念:第一,指出欺凌行为的迷思与误解;第二,欺凌行为的内容;第三,欺凌与冲突、骚扰和威胁恐吓的异同处。

1. 欺凌行为的迷思与误解

奥维斯(Olweus,1993)指出关于欺凌行为的迷思:(1)欺凌只是生活的一部分;(2)男孩终究是男孩——他们只是一再地发泄罢了;(3)欺凌发生在所有的学校,没有什么好忧虑的;(4)棍棒与石头可能打伤你的骨头,但言语是从不会伤害到你的;(5)欺凌对我而言,从不曾造成伤害;(6)欺凌会使你更勇敢/让你知道生活是什么,仅此而已。

因此,欺凌的行为极容易被教师与家长误解,认为只是正常校园生活中的一部分;对于人际相处无害,甚至认为受害者是"自找的";同时,也认为这样的行为只有在低学业成就的学生身上才会发生;发生的地点只和学校相关;只要没有肢体上的伤害,就不算欺凌;等等。这些迷思与误解,必须要借由教师与家长正确地传达欺凌行为的知识及改变对于欺凌行为的看法,才能达到第一步,即建立正确的反欺凌观念。

2. 欺凌行为的内容

梅耶(Meyer,2009)认为,使用"欺凌"(bullying)这个词时,必须包含下列其一的行为:(1)真实的或被威胁的暴力;(2)被勒索或强夺之物,钱或财物被偷;(3)强制一个孩子去做一些其不做或不想做的事;(4)一个孩子在友谊团体中被忽视和被要求"闭嘴";(5)被嘲弄与被羞辱;(6)老是对不同的孩子责骂;(7)取绰号或贴标签;(8)传递攻击性的信息;(9)散播不实的谣言与耳语;(10)传送侮辱性的电子邮件。

因此,欺凌行为的内容包罗万象,但其中有几个共同的特点:(1)受害者是固定、孤独的,易被标签化;(2)大欺小、强欺弱的权力关系;(3)以口语、肢体、关系、性取向等方面作为欺凌的主要内容;(4)引起受害者的反击。不管欺凌行为的内容如何,只要引起这位固定受害者的反击,但是在反击上仍旧成为受害者时,都可以视为欺凌。

3. 欺凌与冲突、骚扰和威胁恐吓的辨别

林进材(2016)指出,辨别欺凌行为的关键在于:(1)嬉闹或游戏的角色是可以互换的,且当其中一方因不舒服而要求停止时,界限是被尊重的;(2)当事人自愿参与其中,或者可以说关系是有自由与弹性的,个人的主体性与尊严是被尊重的(参见下图)。

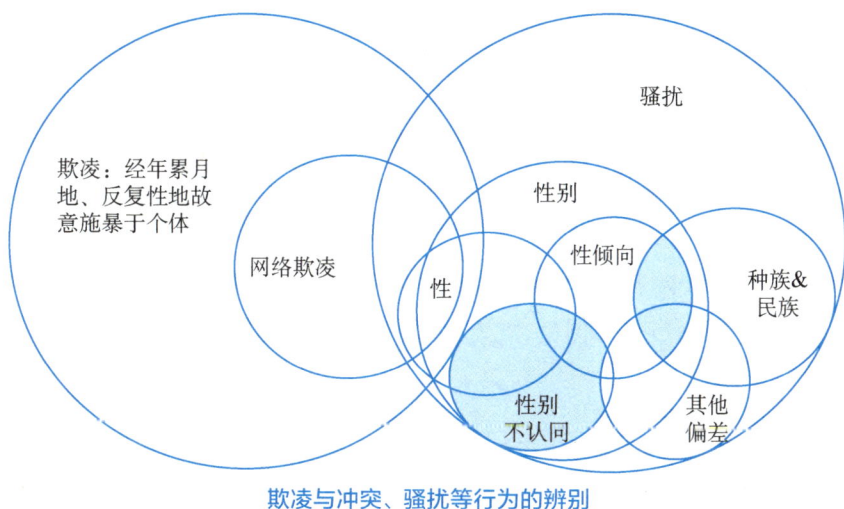

欺凌与冲突、骚扰等行为的辨别

三、欺凌行为的类型与相关因素

欺凌行为的模式是由肢体欺凌慢慢发展成以语言或社会控制的方式。因为年龄越大的学生,会因为教师及家长的制止,而转向于看不见的言语或关系上的伤害。有关欺凌行为的类型与相关因素,详细说明如下。

(一) 欺凌行为的类型

欺凌行为本身即是一种伤害性的行为。关于欺凌行为的类型,可以有以下几种:

1. 关系欺凌

主要是操弄人际关系,与语言欺凌经常一起发生。两者通常发生在欺凌发生

刚开始阶段。

2. 言语欺凌

虽然肉眼看不到伤口,但它所造成的心理伤害有时比肢体伤害更严重。此行为通常伴随着关系欺凌。

3. 肢体欺凌

临床上最容易辨认的一种形态,也是教育工作者最关注的一种形态。

4. 性别欺凌

是指受害者被他人以与性有关的有害语言、行为或影像等侵犯。

5. 反击型欺凌

主要是指长期受到欺凌而反击,像美国发生的多起校园枪杀事件,即属此类。

6. 网络欺凌

上述所属的欺凌行为皆可使用"网络"来执行。此方式不受任何限制,可能导致的伤害更大,影响更远。例如,有女影星因为被网络欺凌,受不了折磨而轻生,就属于网络欺凌。

(二) 欺凌行为的形成因素

欺凌行为本身并不会凭空发生,亦不会凭空消失。一般研究欺凌行为的文献当中,针对其影响因素,大部分从学生个人因素、家庭因素、学校因素及社会因素等方面加以分析。详细说明如下:

1. 学生个人因素

林进材(2016)提到学生成为欺凌者的因素有:(1)学业上的挫折感;(2)学生有欺凌行为的责任在于大人不够关心,以致孩子只有一种方式可以在欺凌环境中生存,就是倾向于有暴力的行为;(3)没有楷模可作为典范;(4)在家庭中受到暴力对待;(5)家庭对孩子漠不关心;(6)孩子结交到不好的朋友;(7)人格及品性失常。

欺凌行为形成因素中的个人因素主要包含下列要项:(1)欺凌者因欺凌行为受到欢迎,而增强其欺凌行为的意图;(2)欺凌者因欺凌行为享受到支配与权力;(3)欺凌者在各种环境下都处于负向的状态;(4)欺凌者对于受害者产生妒忌的心态;(5)受害者的人格特质倾向于"负面支配性"、神经质、各方面皆为弱势的状态。

2. 家庭因素

林进材（2016）研究指出，欺凌行为形成因素中的家庭因素主要包含下列要项：（1）父母亲的管教忽视冷漠、不一致，易导致孩童没有同理心，容易造成孩童在学校欺凌他人与被欺凌的情况；（2）父母亲的管教开明权威，则孩童较不易在学校欺凌他人与被欺凌；（3）如果孩童家里从事特种行为或社会经济地位较低，也容易受到欺凌。

3. 学校因素

夏普（Sharp，2008）认为，文化因素很容易让一些学生成为被欺凌的目标。不同种族的文化很容易造成一些负面的印象，致使这些孩子无法融入友谊群体，进而在不友善的校园中成了被欺凌的受害者。除此之外，夏普还提到一个现象：就算这些孩子在学校的成绩很优秀，但是，到了公共的场所，例如等待校车时，他们还是很容易成为被欺凌的对象。

林进材（2016）研究指出，欺凌行为形成因素中的学校因素主要包含下列要项：（1）学校的不友善氛围会导致校园欺凌事件的增加；（2）教师的管教方式忽视冷漠，则欺凌事件的发生率较高；（3）受害者的沉默忍耐，无法有效减少欺凌事件的发生。

4. 社会因素

邱珍琬（2001）指出，大环境、社会本身对于性别角色的表现与要求，鼓励竞争比较，还有加上媒体传播之力，这些都是导致欺凌行为发生的环境因素。"以暴养暴"是社会环境的结果，"观察模仿"是社会环境的力量。

夏普（Sharp，2008）也提到媒体的影响力，表示："谁能忘记那些在电视传媒中，对于学校新生那种恐怖的虐待方式?"这些孩子在进入学校时，就已经成为被嘲笑、被攻击的受害者。

综上所述，欺凌行为形成因素中的社会因素主要包含下列要项：（1）社会风气传递暴力行为，则易产生校园欺凌事件；（2）社会氛围对于性别的不友善，强调以暴制暴，则易产生校园欺凌事件。

因此，对于欺凌行为的形成因素，学生本身无论是欺凌者或是被欺凌者，都处在不友善的环境中，致使形成欺凌行为。在家庭因素上，父母亲的管教方式与学生欺凌行为高度相关。因此，家长在管教上应保持处罚的一致性，并对孩子适时关心，才不易造成欺凌与被欺凌事件的发生。在学校因素上，教师的管教要赏罚分明,并对所有学生一视同仁。在社会因素上,应减少暴力影片的播放与传播,避免模仿效应发生。

(三) 欺凌行为的相关因素

林进材(2016)综合分析了研究欺凌行为相关因素的文献,指出大部分欺凌行为与性别、年级、学业成绩等有关,详细说明如下:

1. 性别因素

研究发现,欺凌行为相关因素中,性别因素主要包括下列要项:(1)就男女性别而言,男学生受到欺凌的情形比女学生多;(2)男学生多涉入的是肢体欺凌,女学生多涉入的是语言及关系欺凌;(3)教师的性别刻板印象会影响到学生的行为表现,而导致欺凌事件的发生。

2. 年级因素

有关影响欺凌行为的年级因素,相关的研究结论并无一致的看法,兹分析如下。在欺凌行为相关因素中,年级因素主要包括下列要项:(1)一般而言,肢体攻击为高年级多于低年级;(2)在初中生方面,肢体欺凌以初中二年级发生率较高;(3)年级的差异会影响到欺凌行为的类型及发生率。

3. 学业成绩因素

林进材(2016)指出,学业成绩佳而受到同侪欢迎的学生的价值观,是建立在他们的能力可以成为控制人的权力基础上的。本质上来说,他们的高权力来自支配他人。杨宜学(2009)的研究结果指出,男性、低学业成就及低社会经济地位的学生受到网络欺凌的程度高于女性、高学业成就及高社会经济地位。

在欺凌行为相关因素中,学业成绩因素主要包括下列要项:(1)无论成绩的好坏高低,皆可能产生欺凌行为;(2)学业成绩佳的欺凌者,其权力的掌控是能力的展现之一;(3)学业成绩不佳的受害者,受到各类型欺凌行为的比率较高。

四、欺凌行为的影响

欺凌行为是一个群体所形成的暴力行为。参与者包含执行欺凌行为的欺凌者、欺凌行为下的受害者、处于欺凌行为当中却非欺凌者也非受害者的旁观者。这三种角色的并存,产生了一个完整的欺凌行为,也才能使欺凌行为一再地在校园内上演。

欺凌行为的相互关系是指欺凌者、受害者、旁观者三者之间的行为。欺凌行为本身就是一种人与人之间的互动关系,而这种互动关系是存在着权力、人际关系不均的现象。兹将欺凌者及其影响、受害者及其影响的探讨罗列如下:

(一) 欺凌者及其影响

校园欺凌者有几个特点:(1)强壮、自信且冲动;(2)与受害者同龄或稍长;(3)对任何人都具攻击性,包括同学、家长、老师和兄弟姐妹;(4)出身于充满敌意、忽略孩子或效率低的家庭;(5)父亲有攻击倾向或十分冷漠;(6)身边都是同类朋友;(7)毫不同情受害者;(8)为了刺激、权势和控制欲而欺负别人。

欺凌者本身有以下的特质,包含:(1)心态较坚强,无同情心,以伤害他人为乐;(2)滥用权力、掌控他人、支配他人的需求度高;(3)个性具攻击性,充满敌意,冲动,报复性高。

一般欺凌者的影响,主要包括以下要项:(1)儿童时期对于欺凌行为未加控制,成人后易发生刑事案件;(2)学习时期对于欺凌行为未加控制,进入社会后易使用相同手法来与人相处;(3)短期影响是更有权力与势力,长期影响则是出现反社会行为。

(二) 受害者及其影响

邱珍琬(2001)认为受害者除在体格上较为瘦弱外,也表现出孤单、安静、少朋友、较神经质、较不会为自己出气、看法较悲观等特点。

林进材(2016)指出受害者的特质有:(1)性格上倾向于敏感、退缩、谨慎;(2)缺乏果断力;(3)社交能力较差;(4)低自尊;(5)男性相较于同侪较弱与个头较小;(6)女性在生理外表上则较无法吸引同侪;(7)害羞,朋友较少;(8)与大人的关系较同侪好;(9)有些不同于正常方式的表现:学习能力差,性取向、生理上的畸形,种族不同;(10)过度保护的父母亲。综上所述,欺凌受害者本身包括以下特质:(1)受害者的外表上较为弱势,性格上较神经质、安静、悲观;(2)低自尊,有过度保护的家庭;(3)不预期的失常态度,缺课,对学校活动参与度低。

此外,研究发现,欺凌受害者的长期影响包括:低学业成就表现、缺课、药物与酒精滥用和自杀行为的发生。这些都和在学校场域中的被欺凌经历有关(Sharp, 2008)。此外,还包括:(1)身体的伤害;(2)辍学;(3)离家出走;(4)有人因此讨厌家人;(5)怪罪同学没有出手帮忙而讨厌同学;(6)觉得自己很差劲;(7)消极地任人欺凌。

五、不同类型欺凌行为的因应策略

在欺凌行为存在于校园的当下,就应有相对应的策略来因应。学校的所有成员,无论是行政管理人员、任课教师及班主任还是学生,包括欺凌者、旁观者、受害者等,都应为友善校园尽一份心力。

(一) 关系欺凌的因应策略

林进材(2016)研究指出,受到同侪欢迎,学业成绩良好,有高自尊,在团体中是领导者的欺凌者,较常使用关系欺凌。女性较为喜欢使用这样的欺凌方式,因为它不容易被教师发现。这样的欺凌方式主要是来自于耳语和社会关系的孤立。就是因为如此,在研究报告中显示出女性被欺凌的数字比男性要来得少。因此,在关系欺凌的因应策略上,作为班级导师,应该去真正了解学生们在班级内是否有被其他同学孤立的现象。

(二) 言语欺凌的因应策略

言语欺凌是最常发生的欺凌行为,但是,班级导师对此却是最少回应的。因此,面对言语欺凌行为,像是嘲笑或是谩骂,作为班级导师应立即制止。

在言语欺凌的因应策略上,当班级导师发现学生无论是开玩笑还是故意采用不当语言来嘲笑他人时,应立即制止,建立言语规范的界限,宁可严肃地看待学生之间的不合宜玩笑,也不要因为长期放任学生使用嘲笑的言语而给予学生形成言语欺凌的机会。

(三) 肢体欺凌的因应策略

有些受害者会认为自己是因为做错事情,所以才会被欺凌。而这样的想法造成受害者一再被欺凌，甚至如果没有被欺凌，反而会认为自己在班上不受欢迎。而且这样的受害者，反而会在停止欺凌后，开始有自我伤害的念头。当班级导师面对这样的受害者时，处理的焦点应放置在受害者的想法上，因为任何人都不应使用欺凌的方法来处罚另一个人。

因此，在肢体欺凌的因应策略上，对于不该出现在班级上的行为举止，班级导师应立即制止。打闹与玩笑，甚至冲突，都不应在教室内发生。一旦发生，班级导师应公平而一致性地处理。赏罚分明的班级导师，是有效制止肢体欺凌的介入者。

（四）性/性别欺凌的因应策略

性欺凌的具体行为包括：（1）性或身体部位的不雅玩笑、嘲笑或评论；（2）性取向或性行为的嘲笑；（3）散播或传递有关性的不实纸条或谣言；（4）侵犯身体的动作。在性/性别欺凌的因应策略上，无论是在言语及肢体上，班级导师都应以身作则形成学生的模范，不应使用有关性/性别不平等的言语来教学，也不因学生的性别而产生不对等的教学策略，以形成潜在平等的教学氛围。

（五）反击型欺凌的因应策略

林进材（2016）指出，因为班级导师的漠视而使受害者在学校受到欺凌，以致受害者产生无力感，因而做出极端而无法挽救的行为。例如，从一般的威胁转向校园枪击事件。这些犯案者，都是校园欺凌的受害者。

因此，在反击型欺凌的因应策略上，班级导师平时就要多关心学生，用心去观察就一定可以有效预防欺凌行为的发生。学生们的打闹或许不容易辨别，但是，班级导师在无法辨别行为之前，若能采取宁可即刻制止打闹行为，也不让打闹行为演变成欺凌行为的做法，势必可以有效阻止欺凌行为的发生。

（六）网络欺凌的因应策略

网络欺凌之所以非常难以控制与预防，是因为它通常是发生在学校及教室之外，而且多数使用网络欺凌者自认为不会被抓。因此，这样的欺凌手法对于学校教育者而言，是很棘手的问题。

林进材（2016）提出反网络欺凌的做法：（1）平时于课程上就应教导学生使用网络时应遵守的规范；（2）建立反网络欺凌的班级气氛，例如，禁止散播谣言及不雅图片或影片;(3)学校政策上则应鼓励学生举报网络欺凌者,使用学校电脑时,学校应掌控学生传输的内容;(4)教师应宣传网络欺凌是直接与间接欺凌之一,使用网络欺凌甚至是违法行为;(5)明确定义网络欺凌并告知可能的伤害;(6)学校领导者应鼓励教师与家长一起执行反网络欺凌的政策。

网络欺凌是一件非常棘手的问题,因为它的复杂程度在于涉及所有的欺凌行为,同时,它发生的地点不只是在学校教室里,可能随时随地都在发生,却不容易被控制。多数学生认为网络欺凌者不容易被抓到,就算被抓到也没有证据证明这样做有任何的伤害。但是,网络欺凌的伤害绝对不是天真好玩的,也不亚于任何一种形式的欺凌。

六、学校在行政与文化上的因应策略

学校的反欺凌政策是非常重要的,因为多数的欺凌事件发生在班级之外。学校的反欺凌政策建议如下:

1. 建立反欺凌的环境与氛围,校园欺凌事件是不可接受的;

2. 所有相关人员都必须接受反欺凌的教育训练;

3. 树立新的观点,任何人都不应该被欺凌;

4. 清楚地定义并制定反欺凌政策,让全体师生皆可清楚理解;

5. 父母亲也需要清楚知道学校反欺凌政策,学生必须清楚明白欺凌行为的后果是什么;

6. 所有的家长及师生都必须知道欺凌后果的严重性。

综上所论,学校在行政组织与文化上必须建立反欺凌的条约并且赏罚分明,建立学校反欺凌的文化。行政人员必须帮助教师去辨别欺凌与玩闹之间的不同,甚至帮助教师去搜集相关资料,作为教师教学上的反欺凌教材。有效的反欺凌政策是需要时间的,行政人员应给予教师与学生在反欺凌上的支持与支援,让学校整体借由学生本身与教师教学上的集体合作,形成公平而又安全的学校环境。

七、班级导师在班级管理上的因应策略

林进材(2016)提出了在班级管理中,班级导师的反欺凌策略明细:

1. 建立彼此尊重的班级气氛;

2. 鼓励学生遵守反欺凌的班规;

3. 在课堂中随时讨论如何尊重他人;

4. 建立同侪反欺凌的决心;

5. 在课程内设计反欺凌教案;

6. 将角色扮演、创意写作、合作学习等的焦点放置在同理心与同侪关系的建立上;

7. 关于反欺凌及网络欺凌的政策,请家长协助;

8. 学校应明确欺凌的定义及无法接受的范围;

9. 反欺凌政策中应建立对新同学的友善欢迎及提供相关的咨询途径与手册;

10. 对欺凌者与受害者提供一对一的协助与辅导;

11. 对受害者提供人际关系的建立技巧;

12. 全体成员随时对反欺凌提供建议;

13. 教师应教导学生如何面对欺凌事件。

本·惠特尼(Ben Whitney,2004)认为:

1. 资深的教师应有能力观察到学生非意外性的受伤或是表现出沮丧;

2. 在处理事件上,不要一次问受害者太多问题,友善地给予支持,必要时交付专业人员辅导;

3. 在关怀上要小心谨慎,避免受到误解,总是在自己能力所及之处保持最大的关心;

4. 任何不适合的碰触,对于孩子而言都有可能是一种欺凌,类似这样的行为都可能构成犯罪;

5. 教师勿处罚孩子,必要时交给专业人员处理;

6. 观察到任何状况时,都应与同事交流,以确定事实;

7.告诉家长,与家长一起关心。

林进材(2016)提到,旁观者有义务和责任去预防及制止欺凌事件;在处理欺凌事件时,不要把重心摆放在欺凌者向受害者道歉上,这样的做法不但没有效果,反而很容易在教师不在现场时,让受害者再次被欺凌者所伤害。

综上所述,班级导师在课程与教学的设计上,应包含社交技巧的训练,像是角色扮演,创意写作,班级开会,阅读有关同理心、情绪控制、冲突管理等的文章。这些课程主要是帮助学生建立新的态度和建构班级人际关怀的气氛。因为同侪关系才是反欺凌政策是否能够成功的关键;而旁观者的角色,更是反欺凌成功的核心。班级导师在班级管理上,应该建立友善的班级气氛,对于学生彼此之间的相处,应以合作与和平为主,一旦有任何学生超越此界限,则应立即有效地制止,才不会姑息养奸、养虎为患。

八、结论

在处理欺凌事件上,预防胜于治疗。许多学生并不清楚何谓欺凌,大部分的学生都以为,只有被打或是受到伤害,才称之为欺凌。但是,事实上,欺凌不只有肢体欺凌而已。班级导师应教导学生认清各种欺凌的形态与内容,而非把预防欺凌或是制止欺凌行为的重大责任,加在自己或是所有教育者及行政人员身上。

学生之间的玩笑在无法分辨时,应适时制止,避免擦枪走火,从开玩笑演变成为言语欺凌或其他形式的欺凌行为。对于欺凌者,应确立惩罚机制并赏罚分明;对于旁观者,应建立正义感及合作感;对于观看欺凌行为而未通报者,应连带受处分;真正行为不当的是欺凌者而非受害者。因此,对于受害者的保护,必须有专业而有效的策略,避免受害者再次受伤。

(本文曾发表于《湖南师范大学教育科学学报》2017 年第 16 卷第 1 期)

第十五章
面对未来班级的想象与塑造

本章针对未来班级发展的想象与塑造，对传统观点与发展观点的班级特色进行比较。引领班级导师在面对未来的班级发展时，从班级经营信念的调整、班级导师职责与角色的重新省思、知识资讯的重新建构、教与学形式的更新、教与学空间的再造和亲师角色的更新等方面考虑未来班级的经营塑造。

一、前言：教育的"不变"、"变"与"万变"

信息科技的瞬息万变，改变着人类的思维，引领着社会的发展，同时也影响着教育方面的革新。教育上的研究，不管是大资料方面的综合、理论性方面的探索、知识性方面的应用、实务性方面的归纳还是策略性方面的分析等，在在提出学校教育方面的"不变"、"变"与"万变"方面的议题。在教育迎向前所未有的转型发展关键期，教育工作者能否掌握教育的动向核心，及时改变自己的思维，调整教育的步调，决定了教育改革的成败。

学校教育的核心关键在于课程教学,课程教学的成败关键在于教师,教师教学的良窳关键在于专业能力的开展,而专业能力是否顺利开展则依赖于班级导师的信念与专业能力。如果上述教育人员,对于教育革新秉持着以"不变"应"变"的心态,或以"不变"应"万变"的心态,则教育改革成功的日子遥遥无期,无法收到预期的效果,教师的教学效能与学生的学习品质永远无法在班级生活中提升,也无法在整个教育系统中得到应有的成效。

英国新堡大学教授苏加特·米特拉(Sugata Mitra)在最触动人心的演说"建立一所云端的学校"中,明白揭示了科技对未来时代以及对当代学校体制的冲击,在这个特殊时期,能否把握住未来教育的核心动向,决定了教育改革的成败。该篇演说中提出未来时代必须具备的四大能力:"动机与探索"、"阅读思考力"、"自律学习力"与"扎根品格力"。通过该演说的解读,身为教育工作者的我们,应该持续性、系统性地思索"我们的学生该学些什么"、"我们应该提供学生什么样的学习环境"以及"学校应该有哪些必要的改变"等议题。

研究者综合相关的教育革新研究,指出个别化教育、伦理型教师、数位化技术、全民性阅读、社会化融合、体验式校园是未来教育发展的六大动向。有鉴于信息科技的瞬息万变、教育核心动向的调整、班级导师专业能力与信念的建立,本章针对未来班级的想象与塑造议题,说明未来的班级特色与想象、未来的班级塑造、班级导师在班级生活中的可为与应为等,提供学理性的分析与建议,引领班级导师在班级生活中建立专业的形象,通过班级管理技巧与方法、学理与经验、理想与实务等的淬炼,成为更专业、更成功的班级导师。

二、未来的班级特色与想象

班级导师与学校教育、班级生活、教师教学、学生学习等方面的关系是相当密切的(林进材,2016;林香河,2016)。班级导师对于学校教育系统应该具备相当程度的专业知识,对于班级生活形态应该有深入的认识,教师教学与学生学习活动的进行需要班级导师有足够的能力,才能在工作与职责中胜任愉快,才能在班级管理与学生辅导方面负起专业责任。

班级导师在班级管理时，应该针对信息科技的快速变化、学校教育的瞬息万变、班级生活形态的发展等，随时调整自己的步履，修正班级管理的技巧与方法，这样才能在未来的班级管理中轻松胜任。有关未来的班级特色与想象，下文基于传统观点与发展观点（参见下表），从班级生活的立论基础、形态、知识的获取、教师教学、学生学习等方面进行简要分析，提供班级导师在班级管理上的参考。

传统观点与发展观点的班级比较

特征 观点	传统观点的班级特色	发展观点的班级特色
1. 班级形态	知识导向	能力导向
2. 班级定位	知识殿堂	学习组织
3. 班级导师角色	被动/工作	主动/专业
4. 班级主体	教师中心	学生中心
5. 知识信息的获取	被动吸收	主动建构
6. 学习形态	个别学习	合作学习
7. 教学方式	教师传递	师徒相授
8. 学习教材	单一固定	生活多元
9. 学习空间	班级封闭	开放延伸
10. 学习内容	传统单调	活泼多元
11. 学习过程	静态接受	动态探索
12. 教具媒体	平面静态	立体动态
13. 教学评估方式	静态评估	动态评估
14. 亲师角色	主动/被动角色	协同/合作角色

（一）班级形态由知识导向转为能力导向

传统的班级生活是知识导向的。在班级生活中，教师以传授知识为主要的职责，学生以学习知识为主要的任务，知识的学习与成效，决定了班级生活的成功或失败。发展中的班级生活，除了知识的学习外，更为重视能力的培养。在班级生活中，教师以能力的培养为主要职责，学生以能力培养为主要导向。判断班级生活经营的成败，以能力的养成为主。

(二) 班级定位由知识殿堂转为学习组织

传统的班级生活定位为知识的殿堂,教师的教学与学生的学习,大部分围绕着知识的传授与学习,知识获得的多寡,决定班级生活的成败;发展中的班级生活定位,将班级生活定位为学习组织,通过学习组织的形成,将班级视为学习型的组织。在这个组织中,教师与学生的互动,奠基于学习之上。

(三) 班级导师角色由被动/工作转为主动/专业

在传统的班级生活中,班级导师的角色是一种"被动/工作"的概念,班级导师的职责与角色,是被动的、被要求的、被规范的,是一种身为教师应该尽的工作义务。发展中的班级导师角色,从被动工作的角色转为"主动/专业"的角色。担任班级导师工作,是一种教师专业能力的展现,是教师本身将班级导师视为专业的荣耀、教学工作的典范。

(四) 班级主体由教师中心转为学生中心

传统的班级生活中,班级主体是以"教师中心"而建构出来的,班级教师决定班级生活的一切,包括班级形态、班级气氛、班级特色、班级常规等,都取决于班级导师的信念,所有的班级事务都是班级导师一手操办,由班级导师自行决定。发展中的班级生活是"学生中心"的,班级的各项事务构成都是以学生为中心而建构出来的,学生是班级生活的主角(灵魂人物),班级的各种事务都以学生的需求为基础。

(五) 知识信息的获取由被动吸收转为主动建构

传统的班级生活在知识信息的获取方面是被动的,由班级导师决定,学生在班级生活中负责学习"既定知识",同时也通过知识的获取方式与成效,决定班级生活的成败。发展中的班级生活的知识信息是主动建构的,这些知识的范围与类型,是由教师与学生(或家长)共同选择、共同决定的。因而,知识信息的获取,是由学生主动建构的,而非被动吸收的。

(六) 学习形态由个别学习转为合作学习

传统的班级生活强调个别发展的重要性,且知识内容是既定的,因而学习形态偏向个别学习,强调的是个别学生的学习,重视的是个别竞争与成长。发展中的班级生活,在学习形态方面重视合作学习的重要性。班级学生在学习过程中,必须和同侪进行学科学习方面的合作与分享,才能达到预期的目标。

(七) 教学方式由教师传递转为师徒相授

传统的班级生活中,教师的教学方式是单向的、灌输的,由教师扮演知识的传递者,学生负责知识的学习。发展中的班级生活,重视教师教学与学生学习的双向互动及双向的交流活动。教师的教学方式,强调的是师徒相授的方式,重视的是教学与学习的双向反馈过程。

(八) 学习教材由单一固定转为生活多元

传统的班级生活中,学生的学习教材是由官方统一制定的,学校统一规范的,教师统一决定的。学习教材来源是单向的、自上而下的,教师决定学习教材的来源以及学习教材的教学方法。发展中的班级生活中,学习教材从单向、固定的传统方式转为生活多元的形式,将生活经验、社区的发展、社会事件等融入学习教材中,让学生可以了解自己、接触社会、拓展视野等。

(九) 学习空间由班级封闭转为开放延伸

传统的班级生活在学习空间方面,仅限定于班级教室,把学生的学习活动全部局限在教室中。如果需要到教室之外学习,必须经过申请或改变限制等,因而班级学习空间是封闭的、传统的、限制的。发展中的班级生活中,学习空间由教室延伸到户外,甚至扩展到社区、校外等,学生可以在课程教学实施中,学习相关的理论,也能拓展校外经验。

(十) 学习内容由传统单调转为活泼多元

传统的班级生活在学习内容方面,偏向于"传统单调"的题材,学生的学习被限制在教科书中,窄化在课本与补充教材中。因而,学生的视野是被限制的,学习经验是有限的。发展中的班级生活在学习内容方面,加入新的元素,将各种社会经验、社区题材融入学生的学习内容中。

(十一) 学习过程由静态接受转为动态探索

传统的班级生活在学生学习过程中,偏向"教师中心"的教学,属于静态接受方式的学习。学生的学习属于单向吸收,是"教师讲、学生听"的学习形态。发展中的班级生活中,学生学习过程偏向"学生中心"的学习,属于动态探索的学习。学生必须随时参与学习,随时积极投入,才能在学习中获得成功。

(十二) 教具媒体由平面静态转为立体动态

传统的班级生活中,教师教学在教具媒体的采用上比较偏向"平面静态"的形式,通过教师的讲解与图解说明,配合各种媒体的使用,加强学生的学习效果。发展中的班级生活中,教师的教学由教室延伸到户外,甚至扩展到各社区场馆,因此在教具媒体方面属于立体动态的形式。

(十三) 教学评估方式由静态评估转为动态评估

传统的班级生活中,教师在教学评估实施时,偏向采用"纸笔测验"或"静态评估"方式,受限于场地、教学媒体等因素,仅能采用传统的评估方式。发展中的班级生活中,由于教学场地的改变、教学媒体的应用、教学场馆的增加,因而在教学评估方面,偏向动态评估的形式,可以免除学生害怕评估的心态。

(十四) 亲师角色由被动/主动角色转为协同/合作角色

传统的班级生活中,家长与教师的角色互动关系属于"被动/主动"的形态,家长是"被动告知"的,教师和家长的关系是分离的、对立的、矛盾的。发展中的班级生活中,家长与教师的角色互动关系属于"协同/合作"的形态,家长和教师共同进行班级管理工作;在学生的学习历程中,家长与教师是共同参与的,通过协同与合作的角色,可以降低班级导师的压力,同时提升家长对学校的信任感。

有关未来班级的特色与想象,本文以传统观点的班级特色与发展观点的班级特色作为比较与分析的立论基础,并无贬抑传统观点的班级生活、宣扬发展观点的班级特色之意,而是通过不同形态的分析比较,提供班级导师在班级管理与执行班级导师职责时的参考。期盼所有的班级导师可以通过上述的分析与比较,回顾省思自身在班级管理时所采用的策略与方法,是否需要随着信息科技的快速改变及班级生活形态的转型,而有所改变或有所调整。

三、未来的班级塑造

有鉴于传统观点的班级生活与发展观点的班级生活之差异与成效,班级导师在面对班级管理时,在专业能力的开展、管理策略与方法的运用、学生行为的教导与辅导、班级事务的管理等方面,需要进行自我反省与学习成长。有关未来的班级塑造,仅提供数点建议以引领班级导师思考。

(一) 班级管理信念的调整

由于传统观点的班级生活与发展观点的班级生活,在班级形态、定位、主体等方面皆有所不同,因而在传统的班级管理信念方面,应该针对班级管理的内涵、知识体系、策略与方法、理论与实际、科研与实务等进行专业上的调整,让班级导师对于发展中的班级生活有所了解,引领班级导师从了解中进行各种专业能力方面的更新与省思。

(二) 班级导师职责与角色的重新省思

在面对发展中的班级生活(或未来的班级想象与塑造)时,班级导师应该针对二者差异,对照自身的专业能力与实务经验,进行班级导师职责与角色上的重新省思,通过专业反省与实践,更新自己的专业能力。同时,通过班级导师职责与角色的重新省思,以经验传承与分享的方式,协同新的班级导师进行专业反思,以提升班级导师的能力。

(三) 知识信息的重新建构

传统的班级生活与发展中的班级生活,在知识信息的获取与建构上所持的观点是有差异的。有关知识信息的建构,从"被动吸收"走向"主动建构",从"单向学习"走向"双向互动"等。因此,班级导师应该针对知识信息的获取与学习方式的不同,重新建构知识的来源、分类,并修正自身的教学方式。

(四) 教学与学习形式的更新

发展中的班级生活形态,在教学方式的应用、学习形式的更迭、学习内容的多元等方面,都和传统的班级生活形态有相当大的差异。此种差异不仅仅代表学生学习形态的改变,同时也意味着班级导师的领导与教学方式需要进行大幅度的更新。

(五) 教学与学习空间的再造

发展中的班级形态与传统的班级形态相比,其教学内涵与学习形式的改变,教学空间的多元延伸与学习空间的弹性更新,都关系到班级导师对于教学与学习空间的认知,以及教学气氛与学习氛围的营造能力等。因而,班级导师在面对未来的班级形态时,应该在教学与学习空间的再造方面尽心尽力,并且强化自己的教学与学习空间再造能力,进而促进班级学生的学习。

(六) 亲师角色的更新调整

不管是传统的班级形态或是发展中的班级形态,在亲师关系方面都有了微妙的改变,此种改变正意味着班级导师与家长角色关系的改变。从"被动/主动角色"到"协同/合作角色"的更迭,正意味着班级导师角色与职责上的变动,同时也提示了身为班级导师应该配合调整的信息。

四、未来班级的班级导师

未来班级的班级导师,不仅仅是学校教育工作者的角色,同时是一种责任、专业与荣耀的象征。面对过去、现在、未来的教育发展,班级导师应该在专业能力上改变,在教育信念上更新,在教育技巧与策略方面修正,才能在未来的班级生活中轻松胜任班级导师工作,使班级导师工作成为"职责、专业、荣耀、典范"的表征。

(一) 多元身份的表现者

未来班级的班级导师,应该是多元身份的表现者,此种多元身份涵盖"引导、指导、诱导、辅导、教导"的角色。通过上述"五导"的历程，班级导师才能在班级经营方面表现出色，在学生辅导方面尽心尽力，在家长沟通方面成效加倍。

（二）创造思考的培养者

由于未来班级形态在教师教学方面的改变及学生学习方面的更新，因而班级导师本身应该扮演思考的培养者，通过创造思考教学活动的实施，引导学生进行各种议题方面的思考，同时也提升学生在学习方面的思考能力。

（三）课程与教学设计的领导者

未来班级的形态关注课程与教学方面的重要性，班级导师应随着信息科技的发展与教育改革运动的兴起，扮演重要且关键的角色。班级导师应该扮演课程与教学设计的领导者，充分发挥课程与教学设计的能力，引领教师与学生进行课程与教学内容的更新，以落实课程与教学成效。

（四）教学社群的合作者

未来的班级形态，不管是立论方面的改变、教师教学与学生学习形态的改变，还是教学评量方式的更新等，都需要教师针对教学活动设计，进行各种教学措施的革新。因此，班级导师应该在未来的班级中扮演教学社群的合作者（或主道者），主动针对课程与教学议题，召集相关学科的带头人（或专家教师），进行教学设计与革新工作。

（五）终身学习的实践者

未来的班级生活形态与发展中的班级生活形态，不管在形式上、理念上、策略上、方法上、程序上，都存在着专业上的差异。不同专业能力（经验）的班级导师，在面对此种差异时，应该避免"未做先排斥"、"未改革先批评"、"未投入先攻击"的不当心态，通过终身学习的途径，深入了解差异存在的积极意义，秉持着终身学习的实践者理念，采用专业成长的途径，以专业实践者的精神，积极迎向未来的班级生活形态。

五、结论

镜中自我理论揭示了"班级导师如何看待自己,社会就会如何看待班级导师"的哲理。身为班级导师应该以积极的态度,面对未来的班级生活挑战,迎向复杂多变的班级生活,通过专业的省思、专业能力的开展、专业经验的分享与传承,将自身的专业知识通过传承、分享,达到"1 + 1 = 3"的效果;将优质的班级导师经验、有效的班级导师方法,从各种渠道、各种途径,散播给每一位需要成长的班级导师。这样每一位在工作岗位上的班级导师,才能在班级工作中学习与成长,才能在未来的班级导师工作中成为荣耀、成为典范。

第十六章
称职教师的角色与义务

在教师教学生涯中,要当一位负责尽职的教师容易,但要成为一位受欢迎的教师却不容易。由于教学生涯相当漫长,因此教师在生涯发展中,必须了解学生、家长、社区人员对教师的看法,才能不断调整自己,修改自己的教学步调,成为高效能且受欢迎的教师。

一、受欢迎教师的特质

依据相关的实证研究,受欢迎教师的人格特质应该是多元动态的。因此,教师应该了解一般人员对教师工作本身的期许。

(一)受欢迎教师的人格特质
1. 有幽默感,有耐心。
2. 有创造力,具亲和力。

3. 以身作则,主动学习。

(二) 受学生欢迎教师的特质

1. 爱学生,认同个别差异。

2. 教学有趣多样,与学生亦师亦友。

3. 对学生多加赞美与鼓励。

(三) 受学校欢迎教师的特质

1. 能掌握班级,教学有趣多样。

2. 有明确的教学目标,展现高度热诚,热爱教学。

3. 明确制定常规,并彻底执行。

4. 与其他教师、学校行政人员关系良好。

5. 能配合学校课外活动和委员会的工作。

(四) 受家长欢迎教师的特质

1. 亲师沟通良好,主动表现出善意。

2. 发现孩子的潜力,营造良好的上课气氛。

3. 做到公平、公正、公开。

4. 将孩子的小事当成大事。

(五) 实证研究

一项针对"一位受欢迎教师应具备特质"的问卷调查中,教师被要求在三十四项特点中依序圈出他们认为最具体的特质(最高 5 分,最低 1 分),现将前八项整理如下,提供给教师参考。

1. 赤子之心,越挫越勇。

2. 博学多闻,跟得上潮流。

3. 理性与感性兼具,自我期许高。

4. 善于启发,以身作则。

5. 乐于教育,多学习、多成长。

6. 以爱为出发点,勤于学习,追求成长。

7. 个性活泼外向,表情动作丰富。

8. 能与学生打成一片,但不失分寸。

二、成功教师的特质

有关成功教师的特质,截至目前,相关研究尚未有明确的定论。但有些特质一般比较为大家所接受,如幽默、风趣、考试少、分数高、口才好、具专业能力等。随着时代的进步及民众知识水准的提升,对教师的要求也不再和从前一样,教师自然不可再用过去的教法及心态来教导现代的学生。新时代好教师的标准不易定义,因此仍有研讨的必要,以供教师自我检视省思之参考。

(一) 台湾地区的调查

为了切实了解教师心目中真正的好教师应具有的特质,以台湾南部数所小学为样本,经过统计资料处理,得到以下结果:

1. **整体统计分数**

台湾南部数所小学调查结果

特　　质	10 年以下教龄	10—20 年教龄	20 年以上教龄	总分
1. 有明确的教学目标	4.26	4.52	4.17	12.95
2. 她(他)的学生考试表现优秀	3.11	3.04	3.83	9.98
3. 参与学校课外活动	3.58	3.67	3.00	10.25
4. 愿意倾听学生想法	4.58	4.59	4.67	13.84
5. 指派回家作业	3.58	3.70	3.17	10.45
6. 坚持	3.79	3.67	3.33	10.79
7. 有助于学习	4.16	4.37	4.50	13.03
8. 有耐心	4.53	4.56	4.67	13.75
9. 真诚、诚实	4.58	4.56	4.83	13.97
10. 机智	4.21	4.44	4.50	13.15

（续表）

特　　质	10年以下 教龄	10—20年 教龄	20年以上 教龄	总分
11. 认同个别差异、了解全班同学	4.74	4.59	4.50	13.83
12. 有教养	4.32	4.26	4.50	13.08
13. 仁慈	4.37	4.15	4.00	12.52
14. 有爱心	4.74	4.59	4.50	13.83
15. 自主、明是非	4.58	4.63	4.83	14.04
16. 展现高度热诚	4.74	4.59	4.67	14.00
17. 风趣	4.53	4.41	4.50	13.43
18. 亲切	4.84	4.59	4.33	13.77
19. 讲课浅显易懂	4.63	4.74	4.67	14.04
20. 多鼓励与赞美	4.84	4.63	4.83	14.31
21. 敬业	4.79	4.63	4.33	13.75
22. 适切的穿着打扮	3.95	4.30	4.33	12.58
23. 果断、守时	4.21	4.22	3.83	12.27
24. 多跟家长沟通	4.63	4.33	4.33	13.30
25. 民主	4.16	4.11	3.83	12.10
26. 敏感	4.05	3.63	3.33	11.02
27. 保护学生自尊心	4.84	4.56	4.33	13.73
28. 健康	4.37	4.30	3.83	12.50
29. 教室布置吸引学生	3.53	3.78	4.00	11.30
30. 教学生动	4.53	4.59	4.67	13.79
31. 公平无私	4.26	4.44	4.33	13.04
32. 口齿清晰、声音甜美	3.79	4.33	4.67	12.79
33. 教学不断创新	4.63	4.52	4.67	13.82

2. 说明

（1）10年以下教龄的教师认为好教师的重要特质依次为：

① 亲切、多鼓励与赞美、保护学生自尊心（三项得分相同）；

② 敬业；

③ 认同个别差异并了解全班同学、有爱心、展现高度热诚（三项得分相同）；

④ 讲课浅显易懂、多跟家长沟通、教学不断创新（三项得分相同）。

（2）10—20 年教龄的教师认为好教师的重要特质依次为：

① 讲课浅显易懂；

② 自主且明是非、多鼓励与赞美、敬业（三项得分相同）；

③ 愿意倾听学生想法、认同个别差异并了解全班同学、有爱心、展现高度热诚、亲切、教学生动（六项得分相同）。

（3）20 年以上教龄的教师认为好教师的重要特质依次为：

① 真诚且诚实、自主且明是非、多鼓励与赞美（三项得分相同）；

② 愿意倾听学生想法、有耐心、讲课浅显易懂、展现高度热诚、教学生动、口齿清晰且声音甜美、教学不断创新（七项得分相同）。

（4）依总分而言，教师们心目中好教师的重要特质依次为：

① 多鼓励与赞美、自主且明是非、讲课浅显易懂（三项得分相同）；

② 展现高度热诚；

③ 真诚而诚实；

④ 愿意倾听学生想法；

⑤ 认同个别差异并了解全班同学；

⑥ 有爱心；

⑦ 教学不断创新；

⑧ 教学生动。

（二）其他研究

以美国的研究为例，曾有学者针对教师及校长做过类似的调查：

1. 56 位教师所选出的好教师十大要素

（1）认同个别差异；

（2）严格要求学生但不严厉；

（3）爱学生；

（4）有幽默感；

（5）教学有趣多样；

（6）有耐心；

（7）有创造力；

（8）有魄力；

（9）展现高度热诚；

（10）对学生多赞美与鼓励。

2. 61位校长所选出的好教师十大要素

（1）认同个别差异；

（2）教学有趣多样；

（3）有明确的教学目标；

（4）爱学生；

（5）展现高度热诚；

（6）有创造力；

（7）严格要求学生但非严厉；

（8）对学生多赞美与鼓励；

（9）有幽默感；

（10）有耐心。

三、成为精干教师的方法

想要成为专业且精干的教师，不仅在专业能力的培养方面、教学实务经验的累积方面需要用心，在教学专业档案的建立方面也应该积极。以下提供几项成为精干教师的方法以供参考。

（一）具备教室中的主角是学生的认知

教师在教室生活中，应该以专业的能力和精神，引导学生进行学习与探索，不可以在教学中本末倒置地将自己视为最佳主角，千万别忘了学生才是学校教育的主角。诚如有学者所言："对某些老师而言，让他们了解自己并不是教学上的主角，是一件非常困难的事。""这有点直觉上的反抗，并不表示老师本身不重要，与其问老师自己'我今天要做什么'，不如问'我的学生今天该做什么'。"

(二) 凡事用心才能更新

要当称职的教师,在专业方面的每一个细节都应该用心,才能获得肯定。教师在面对学生时,应该在了解学生上花时间,尤其是研究学生的才能、先前经验以及学习方面的需求,才能在教学中展现教师的专业能力。凡事用心的教师,可以在复杂的教学活动中,运用丰富的经验处理瞬息万变的教室事件。

(三) 提供安全的环境让学生冒险

教师要能提供安全且具风险的环境,才能让学生勇敢地将自己的想法说出来或做出来。从"学习需要承担风险"角度而言,学生要能承认他们所不知的并承受其中的风险,然后再重新思考他们认为自己已经了解的。教师要在学习环境中评估各种学习活动的风险,营造一个具有刺激性的环境,提供学生满足各种学习需求的心理特质。在教学活动进行时,教师要引导学生降低对各种新鲜事物的恐惧感,提高学生对各种学习的好奇心,让学生在情绪上、智力上及心理上有安全的学习环境感。

(四) 散发教学热忱

教师的教学热忱应该在班级生活中,通过对学生的关怀、对教学的热爱、对职责的坚持而散发出来,且让学生可以感受到。如果教师对教学散发热忱的话,学生就愿意在教师的引导之下进行学习。

(五) 明确的教学目标与专业的引导

教师应该提供学生明确的教学目标,让学生了解每天学习的重点何在,随时提供学生专业方面的引导,让学生在学习过程中大胆探索。教师可以随时提供专业方面的协助,让学生的学习活动能够顺利进行。

(六) 有效转化各种复杂的概念

教学概念的转化是教师专业重要的一环,在教学活动进行时,如何将复杂或抽象的概念具体化,并且转化成为学生可以理解的方式,是相当重要的。因此,教师要能随时和外界变化接轨,将各种生活经验通过整合融入教学活动中,有效结合理论与实务,让学生进行学习。

(七) 承认教师的不足并愿意向学生学习

教师本身要能了解"教师并非万能"的事实,随时反省自己的教学,提供学生双向反馈的机会。因此,教师也要向学生表明自己的不足,以及愿意和学生学习的精神态度。

(八) 教学可以顺应自身的价值观和特质

了解自身的价值观和特质,对教师教学活动的进行是相当重要的。理解自己的特质,才能掌握自己的教学特色,进而愿意接纳学生各种不同的想法。通过对自己的了解,可以使教师在专业能力方面不断成长。

(九) 提供明确的学习方向和策略

有效的教学可以提供学生明确的学习方向,让学生在遇到学习困难时知道如何突破,进而解决问题并达成学习目标。此外,教师要能针对学习困难的成因,提供学生有效学习的策略,让学生在学习过程中遇到困难时,可以随时运用学习策略促进学习效果。

(十) 适时反问学生"How? What? Why?"

教师在教学进行中,适时地反问学生"How? What? Why?"的问题,有助于帮助学生澄清各种学习方面的疑问,提供学习概念的澄清机会。传统的教师在教学中,有过于偏向"教师中心"教学形态的趋势,学生很难在学习困难时有机会向教师请教。

(十一) 随时重视指导学生学习的策略

学生学习的指导在教学过程中是相当重要的阶段。缺乏教师的学习指导,学生容易在学习过程中出现学习障碍,导致对学科学习的挫折。教师在教学进行时,应该运用对学习策略的了解,针对学生的学习反应,随时提供有效的指导策略,促进学生的学习效果。

(十二) 避免说教,恢复双向互动沟通

教师在教学中应该避免对学生说教,影响学生的学习兴趣。应该在教学中少

说教、多沟通,少灌输、多分享,为学生提供与教师双向互动沟通的机会,让学生勇敢地将自己的想法说出来。此外,在班级生活中,教师应该放下自己的身段,随时和学生保持密切的沟通,让学生随时有兴趣学习。

(十三) 随时倾听学生的声音

倾听学生的声音有助于教师了解学生的内心世界,从倾听中理解学生对学校生活的看法,作为班级经营的参考。教师可以考虑在班级中设置一个"我有话想说"的信箱,让学生可以随时将自己的想法写出来,由教师针对学生的问题给予指导。

(十四) 鼓励学生"三角学习"——老师、同学、自己

教师、同学、自己"三角学习"的进行,有助于学习效果的提升。教师可以鼓励学生在学习中随时运用"三角学习"的概念,提高自己的学习效果。

(十五) 秉持因材施教的理念

教师在班级教学中,应该秉持因材施教的理念,尽量降低自己对学生的刻板印象,对学生一视同仁,不可以因为学生的各种外在特性(例如家庭的社会经济地位、学习成就、父母职业)的不同,而给予不同的待遇。对于学习不利或文化刺激不利的学生,教师应该提供多元且充足的学习机会,顾及每一位学生的学习状况。

(十六) 永不放弃任何一位学生

教师对每一位学生都应该秉持相等对待的观念,对每一位学生都给予全心全意的照顾,不可以轻易放弃任何一位学生。在教室生活中,对每一位学生的关怀与照顾都应该是相等的,对每一位学生的表现都应抱持着欣赏的态度,给予学生的鼓励与支持都应该是对等的。

四、教师对学生的看法与期望

教师对学生的看法与期望,将影响教师在教学中对学生的观点。下文提供教

师对低年级、中年级、高年级学生的看法和期望,让教师了解不同阶段的做法。

(一) 教师对低年级学生的看法

1. 对父母的依赖性强。
2. 天真、活泼、可爱。
3. 喜欢发问,大惊小怪。
4. 高分贝地自说自话,无视他人的存在。
5. 旺盛的精力与强烈的好奇心。
6. 期待被重视。
7. 需要父母、师长在一旁鼓励、鞭策。
8. 低成就者,得不到成就,无法专注于所要求的事务上。
9. 要求高度安全感。
10. 生活自理能力需再加强。
11. 团体生活常规需再训练。
12. 需不厌其烦、再三叮咛。

(二) 教师对低年级学生的期待

1. 群体生活适应良好,培养基础生活技能。
2. 能生活自理。
3. 先关注自己,别急着指正别人的错误。
4. 集中注意力。
5. 喜爱学习与探索知识领域。
6. 培养出对上学的热情期待。
7. 在游戏中学习成长,在欢乐中求知上进。
8. 听懂老师说的话,知道该做的事。

(三) 教师对中年级学生的看法

1. 处于在家依赖父母、在学校又要表现独立人格的过渡模糊阶段。
2. 处于学习能力的最佳塑造期。
3. 因开始重视同侪关系,所以易形成小团体。

4. 慢慢有自己的看法和见解显现于外。

（四）教师对中年级学生的期待

1. 从学校群体生活中,培养出独立自主的生活态度。

2. 在团体相处中,能保有自我的特质。

3. 能学习团队合作的精神。

4. 不要斤斤计较,懂得团体生活中应有的包容心。

5. 上课专心,下课开心。

6. 快快乐乐上学,平平安安回家。

7. 能脱离一个口令一个动作的机械命令。

8. 有判断力,不随同学起哄。

（五）教师对高年级学生的看法

1. 大部分心思都花在电脑游戏光碟上。

2. 爱看电视,不爱读书。

3. 好争吵打斗。

4. 处在瞬息万变的信息时代,常有无所适从的彷徨。

5. 精神生活贫乏。

6. 低成就者,到此阶段更无信心。

7. 多辅导,顽石还是能点头。

8. 不善于安排自我的时间。

9. 自我中心思想较重。

10. 以身教代替言教,教学相长。

11. 正迈入青春期,对两性关系既好奇又期待。

12. 重视同侪的友谊。

13. 渴望在同侪中获得高度的肯定及认同。

14. 与老师较无距离,较能打成一片。

15. 脾气较无法控制。

16. 自我反省能力欠佳。

17. 思考敏捷,但对于困难的忍受力太差。

18. 凡事的处理都很简单粗暴。

(六) 教师对高年级学生的期待

1. 培养良好的阅读习惯。
2. 品德重于一切。
3. 足够的挫折容忍力。
4. 品行端正善良,有恒心、有耐心。
5. 具备基本学识。
6. 拥有一技之长,贡献于社会。
7. 友爱同侪。
8. 热心服务。
9. 自动自发。
10. 具有责任心,形成积极、乐观进取的人生态度。
11. 凡事用心,有一颗包容的心。
12. 对人、事、物都能有体贴的心。
13. 善于观察。

五、教师穿着问题

一般学校对教师的穿着并无明文的规范。教师在平日的教学中,应该针对各种场合、教学上的需要,调整自己的穿着,才能提高学生的学习动机。如同服装顾问法兰克所言:"从衣橱中取出衣服前,要先问你的顾客期待你穿着哪一套衣服。"因此,教师在穿着方面应该配合学校的各种活动,作各种调整。

(一) 牛头要对马嘴

教师的穿着应该要针对学科教学与学校活动性质,并以此作为穿着搭配的依据。如果学校举办动态的活动,教师就可以穿着比较轻松的衣服。

（二）学生也懂得欣赏

教师的穿着除了配合学校的节日之外，也应该了解学生也懂得欣赏的心理，提供机会让学生评比自己的穿着和教师的穿着，作为生活教育的一部分。

（三）避免穿着暴露

女性教师在穿着方面应该尽量避免穿着暴露，以免引起学生的好奇心。尤其高年级的学生对教师的一举一动都充满好奇心。

（四）以合礼仪为主

教师的穿着应该以合礼仪为主，不可以过于随便或是过于严肃。在穿着的搭配方面，针对季节的变化以及各种礼仪需要，例如家长会、家长参观教学日等，教师在服装仪容方面应该有所调整。

（五）样式可以随意变化

教师的穿着可以在样式方面进行随意变化，但仍以清爽自然为主，避免过于花哨、不庄重等的样式变化。

六、师生介绍活动

（一）教师自我介绍

教师向学生进行自我介绍时，在内容方面可以考虑运用名字的典故，将自己的经历、兴趣、星座、对学生的期许，一一向学生说明。此外，在态度方面可以运用真诚、关怀、幽默、自信的方式，向学生表达自己很喜欢这一个班级，在未来的日子里需要大家的协助。

（二）学生自我介绍

在学生自我介绍方面，教师可以运用相互访问的方式介绍学生的姓名、兴趣、星座、家庭生活概况、喜欢的偶像等。此外，在教室中重要的地方可以张贴学生的大头照,在学生的座位上面可以粘贴学生的名字,学生可以在胸前配挂识别牌。

(三) 如何快速认识学生

1. 运用座位表

教师在接手新班级初期可以运用学生的座位表,作为快速认识学生的依据,尤其是任课教师应该请班主任提供学生的座位表,并且将座位表粘贴在教科书上面,教学进行时,依据班别可以快速认识学生。

2. 记住学生的特性

教师也可以运用学生的特性快速认识学生,或是通过学生的乳名拉近与学生的距离。

3. 向教师作简报

教师可以请班长在上课前,向教师进行班上同学的简报,通过简报可以让教师快速地认识并了解学生。

4. 问问题

通过上课时间问问题的方式,教师可以快速地认识学生。因此,教师可以制作学生各项资料统计表,对于问过问题的学生,就在资料表上面作记号,有助于教师认识学生。

5. 轶事记录法

此法的运用是教师通过对学生的回应,将学生各种学习的特性记录下来。请学生提供一张生活照片,粘贴在轶事记录表上面,这样可以让教师随时核对学生的资料,加深教师对学生的印象。

七、新手与专家的座右铭

不管是新手教师还是专家教师,在专业成长过程中难免遇到各种内外在的压力,形成专业成长方面的挫折。教师在生涯发展阶段中,如何面对这些压力和挫折,促使自己不断学习与成长,是相当重要的议题。

（一）新手座右铭

1. 以成长取代抱怨

新手教师在教学生涯中，由于教学刚起步，难免因为各种情境而导致沮丧挫折。新手教师应该在遇到挫折时，以不断成长的心情取代不断的抱怨，不可以将各种挫折归咎于他人的理念或是学校教育的问题。

2. 以专业取代"口水"

当新手教师开展教学时，往往因为经验方面的不足，导致学校教师、主管甚至家长对教师教学的质疑。此时应尽量从专业知识角度，向相关人员作详细的说明，才能化危机为转机，将教育专业精神发挥得淋漓尽致。

3. 以虚心取代无礼

新手教师在教学生涯展开时，难免因为各种经验不足，导致各种无礼的质疑和指责。建议新手教师应该以虚心学习的态度取代各种无礼的狡辩，不要非要在论辩中争个道理出来不可。

4. 以冷静取代冲动

新手教师在教学初期，很容易因为理念与经验上的问题，导致教学受到质疑，因而形成教学上的挫折。在遇到教学挫折时，应该尽量以冷静取代冲动，通过专业对话方式，让对方了解自己的教学理念，进而建立共识。

5. 以学习取代挫折

来自教学与生涯发展方面的挫折，足以让新手教师怀疑自己的专业知识。以不断学习与成长的精神，取代因为经验与专业方面的不足而产生的挫折，更有助于教师专业方面的成长。

（二）专家座右铭

1. 以提携面对请教

专家教师经过新手教师阶段，不管在教学经验方面或是人际关系经营方面，都比新手教师拥有更丰富的知识。在面对新手教师时，应该秉持着提携后进的精神，将教学经验传授给新手教师，以减少新手教师在教学方面尝试错误的机会。

2. 以能力面对傲慢

专家教师在面对家长、面对外界压力时，应该以专业的精神与能力，提供各方面的经验和知识，尽量以专业能力解决教学上的各种问题，避免以"倚老卖老"的态度面对外界的质疑。

3. 以学习面对沮丧

专家教师在教学多年之后,往往因为教学理念问题而被质疑,导致教学产生挫折而萌生"不如归去"的想法。当专家教师遇到教学方面的挫折时,应该以"终身成长"的理念,面对各种沮丧。

4. 以经验面对指责

专家教师还要面对的是家长对自己教学方法的质疑,尤其在瞬息万变的社会中,教学理念与方法能否创新、能否面对信息的改变等问题。专家教师可以通过教育经验的累积,以经验面对各种指责。

5. 以专业面对质疑

教师的风采往往来自教育专业,因此专家教师在生涯发展中,应该通过专业方面的成长以及专业能力培养,面对各界的质疑。此外,在教学多年之后,不可自认为专业能力足以解决教育上的各类问题,应该针对专业能力不断成长与改变,以创新的精神面对瞬息万变的社会。

教育箴言录

老师只要对工作付出爱,他就可能成为好老师……比那些教完所有的书本却不对工作和学生付出爱的老师,更有可能成为出色的老师。

——托尔斯泰

本章讨论问题

一、请说明受欢迎教师的特质有哪些。

二、请说明成功教师的特质有哪些。

三、请说明成为精干教师的方法。

四、请以教师的角色说明对学生的看法与期望。

五、请说明教师的穿着问题。

六、请拟定一份给新手教师的座右铭。

主要参考文献

中文部分

王文科(1996)。有效的班级经营模式。**教育实习辅导**,第 2 卷,第 3 期,页 3—8。

王俊明(1982)。**小学级任教师之领导行为对班级气氛的影响**。台湾师范大学辅导研究所硕士论文。

王雅观(1999)。**高级中学班级组织型态及其班级气氛与学习状况之研究**。台湾师范大学教育研究所硕士论文。

吴武典(1987)。初中班级气氛问题。**台湾教育**,第 329 期,页 46—51。

吴清山(1997)。**初等教育**。台北:五南。

吴清山等(1992)。**班级经营**。台北:心理。

林香河(2016)。台湾地区学习议题研究趋势与发展——以 2011—2015 学位论文为例。发表于南京师大"2016 班主任与学生核心素养建构论坛"。

林朝夫(1995)。**偏差行为辅导与个案研究**。台北:心理。

林进材(1992)。**佛洛依德的精神分析论**。载于郭为藩主编,现代心理学说。台北:师大书苑。

林进材(1999)。**班级经营——理论与策略**。高雄:复文。

林进材(2016)。**台湾地区中小学欺凌行为及因应策略之研究**。专案研究报告:未出版。

林进材(2016)。台湾地区班级经营议题研究之回顾与前瞻——以 2011—2015 年学位论文为例。发表于华东师范大学"班级、学校、社会与学生发展国际研讨会"。

邱珍琬(2001)。**小学校园欺凌行为与对应策略**。台湾屏东师范学院。台湾:屏东。

洪若馨(2003)。**小学一年级级任教师常规建立之行动研究**。台湾屏东师范学院国民教育研究所硕士论文(未出版)。

夏林清(1996)。**变,一个问题的形成与解决**。台北:张老师文化。

张秀敏(1998)。**如何做好班级经营**。载于台南师范学院主编,班级经营:理论与实务。

郭玉霞(1997)。**教师的实务知识**。高雄:复文。

郭明德(2001)。**班级经营**。台北:五南。

陈幸仁(1996)。浅谈小学教师领导风格、班级气氛与学生疏离感之关系。**教育资料文摘**,第 37 卷,第 4 期,页 138—152。

陈奎熹(1977)。**教育社会学研究**。台北:师大书苑。

陈奎熹、王淑俐、单文经、黄德祥(1996)。**师生关系与班级经营**。台北:三民。

陈密桃(1981)。小学级任教师的领导类型对学习状况及学生学习的影响。**高雄师院教育学刊**,第 3 期,页 161—207。

单文经(2002)。**班级经营**。台北:师大书苑。

黄政杰、李隆盛(1993)。**班级经营**。台北:师大书苑。

黄德祥(1995)。**青少年发展与辅导**。台北:五南。

杨宜学(2009)。**台南市小学高年级学生校园霸凌行为之研究**。台湾台南大学教育经济与管理研究所。硕士论文(未出版)。台湾:台南。

郑诗钏(1998)。**小学班级经营气氛、教室冲突管理与教师效能关系之研究**。台湾师范大学教育研究所硕士论文。

郑熙彦等(1985)。**学校辅导工作的理论与实施**。彰化:复文。

钟红柱(1983)。**高中班级气氛之研究**。台湾师范大学教育研究所硕士论文。

简红珠(1996)。小学专家与新手教师班级经营管理实作与决定之研究。**教育研究资讯**,第 4 卷,第 4 期,页 36—48。

外文部分

Berliner, D. C. (1983). Development conceptions of classroom environments: Somelight on the Tin classroom studies of ATI. *Educational Psychologist*, 18, 1 – 13.

Blair, G. M., Jones, R. S., & Simpson, R. H. (1975). *Educational psychology*. New York: Macmillan.

Doyle, W. (1990). Classroom organization and management. In W. R. Houston (Ed.) *Handbooks of research on teacher education*. New York: MacMillon.

Driscoll, M. P. (1994). *Psychology of being for instruction*. Needham Heights, MA: Ally & Bacon.

Frojen, Y. A. (1993). *Classroom management: The reflective teacher*. New York: Merrill.

Goldstein, A. P., Glick, B., Irwin, M. J., Pask-McCatney, & Rubama, I. (1989). *Reducing Delinquency: Intevention in the community*. New York: Pergamon Press.

Lewin, K., Lippitt, R., & White, R. K. (1939). Patterns of aggressive behavior in experimentally created social climates. *Journal of Social Psychology*, 10.

McCown, R., Driscoll, M., & Roop, P. G. (1996). *Educational psychology: A learning Centered approach to classroom practice*. Boston: Ally & Bacon.

Meyer, E. J. (2009). *Gender, bullying, and harassment : Strategies to end sexism and homophobia in school*. Teacher College, Columbia University.

Olweus, D. (1993). *Bullying at school: What we know and what we can do*. Oxford:

Blackwell.

Savage, T. V. , & Savage , M. K. （2009）. *Successful classroom management and discipline：Teaching self-control and responsibility*. SAGA Publishing Inc.

Sharp S. （2008）. *School bullying ：Insights and perspectives*. London：Routledge.

Trickett, E. J. , & Moos, R. H. （1971）. *Assessment of the psychological environment of the high school classroom*. Stanford, CA：Stanford University, School of Medicine.

Veenman, S. （1984）. Perceiced problems of beginning teachers. *Review of Educational Research*, 54,143－178.

Walker, P. （1988）. *The sociology of teaching*. John Wiley & Sons.

Whitney, B. （2004）. *Protecting children at school ：A handbook for teachers and school managers* . Routledgefalmer. USA.

Woodfolk, A. E. （1995）. *Educational psychology*. Needham Heights, MA：Allyn & Bacon.

Woods, P. （1983）. *Sociology and the school*. London：Routledge and Kegan Paul.

Yinger, R. J. （1980）. A study of teacher planning. *Elementary School Journal*, 80, 107－127.

2005 年度教师资格检定考试：小学课程与教学组

一、选择题

(C) 1. 教师在进行班级内部学生分组时，下列哪一项意见是可以参考的？

　　(A) 各小组的人数一定要一样，以示公平

　　(B) 分组教学可以免除对学习困难学生的额外指导

　　(C) 为避免贴标签效应的影响，不同科目宜有不同的分组

　　(D) 分组之后，就可以完全放手让学生自行学习

(C) 2. 依据学生过去的成就或智力测验的成绩来进行常态编班，属于以下哪一种班级团体编制？

　　(A) 同质编制　　(B) 随意编制　　(C) 异质编制　　(D) 特殊需求编制

(A) 3. 老师在上课前告知学生："如果这一节大家认真上课，下课前就说一段你们爱听的历史故事。"这是利用何种策略来提高学生的学习动机？

　　(A) 提供行为后果的强化　　　　(B) 启发兴趣并激发好奇

　　(C) 提示努力之后的情境　　　　(D) 增进学生的学习信心

(B) 4. 班级经营中有关奖惩的原则，下列哪项不正确？

　　(A) 实施代币制奖励，可由同学依自己的需求，选择不同的原始强化物

　　(B) "口头斥责"相比"剥夺学生喜欢的活动"，对学生的伤害较小

　　(C) 避免太常奖赏，以免有些学生若未被奖赏就会不安

　　(D) 对年纪小的孩子，物质性奖赏较有效；但应逐渐减少，改为社会性奖赏

(A) 5. 在班级常规的目的中，下列哪项是最基本也是最消极的目的？

　　(A) 维持秩序　　(B) 培养习惯　　(C) 增进情感　　(D) 发展自治

(D) 6. 当学生行为让老师的教学感到困扰时，教师可以发出"我—信息"(I-message)，引导学生深入思考自己的行为。下列哪项不是"我—信息"中应包括的内容？

　　(A) 学生的"行为"造成了什么问题

  (B) 由于该行为所产生的具体"效果",故造成了问题

  (C) 该行为给老师带来的基本"感觉"是什么

  (D) 这种感觉所带来的"评价"是什么

二、问答题

  1. 教师在班级经营中,常运用的肢体语言有哪些？请简要说明。

  2. 教师如何将媒体和社会资源运用于教学活动设计中？请简要说明。

2005 年度教师资格检定考试：中等学校课程与教学组

一、选择题

(C) 1. 学生日渐表现出合乎教师期望的行为,请问这属于何种效应？

  (A) 蝴蝶效应   (B) 晕轮效应

  (C) 皮格马利翁效应   (D) 磁石效应

(D) 2. 下列哪项较符合教学情境布置的原则？

  (A) 以教师想法为据,指导学生完成

  (B) 以增进认知领域学习成效为考量

  (C) 教室布置不必经常更换,以免无谓浪费

  (D) 教室布置应符合班级的特色

(D) 3. 将班上学生的人际关系用社会矩阵法(sociogram)(或称为社交测量法)画出,发现学生甲、乙、丙三人互选而成一个三角形,此三人称为什么团体？

  (A) 明星团体 (B) 闲散团体 (C) 孤立团体 (D) 小团体

(A) 4. 有学者将团体发展分为五个阶段,依次是形成期、风暴期、规范期、运转期与结束期。我们一般常用的"大风吹"活动应该最适合在下列哪一个阶段实施？

  (A) 形成期 (B) 风暴期 (C) 规范期 (D) 运转期

(A) 5. 教师利用口头赞赏来激发学生的学习动机,属于下列哪种方式？

  (A) 外部强化 (B) 内部强化 (C) 自我强化 (D) 替代强化

(B) 6. 在班级团体中,若要平衡角色期望与个人需求,圆满实现教学目标,最应采用下列哪种领导方式？

(A) 注重个人情意的方式　　　　(B) 注重动态权衡的方式
(C) 注重团体规范的方式　　　　(D) 注重师生互动的方式

(B) 7. 小美回答问题后,张老师回应说:"你答得很好,很有创意。"请问张老师使用了哪一种强化的方式?
　　(A) 实物强化　　(B) 社会强化　　　　(C) 代币强化　　　　(D) 活动强化

(A) 8. 吉诺特(H. Ginott)主张以鉴赏的方式称赞学生。下列哪项为鉴赏式称赞?
　　(A) 小明正在练习吉他。老师说:"你的吉他弹得很好,一定下了不少功夫。"
　　(B) 小华参加野外求生营,赢得荣誉状。老师说:"你很了不起,是同学的好榜样。"
　　(C) 小高答对一道很难的数学题目。老师说:"你真是数学高手,本班这次段考的数学状元就非你莫属了。"
　　(D) 小李完成了打扫任务。老师说:"你认真负责,是个令人喜欢的好学生。"

二、简答题
教师如何通过班级经营,营造良好的班级气氛? 请简述。

2006 年度教师资格检定考试:小学组

一、选择题
(D) 1. 以下哪项为正确的班级教学发问技巧?
　　(A) 教师提问后,要求学生立即回答
　　(B) 师生间应进行一对一的问与答
　　(C) 教师先指名,再提出待答的问题
　　(D) 鼓励学生踊跃回答,勿太早下判断

(D) 2. 强调学习意愿与动机,教学贵在能切合学生学习能力,这种论点属于下列哪一种教育准则?
　　(A) 认知性　　(B) 价值性　　(C) 释明性　　　　(D) 自愿性

(A) 3. "学生不举手就随口发言,老师请他重新举手再指定其发言,而且肯定此举手行为。若下次该生记得先举手,就一定请他发言,而且给予鼓励,以强化举手后发言的好行为。"这属于下列哪一种处理扰乱行为的策略?
　　(A) 交互抑制　　(B) 排除刺激　　(C) 消极注意　　　　(D) 适度惩罚

（ A ）4. 下列哪种分组方式较能激发学生的学习动机和探索欲望?
　　（A）兴趣分组　　　　　　　　　　（B）能力分组
　　（C）随机分组　　　　　　　　　　（D）社会经济背景分组

（ A ）5. 在维持班级秩序的技巧中,下列哪种属于"支持自我控制"性质?
　　（A）强化良好的行为　　　　　　　（B）让学生远离违纪行为的情境
　　（C）轻声和学生对谈　　　　　　　（D）和违纪学生建立师生行为公约

（ D ）6. 下列哪项是最有效的预防型常规经营策略?
　　（A）隔离爱讲话的学生　　　　　　（B）剥夺学生下课自由活动的时间
　　（C）学生做好清洁工作时给予鼓励　（D）教学风格生动活泼而且有趣

（ B ）7. 主张教师应明确制定学生该遵守的行为规范和违规的后果,并在争取学校行政人员及家长的支持之后贯彻执行。这属于下列哪一种班级经营模式?
　　（A）有效动力经营模式　　　　　　（B）果断训练模式
　　（C）教师效能训练模式　　　　　　（D）现实治疗模式

（ C ）8. 游老师发现志伟放学后经常抽烟,于是告诉他,如果每次想抽烟时,就立刻想:"抽烟会得癌症!"这属于以下哪一种行为辅导策略?
　　（A）消退法　　　（B）饱足法　　　　（C）厌恶法　　　　（D）系统脱敏法

二、问答题(请以黑色或蓝色圆珠笔或钢笔于答案卷上作答)

　　1. 有关学生作业的内容与规划,请列出所应注意的原则。
　　2.
> 　　樱樱是小五的学生,在班上的英文程度颇佳,尤其口语能力很强,但是人缘不怎么好。此次举办五年级班级英语演讲竞赛,樱樱与妈妈都觉得樱樱应该可以代表班级参赛,然而樱樱却落选了,因为代表的选举方式是由老师推荐五个人,上台演说后由全班同学投票决定。樱樱回家后向妈妈哭诉,妈妈气愤地带着樱樱来找老师谈。

　　请就上述情境,说明教师应如何与家长进行沟通。

2006 年度教师资格检定考试：中等学校组

选择题

（ A ）1. 当学生表现出良好行为时,教师加以称赞、微笑、回应和期许,这属于下列哪一种奖赏方式?

    (A) 社会性的奖赏   (B) 活动性的奖赏

    (C) 代币性的奖赏   (D) 物质性的奖赏

(D) 2. 张老师说:"为人师表者不但自己的言行要成为学生的楷模,而且应常常在教学中突出优良的学生行为,作为其他学生的典范。"请问张老师的观点最符合哪一位学者的理论?

    (A) 布鲁纳(J. S. Bruner)   (B) 皮亚杰(J. Piaget)

    (C) 加涅(R. M. Gagné)   (D) 班杜拉(A. Bandura)

(B) 3. 方老师与班上同学制定学习契约书,允许学生自己设定学习目标与制订学习计划。请问此一做法主要应用了哪一学派的学习理论?

    (A) 行为学派   (B) 人本学派   (C) 认知学派   (D) 心理分析学派

(B) 4. 王老师若希望将每位学生在组内讨论的表现纳入平时评价,下列哪一种评分方式最为理想?

    (A) 每位同学依评分向度进行自评

    (B) 组内同学依评分向度进行互评

    (C) 教师依各组上台报告内容进行评分

    (D) 教师到各组依评分向度进行观察评分

(B) 5. 有关班级经营的理念,下列哪一种叙述最为正确?

    (A) 班级经营的起始点是在开学之后才开始

    (B) 班级经营集科学、艺术及哲学精神于一身

    (C) 班级经营要有爱心与耐心即可完成任务

    (D) 班级经营强调外在的教室整洁与秩序管理

(C) 6. 下列有关教师领导风格影响班级气氛的陈述,哪项最正确?

    (A) 教师的领导风格是放任式的,学生比较被动

    (B) 教师的领导风格是权威式的,班级文化气氛比较疏离

    (C) 教师的领导风格是权威式的,班级师生关系比较紧张

    (D) 教师的领导风格是放任式的,学生比较容易产生焦虑

(C) 7. 下列对成就动机(achievement motivation)的叙述,哪一项正确?

    (A) 成就动机越低的人越努力避免失败

    (B) 越简单的作业越能激发学习者的成就动机

(C) 学生的努力程度和成就动机的强度间有正相关

(D) 成就动机越高的学生越会认为成功与否取决于他人

(B) 8. 李老师认为班上成绩好的学生亦会有较佳的生活常规表现。前述现象属于哪一种效应?

    (A) 霍桑效应   (B) 晕轮效应

    (C) 蝴蝶效应   (D) 皮格马利翁效应

(D) 9. 请问下列哪项是戈登(T. Gordon)的教师效能训练中所建议使用的技巧?(甲)积极聆听;(乙)我—信息;(丙)暂停;(丁)破唱片法

    (A) 甲丁   (B) 乙丙   (C) 丙丁   (D) 甲乙

(D) 10. 教师逐步塑造学生良好行为的步骤包括:(甲)选择有力的强化物;(乙)分段依次强化;(丙)确定目标性行为;(丁)连续地强化目标行为;(戊)间歇地强化目标行为。其次序是怎么样的?

    (A) 甲→乙→丙→丁→戊   (B) 丙→丁→乙→甲→戊

    (C) 甲→丙→戊→丁→乙   (D) 丙→甲→乙→丁→戊

2007 年度教师资格检定考试：小学组

一、选择题

(B) 1. "小明在教室里几乎每天都会呕吐,每次呕吐之后,就会被带到保健室休息。专家认为离开教室的处理方式,有可能强化其呕吐行为,因此建议教师以后遇到同样情形,就让其留在教室里。"这属于下列哪一种行为改变技术?

    (A) 惩罚   (B) 消退   (C) 正强化   (D) 反向连锁

(C) 2. 詹老师和五年级甲班的同学共同讨论制定班级的行为规范,下列哪一条班规较为适当?

    (A) 破坏班级荣誉者,罚站十分钟

    (B) 上课说话的同学,剥夺其下课时间

    (C) 上学迟到者,罚放学后关锁教室门窗

    (D) 被学校纠察队每登记一次,罚款五元,充作班费

(D) 3. 林老师发现小美的学习不佳。她先帮小美做智力测验,结果智力中等,所以排除

了智力的因素。接着她找了成绩好的学生与小美分享学习的方法,但效果不怎么好。此时应采用哪一种评价方式来诊断小美的学习困难?

  (A) 总结性评价 (B) 安置性评价 (C) 形成性评价 (D) 动态性评价

(A) 4. 王老师发现小伟和小立两人偷偷在桌面下传递纸条,他一面上课,一面走到两人座位旁拿走纸条,未停止上课,也未对两人说任何话。这属于下列哪种班级经营技巧?

  (A) 全面掌控 (B) 团体焦点   (C) 动作管理   (D) 团体警觉

(D) 5. 下表是运用教室观察工具,观察同年级甲、乙两班学生在相同科目、相同时段的一节课中,"投入行为"和"非投入行为"的统计结果。

观察行为(%) 班级		甲		乙	
投入行为		61		72	
非投入行为	转换活动	0	39	10	28
	社交行为	19		2	
	训导行为	3		13	
	无事做	17		3	

以下对甲班的叙述,哪项最适切?

(A) 训导行为较少,表示学生乖

(B) 社交行为较多,显示同学间关系较好

(C) 社交行为较多,训导较少,表示是开放的讨论课

(D) 社交行为和无事做较多,显示老师教学较难引起学生的学习兴趣

(D) 6. "教师提升学生的信心时,应多使用鼓励,少用称赞。"下列哪项较具有"鼓励"性质的意涵?

(A) 你真是聪明! 十分钟就把数学第一部分题目做好了!

(B) 你十分钟就把数学第一部分题目做好了,真是不简单呀!

(C) 只有数学高手才能在十分钟内把数学第一部分题目做好!

(D) 看到你把第一部分数学题目做好了,希望你继续保持,加油!

二、问答题

有一个被认为有问题的六年级班级:上课没有常规、学习态度不好、经常有违规犯过行为且调皮捣蛋、男女对立、同学间疏离不合作、学习表现低等。如果你被任命担任此班导师,应如何有效引导和经营这个班级?

2007 年度教师资格检定考试:中等学校组

选择题

(D) 1. 在上课时,林老师鼓励同学说出自己所经历过的或拥有的价值与情感,并且公开表露个人价值观,让学生知道自己是如何了解、思考、评价和感觉的。请问这是属于价值澄清教学法中的哪一个时期?

  (A) 了解期　　　　(B) 关联期　　　　(C) 评价期　　　　(D) 反省期

(B) 2. 学生认为老师是"重要他人"(significant others)之一而向他学习,或接受他的指导。这属于师生人际关系中哪一项的影响力?

  (A) 专家　　　　(B) 参照　　　　(C) 法理　　　　(D) 强制

(B) 3. 德雷克斯(R. Dreikurs)认为:称赞与鼓励不同,因为称赞是在学生将工作做得很好时才给予的。下列哪一句话最符合德雷克斯所谓的"称赞"?

  (A) 我可以感受到你很认真

  (B) 你刚刚弹的那首曲子真的很动听

  (C) 一起参加周会的感觉很好

  (D) 我发觉你真的很喜欢弹吉他

(C) 4. 教师在开始教学时,常设法给学生一份惊喜,以激发其学习动机。请问这属于下列教学原则中的哪一项?

  (A) 类化原则　　　(B) 自动原则　　　(C) 兴趣原则　　　(D) 精熟原则

(D) 5. 下列哪种教室座位安排比较适当?

  (A) 依照能力的高低　　　　　　(B) 采用男女分排座法

      (C) 按固定身高排列　　　　　　　　(D) 异质分组式排列

(C) 6. 原生性因素(etiological factor)是导致班级学生行为问题的原因之一。下列哪项属于原生性因素?

      (A) 家庭结构改变　　　　　　　　　(B) 生育率下降

      (C) 染色体异常　　　　　　　　　　(D) 职业妇女增加

(A) 7. 教师在进行班级经营或教学时,因有其他教师或观众在场,师生的表现易受影响。此种现象一般被称为何种效应?

      (A) 霍桑效应　　(B) 晕轮效应　　　　(C) 同理心效应　　　　(D) 涟漪效应

(B) 8. 教师在课堂上宣扬自己的宗教信仰,并强制学生配合进行相关的活动。请问此举最不符合下列哪种教育准则?

      (A) 认知性　　(B) 自愿性　　　　(C) 继续性　　　　(D) 价值性

(C) 9. 教师进行班级教学经营时常涉及教学评价的问题,而"双向细目表"常常是编制测验的参考架构。请问"双向细目表"除"教材内容"此一向度之外,另一向度是什么?

      (A) 课程纲要　　(B) 教学进度　　　　(C) 教学目标　　　　(D) 评价方式

(A) 10. 下列哪一种班级经营模式建议教师使用强化原则和程序,以教导学生的学习活动?

      (A) 行为塑造型　　(B) 沟通互动型　　(C) 果断纪律型　　　(D) 合理逻辑型

(B) 11. "有系统的忽视"(systematic ignoring)旨在使学生无从获得原本所期待的注意,因而其不当的行为也将因失去背后的动机而日渐消失。请问下列哪一种不当的行为最适合采用此一策略?

      (A) 小安上课常偷看漫画　　　　　　(B) 小明经常找老师抬杠

      (C) 小华常常不交作业　　　　　　　(D) 小雄常常上学迟到

(A) 12. 在解说牛顿三大定理后,班上学生小真举手询问:"公交车行驶途中突然刹车,车上乘客会先往前倾的现象,是属于哪一种定理?"教师不直接回答,而是将小真的问题再提出问班上其他学生,这属于哪一种提问技巧的运用?

(A) 转问(relay)　　　　　　　(B) 深入探究(probing)

(C) 再次指示(redirection)　　　(D) 反问(reverse)

（ D ）13. 上课时,阿华时常无法集中注意力,坐立不安,会擅自拿取同学的文具。林老师是他的导师,当阿华表现这类不当行为时,下列哪项是林老师最恰当的处理?

(A) 以惩罚的方式来消除不当行为　(B) 采用消极的态度与做法来面对

(C) 与其他的普通学生同等地对待　(D) 了解行为成因并寻求解决方法

2008 年度教师资格检定考试：小学组

一、选择题

（ B ）1. 下列哪项属于教师调整学生学习速度的策略?

(A) 教师设法改变学校课程标准

(B) 教师允许能力较高的学生学习进度超前

(C) 教师决定让学习较迟缓者放弃部分学习内容

(D) 教师发挥专业自主,决定一种适合所有学生的学习内容

（ B ）2. "营造没有威胁性的学习气氛"、"学习过程中给予学生充分的自由去满足其好奇心及兴趣",此班级经营理念偏向下列哪一学派的立论?

(A) 行为学派　　　　　　　　(B) 人本学派

(C) 认知学派　　　　　　　　(D) 社会学习学派

（ C ）3. 下列哪一项不是班级实施"家长志愿者制度"的优点?

(A) 具有社会教育的功能　　　(B) 丰富班级的教学资源

(C) 增加班级教师的工作量　　(D) 解决班级人力不足的问题

（ C ）4. 下列哪种发问技巧最能启发学生的思考能力?

(A) "电灯是谁发明的?"　　　(B) "爱迪生还发明了什么?"

(C) "电灯有哪些用途?"　　　(D) "电灯是什么时候发明的?"

（ C ）5. 张老师在下课时无意间发现小明很喜欢在黑板上涂鸦。下列哪项是较适当的处理方式？

　　（A）劈头便骂，要小明不要在黑板上面乱画

　　（B）不以为意，因为那只是小明的个别喜好而已

　　（C）了解涂鸦的内容，将他的兴趣与学习内容相结合

　　（D）走到黑板前看清楚，只要没有写骂人的语句就可以了

二、问答题

　　试写出两项班级经营的重要内涵，并加以说明。

2008 年度教师资格检定考试：中等学校组

一、选择题

（ D ）1. 美国学者坎特(L. Canter)及其夫人玛琳·坎特(M. Canter)提倡"果断管教法"(assertive discipline)。其基本理念有三，应排除以下哪一项？

　　（A）教师在教室里，必须有相当大的影响力

　　（B）有决断能力的老师，才算是个具有影响力的老师

　　（C）老师在教室里所表现的决断能力是可以培养的

　　（D）教师以威权的方式，主导并控制学生行为

（ A ）2. 林老师在教学时准备了许多生动的图片，引发学生的学习兴趣，让学生认为此门课程是有趣的，这符合动机理论中的哪种概念？

　　（A）好奇心　　　（B）好胜心　　　　（C）认同感　　　　（D）互惠感

（ B ）3. 如果在学校里教导学生窥探他人隐私，与社会规范相悖离。请问这不符合下列哪项教学准则？

　　（A）认知性　　　（B）价值性　　　　（C）自愿性　　　　（D）合理性

（ B ）4. 吴老师为了帮助学生提升学习成效，经常在教学中运用心像法、字钩法及联想法等学习策略。请问此种教学法偏向哪种学习理论？

(A) 行为学派理论　　　　　　　　(B) 认知学派理论

(C) 人本学派理论　　　　　　　　(D) 多元智慧理论

(C) 5. 班级秩序的维护一直困扰许多新进教师。请问下列哪一种做法最为适当?

(A) 课堂上设计许多活动与作业,降低学生违规机会

(B) 制定严谨的班规,并确实执行

(C) 发展学生的班级自治能力

(D) 使用奖惩手段

(D) 6. 老师转身在黑板上写字时,蔡一林就开始和同学聊天。此时老师并没有转过身来,而是一边抄黑板,一边说着:"蔡一林赶紧抄联络簿,不要再聊天了!"请问老师所展现的班级经营技巧是什么?

(A) 引导想象　　　(B) 后设分析　　　　(C) 公平公正　　　　(D) 全面掌控

(B) 7. 有关班级经营的叙述,以下哪项较为适当?

(A) 有关班级经营的决定应全交由教师来做

(B) 班级经营的重要功能应包括营造良好的学习环境

(C) 学生表现优良时,教师以口头称许,这属于物质性强化

(D) 为了公平性,教师在班级经营时,宜以相同策略对待全班学生

二、问答题

1. 认识学生、记住学生的名字是班级经营的重要工作。试列举五种在开学两周内认识学生的有效方法。

2. 教师对自己的教学内容和方法加以检视,搜集教与学两方面的资料,不断修正教学并促进专业成长。请问教师在教学过程中,如何进行教学反思?

2009 年度教师资格检定考试：小学组

一、选择题

(A) 1. 朱老师在教室后面放五个篮子,每个篮子里都有不同难度的数学回家作业,学生

可以从中自由选择适合自己程度的作业。如果顺利完成,可以挑战更高难度的作业。此一方式较能激发学生下列哪种动机?

    (A) 内在动机   (B) 外在动机   (C) 竞争动机   (D) 合作动机

(C)2. 王老师在上课过程中,发现有位学生在玩玩具。于是王老师走到该生座位旁,拿走玩具并用眼神暗示他专心学习。这属于下列哪一种常规管理原则?

    (A) 忽视原则   (B) 消退原则

    (C) 同时处理原则   (D) 避免琐碎原则

(A)3. 教师邀请知名人士到课堂上分享自己的成功经验,学生借此得以仿效该知名人士的成功经验。此教学策略属于下列哪种学习理论?

    (A) 楷模学习论   (B) 人本主义学习论

    (C) 认知发展学习论   (D) 行为学派学习论

(C)4. 教师为了鼓励学生踊跃发言,只要举手发言,就给予一张好宝宝卡;集满十张好宝宝卡的学生,平时成绩加一分。这种教学策略属于下列哪项?

    (A) 间歇强化   (B) 后效契约   (C) 代币制度   (D) 祖母法则

(A)5. 为了培养学生"举手发言"的习惯,张老师在和学生共定班规后,应采取怎样的强化形式,才能在学习初期迅速建立该行为?

    (A) 立即、连续强化   (B) 延宕、连续强化

    (C) 立即、间歇强化   (D) 延宕、间歇强化

(A)6. 以下有关教室布置的描述,哪项是正确的?

    甲、教室布置首先应考虑学生的安全和健康

    乙、教室布置应配合课程和学习,需要适时更新

    丙、缤纷和变化的布置将妨碍学生的专注,因此教室情境应简单和不变

    丁、为避免窗外人员走动干扰学生专注力,应将靠走廊的窗户贴满窗花

    戊、让学生参与教室布置,可刺激其创作和发表意愿,并培养负责的态度

    (A) 甲乙戊   (B) 甲丙丁   (C) 甲丁戊   (D) 乙丁戊

(C)7. 下列哪项属于"我—信息"(I-message)?

(A) 你总是缺交作业,屡劝不听,我不知道该怎么办!

(B) 你怎么又缺交作业了! 这次又是什么理由呢? 请告诉我!

(C) 你经常缺交作业,我没有办法了解你的学习情形,这让我很困扰!

(D) 我为你的缺交作业想过很多办法,但你还是缺交,我已经无法可想了!

(B) 8. 下列哪项是班级经营的最终目的?

(A) 有效进行教学活动　　　　　(B) 促进学生的学习成效

(C) 维持良好的班级秩序　　　　(D) 提高学生的课业投入时间

二、问答题

1. 教师选择教学资源时,应考虑哪些原则?

2. 大雄经常不写家庭作业,如果你是班主任,如何运用"行为塑造法"来改进大雄的行为?

2009 年度教师资格检定考试:中等学校组

一、选择题

(B) 1. 班规、同学关系、教师领导风格、班级的情境布置与气氛营造等,对学生的学习与成长常有重大影响。这属于下列哪一个选项的内涵?

(A) 活动课程　　　　　　　　(B) 潜在课程

(C) 正式课程　　　　　　　　(D) 空无课程

(B) 2. 大明最近常常欺负同学,经教师询问得知,他是从电玩和电视中学到这些行为的。此一现象可用下列哪种理论加以解释?

(A) 操作性条件反射论　　　　(B) 社会学习论

(C) 信息处理论　　　　　　　(D) 情境认知论

(C) 3. 张老师的班级有许多不同族群背景的学生。下列哪一种班级经营的做法较不适当?

(A) 设计教学活动时要兼顾学生不同的学习风格

(B) 上课时可以采用异质性分组的合作学习方式

(C) 为各种族群背景的学生制定不同的班级常规

(D) 增加对不同文化的理解并提升多元文化知识

(D)4. 叶老师针对学生的回答,说道:"请举一例支持你的说法并说明理由。"这属于下列哪一种发问技巧?

(A) 转问(relay)　　　　　　　　(B) 反问(reverse)

(C) 理答(responding)　　　　　　(D) 深入探究(probing)

(A)5. 在班级经营时,教师运用学生具有高呈现频率的行为,以提升其仅具有低频率的行为,并通过师生约定的方式,促其表现出期望的行为。此做法属于下列哪一种策略?

(A) 条件契约　　(B) 行为制约　　(C) 逐步养成　　(D) 系统脱敏

(C)6. 教师在处理学生的不当行为时,可安排情境,使学生的不当行为与教师认可的行为难以并存。这属于下列哪种行为改变技术?

(A) 消退法　　(B) 强化法　　(C) 交互抑制法　　(D) 排除刺激法

(A)7. 陈老师鼓励学生自定班规,为自己的班级命名;在班级内展示学生的作品,提供学生参与教学决定的机会。陈老师采用了格拉瑟(W. Glasser)的何种班级经营理论?

(A) 选择理论　　(B) 自我理论　　(C) 团体理论　　(D) 制约理论

(C)8. 阿翔无法控制自己的情绪,常常和同学争吵。导师面对阿翔的行为,采取下列哪种措施较佳?

(A) 向阿翔详细说明班级规范,并依班规处罚

(B) 阿翔一有情绪失控行为,即通知其家长,等待家长到校处理

(C) 特别注意阿翔的行为,并立即处理阿翔与同学间的争执

(D) 阿翔一有情绪失控行为,即转知辅导室派专人辅导

(B)9. 原本学业成绩相当好的阿哲,最近经常不交作业,成绩也越来越差,甚至对学习活动表现得不在乎。阿哲最可能出现下列哪一种情形?

(A) 起点行为落后　　　　　　　　(B) 成就动机低落

(C) 智力商数下降　　　　　　　　(D) 安全依附不足

二、问答题

教师和学生共同制定班级常规时,应把握哪些原则? 试根据前述原则列出五条班规。

2010 年度教师资格检定考试:小学组

一、选择题

(D)1. 教师观察到小明上课时坐不住,每隔不到 10 分钟就会离开座位。有一节课,小明专注地坐在位子上写作业超过 10 分钟,教师见状给予口头称赞。此做法属于下列哪一项?

    (A) 行为塑造法 (B) 行为契约制   (C) 过度矫正法   (D) 区分性强化

(D)2. 教师在接一个新班级时,想要和家长就班级各种事务进行讨论。在亲师沟通上,应该选用哪种方式比较适当?

    (A) 电话联系   (B) 约见面谈   (C) 家庭联络簿   (D) 班级家长会

(D)3. 小慧妈妈告诉老师:"小慧学业压力大,不喜欢上学。希望老师不要以成绩来排名次;请老师多与小慧互动,了解她的兴趣与需要。"这位家长的教育哲学观,比较接近下列哪一种?

    (A) 自由主义   (B) 实用主义   (C) 精粹主义   (D) 进步主义

(A)4. 上课时,甲生举手提问,老师详细讲解并称赞其提问的勇气;此时乙生不但理解了该问题的内容,之后也会在发现问题时举手发问。乙生的学习较符合下列哪种理论?

    (A) 社会学习理论   (B) 激进建构理论
    (C) 情境学习理论   (D) 鹰架学习理论

(A)5. 在教学活动中,学生出现反社会或干扰教学的行为时,教师可采取下列哪些策略以改变学生的不当行为,增加其注意力而较不会中断教学?

    甲、慢慢趋近出现反社会或干扰教学行为的学生
    乙、提高音量或放慢说话的速度
    丙、注视出现反社会或干扰教学行为的学生

丁、指名制止出现反社会或干扰教学行为的学生

(A) 甲乙丙　　　(B) 乙丙丁　　　　(C) 甲乙丁　　　　(D) 甲丙丁

二、问答题

试简述班级经营中有效的奖惩原则,并举例说明。

2010 年度教师资格检定考试：中等学校组

一、选择题

(D) 1. 有关教室布置的叙述,下列哪项比较正确?

(A) 教室布置工作应由教师负起全责加以完成

(B) 教室布置是学生的责任,教师不必关心

(C) 为避免劳师动众,教室布置最好以一年更换一次为宜

(D) 教室布置的空间规划,宜考虑有助于单元教学目标的达成

(A) 2. 教师为明了学生的人际关系,采用社会计量法来了解学生的社交网络。请问,教师所用的社会计量法属于下列哪一种评价方式?

(A) 同侪评鉴　　　　　　　　(B) 档案评价

(C) 标准化测验　　　　　　　(D) 自陈报告量表

(B) 3. 老师对学生说:"如果书面报告写得很好,可以免除下次的小考。"请问,这种做法属于下列哪一项?

(A) 惩罚(punishment)

(B) 负强化(negative reinforcement)

(C) 正强化(positive reinforcement)

(D) 移除强化(reinforcement removal)

(D) 4. 为激发学生的创造思考能力,教师鼓励小组成员尽量提出意见,并对各种意见先不作批评。这是下列哪一种讨论技巧的应用?

(A) 拼图法　　　　　　　　　(B) 菲利浦斯 66 法

(C) 辩论比赛　　　　　　　　　　(D) 脑力激荡法

(B)5. 将学校学习场合视为解决生活中真实问题的实验室,强调学习者通过各种真实事物或事件的思考,运用各种已有的学习经验,解决所面临的各种问题。请问,这种做法比较接近下列哪一种教学理论的主张?

(A) 皮亚杰(J. Piaget)建构主义　　(B) 杜威(J. Dewey)做中学

(C) 布鲁纳(J. Bruner)发现学习　　(D) 凯勒(F. Keller)个别化学习

(B)6. 学生对学习情境的解释与其采取的适应策略息息相关。有些学生往往在新单元教学不久后就表示"那太难了"或"这不是我拿手的"。请问,下列哪项最适合用来描述这些学生所采取的适应策略?

(A) 工作取向　　(B) 自我防御　　(C) 社会依赖　　(D) 真实反应

(C)7. 李老师在班级经营中,当学生出现教师期望的良好行为时即给予记点加分,以兑换其喜欢的强化物。请问,教师的这种做法比较接近下列哪一种奖赏类型?

(A) 社会性的奖赏　　　　　　　　(B) 活动性的奖赏

(C) 代币式的奖赏　　　　　　　　(D) 物质性的奖赏

(A)8. 班级经营成功与否,与教师的管教态度有关。请问,下列哪一种教师的说法较为正向?

(A) "老师希望了解作业迟交的原因,也希望小老师可以帮忙督促。"

(B) "小义同学,你如果不是不舒服,就坐好,上课时不要趴在桌上。"

(C) "小平同学,上课怎么可以打瞌睡!真是浪费爸妈的辛苦血汗钱。"

(D) "段考成绩总平均若达不到全年级前三名,全班到运动场做青蛙跳。"

(D)9. 吴老师上英语课时,教导"从句"(subordinate clauses)的用法,学生精熟后,距下课还剩约15分钟。为了运用剩余时间,吴老师继续讲解这项主题,但学生却显得毫无兴趣,并开始交头接耳。请问,根据库宁(J. Kounin)的观点,这位老师的教学体现了下列何种现象?

(A) 全面掌控(withitness)　　　　(B) 摇摆不定(flip-flop)

(C) 支离破碎(fragmentation)　　(D) 过度饱足(satiation)

(A) 10. 戈登(T. Gordon)所发展出来的"教师效能训练"(teacher effectiveness training)模式旨在建立良好的师生关系,因此特别重视三种技巧。请问下列哪项不包括在内?

（A）介入处理　　（B）主动倾听　　　　（C）化解冲突　　　　（D）解决问题

二、问答题

学校所属的物理环境、校地大小、建筑设备、校园布置等都属于物质文化的范畴。以上诸因素之良窳,会对学生的"心理平衡"、"价值观和态度"与"学习方式"等三方面产生哪些影响? 请至少各举出一项加以说明。

2011 年度教师资格检定考试: 小学组

一、选择题

(B) 1. 小明学习英语时,如果受到教师的鼓励,学习就更起劲;但是如果受到教师的责骂,学习就意兴阑珊。这是哪一种学习定律?

（A）准备律　　（B）效果律　　　　（C）练习律　　　　（D）交换律

(A) 2. 有关学生问题行为的成因,下列哪一项叙述正确?

（A）学生的问题行为可能来自教师的不当管教

（B）学生不当行为的产生,都是为了引起教师的注意

（C）城市、乡村和郊区学校的学生问题的成因,没有什么不同

（D）家长和教师教养态度不一致时,并不会影响学生的行为表现

(C) 3. 小明上课时故意走动,借以引起教师注意。教师采取不理睬的态度,经过几次后,小明就不再有此种行为。教师的此种做法属于下列哪种?

（A）同化原则　　（B）调适原则　　　　（C）消退原则　　　　（D）强化原则

(B) 4. 下列哪些方式有助于李老师保持全班学生的注意力?

甲、同时让每个学生都参与活动

乙、严厉纠正或惩罚不专心的学生

丙、指名个别学生,再出题命其回答

丁、随时环视全班并机动调整教学活动

(A) 甲乙　　　　(B) 甲丁　　　　(C) 乙丙　　　　(D) 丙丁

(B) 5. 李老师认为现在的学生学习过于被动,想要设计一个让学生主动学习的教学策略。下列哪种做法不适切?

    (A) 帮助学生互相认识,进行合作学习

    (B) 提出问题,并提供完整的范例与解答

    (C) 帮助学生建立对学习内容的兴趣与好奇

    (D) 了解学生的能力与程度,并鼓励分享知识

(B) 6. 小杰经常控制不了自己的情绪,发作时总会哭闹着推倒桌椅。辅导主任建议导师采用"过度矫正"的策略。下列哪项符合此一策略?

    (A) 请同学共同要求小杰练习控制情绪

    (B) 请小杰扶正推倒的桌椅并将全班的桌椅排列整齐

    (C) 请小杰抄写"我不乱发脾气、不再乱推桌椅"10 遍

    (D) 请小杰在全班同学面前大声念出"我会控制情绪"20 遍

(A) 7. 当学生将要发脾气时,林老师总是先安抚学生,然后请学生思考以下问题:

    甲、除了发脾气以外,还可以做哪些事情?

    乙、如果你做了那些事情,会有什么后果?

    丙、在这些后果中,哪一个最好? 为什么?

    丁、如果再发生同样的情况,你会怎么做呢?

    林老师的做法应用了下列哪一项策略?

    (A) 认知本位策略　　　　　　(B) 行动照顾策略

    (C) 情绪抒发策略　　　　　　(D) 抗拒支配策略

二、问答题

    小雄是一位个性害羞的男生,讲话声调比较细柔,动作举止也较为"女性化",班上有些同学会笑他"娘娘腔"或"不男不女"。对于这些学生的不当行为,教师应如何进行辅导?

2011年度教师资格检定考试：中等学校组

一、选择题

(A) 1. 陈老师在上课时,会随时因应学生的学习速度、提供多样性的教材内容、调整评价的内容,也会调整教师的角色与任务。陈老师采用了下列哪种教学策略?

(A) 个别化教学策略　　　　　(B) 团体化教学策略

(C) 拟人化教学策略　　　　　(D) 目标化教学策略

(C) 2. 班级家长会为激励学生的学习动机,提出"本次段考前三名同学,每人可获500元奖金"。此一做法最有可能造成下列哪种效应?

(A) 会建立精熟的学习目标

(B) 会传达自我精进的观念

(C) 会造成班内同学的竞争

(D) 会树立努力与追求进步的学习楷模

(C) 3. 有关班级常规的经营,以下哪一项叙述的最适当?

(A) 班级常规是由导师制定的

(B) 班级常规的执行限定在教室之内

(C) 班级常规的经营会形成潜在课程

(D) 班级常规的经营就是处理学生的偏差行为

(A) 4. 王老师因为甲同学不专心听课,且频频与邻座的乙同学讲话,因此让甲、乙两同学罚站,让其他同学引以为戒。下列哪一项最符合这种现象?

(A) 涟漪效应　　(B) 自我应验　　(C) 补偿作用　　(D) 投射作用

(D) 5. 谢老师在开学时对全班说:"我已经看过全班同学的资料,发现我们这班的学业性向成绩优于其他班级……"并且在学期中多次提到这点。结果,这个班级的平均成绩果然优于其他班级。下列哪一项最符合这种现象?

(A) 以身作则(modelling)

(B) 天花板效应(ceiling effect)

　　(C) 霍桑效应(Hawthorne effect)

　　(D) 自我应验预言(self-fulfilling prophecy)

(A) 6. 教师在处理班级问题行为时,下列何者是合理的?

　　(A) 觉察→诊断→处方→辅导→评价→追踪

　　(B) 觉察→诊断→追踪→辅导→处方→评价

　　(C) 觉察→诊断→辅导→评价→处方→追踪

　　(D) 觉察→诊断→处方→追踪→辅导→评价

二、问答题

　　若您是一位新老师,正好担任初中(或高中职)一年级新生的导师,您将如何带领这个班级,让学生遵守班级规范?

2012 年度教师资格检定考试：小学组

一、选择题

(A) 1. 学生学习后体会道："陈树菊女士的善行之所以能够温暖人心,并不在于捐款是否令人赞叹,而在于善举本身朴实且踏实的本质。"此属于下列哪一种学习结果?

　　(A) 态度情意　　(B) 动作技能　　(C) 心智技能　　(D) 认知策略

(A) 2. 一般而言,教师家庭访问应该特别注意下列哪项?

　　(A) 拟定沟通内容　　　　　　　　(B) 了解家庭隐私

　　(C) 宣传教育政策　　　　　　　　(D) 评论其他教师

(C) 3. 下列哪项不是教师管教学生的适切措施?

　　(A) 调整学生座位　　　　　　　　(B) 要求学生口头道歉

　　(C) 取消学生加入社团的权利　　　(D) 要求学生完成未完成的作业

(D) 4. 下列哪项是实施行为改变技术的第一个步骤?

　　(A) 选择强化物　　　　　　　　　(B) 确认起点行为

(C) 选择强化方式　　　　　　　(D) 确定目标行为

(B) 5. 每当小明考 100 分时,张阿姨就会送给小明一张他最喜欢的棒球卡,因此在小明的心中,认为张阿姨是全世界最爱他的人。此时的小明应处于科尔伯格(L. Kohlberg)道德认知发展理论的哪一个阶段?

    (A) 避罚服从导向　　　　　　　(B) 相对功利导向

    (C) 寻求认同导向　　　　　　　(D) 顺从权威导向

(B) 6. 下列哪一项做法运用了社会性强化的技巧?

    (A) 学生犯错时,立即给予惩罚

    (B) 学生答对时,给予赞美和肯定

    (C) 让成绩优秀的学生免除劳动服务

    (D) 对获得全校第一名的学生颁发奖学金予以鼓励

(D) 7. 由于班级学生的生活常规每况愈下,教师拟运用"脑力激荡"引导学生找出解决方法,其运用的最关键原则是什么?

    (A) 掌控时间

    (B) 规定大家参与

    (C) 运用菲利浦斯 66 法

    (D) 对于各种解决方法先不作价值判断

(B) 8. 王老师对学生充满同情,对教学抱持热情。这使得他对弱势学生的违规或抗拒行为,常不忍苛责。若以批判教育学的观点来看,王老师的思维盲点是什么?

    (A) 教师应提供学生适切的学习资源

    (B) 教师对该类学生的特质过度感同身受

    (C) 教师应避免复制学校与社会上的种种不公义

    (D) 教师是道德的中介者,必须善尽责任与义务

二、问答题

    学生上课玩手机,教师应如何介入以改善此行为?

2012 年度教师资格检定考试：中等学校组

一、选择题

(A) 1. 教师教学时不宜出现下列哪一种情况？

(A) 对学生说："牛牵到北京还是牛。"

(B) 熟悉班上学生的姓名与背景,常以适性语言沟通鼓励

(C) 对起点行为不足或内向羞怯的学生,设定不同的成功标准

(D) 要求学生搜集生活素材,做到"蛛丝马迹皆学问,落花流水皆文章"

(C) 2. 下列何者属于班级经营中的"心理—社会"环境？

(A) 班级动向　　(B) 班级时间　　　　(C) 班级气氛　　　　(D) 班级空间

(B) 3. 教师对于班级中表现良好的同学,可给予不同类型的奖赏。下列有关奖赏类型的叙述,哪项是正确的？

(A) 和这位同学握一下手,是为活动式的奖赏

(B) 给这位同学一个微笑,是为社会式的奖赏

(C) 记这位同学一次优点,是为物质式的奖赏

(D) 送这位同学一份礼物,是为代币式的奖赏

(D) 4. 王老师问："每一个人都可以随便打人、偷窃或说谎吗？"请问,下列哪一种学生的反应属于"自律"？

(A) 因为我不喜欢,所以不可以

(B) 老师说不可以,所以不可以

(C) 这么做是违反校规的,所以不可以

(D) 这么做会侵犯与伤害别人,所以不可以

(D) 5. 小强与小明在课堂上讲话,影响教学活动的进行。为处理此种不当行为,教师不宜采取以下何种策略？

(A) 问小强："有什么事吗？"

(B) 走到教室前方,沉默地站着

(C) 注视着小明,把手指放在唇上

(D) 对着小强与小明微笑,点头示意

(C)6. 教师想了解学生是否熟练心肺复苏术(CPR)急救程序,以便发予通过证明。此时应使用哪一种方式进行评价最为适切?

(A) 以口述方式说出操作程序与动作

(B) 学生两两互为对象进行模拟操作

(C) 以道具人安妮为对象进行模拟操作

(D) 联系消防局,利用溺水或意外个案进行实际操作

(C)7. 下列哪一叙述最符合"果断纪律型"教师的特质?

(A) 把漫画书收起来,否则就有你受的

(B) 我一再要你不要讲话,你却明知故犯

(C) 小莉,你必须举手发问,未经允许,不得问问题

(D) 为什么你一再欺负小明,我已经告诉你好多次不要再欺负他了

二、问答题

某生经常在课堂上制造事端以引起师生的注意,不仅干扰班级秩序,并且影响教学进度。面对此一案例时,教师应如何处理?

2013 年度教师资格检定考试：小学组

一、选择题

(C)1. 下列哪些方法可促进学生踊跃发言?

甲、提供强化物

乙、依座号顺序轮流发言

丙、提出符合学生生活经验的问题

丁、尽量提出批评,以激励学生反省

戊、对于较沉默的学生,鼓励转述他人的发言内容

(A) 甲乙丙　　　(B) 甲乙丁　　　(C) 甲丙戊　　　(D) 乙丙丁

（ B ）2. 学生为了引起教师的注意,频频出现"不举手就讲话"的行为。教师较不宜采取
下列哪种处理方式?

    （A）即刻予以制止   （B）予以惩戒处分

    （C）予以漠视不加理会   （D）提醒尊重他人发言权

（ C ）3. 小明上课爱玩玩具,又屡劝不听。如果老师运用"我—信息"策略,会对小明说什么?

    （A）小明,你上课一冉玩玩具,实在很差劲!

    （B）小明,你下次再玩玩具,我就没收不还你了!

    （C）小明,你上课玩玩具,影响我上课,我很生气!

    （D）小明,你为什么不听话? 叫你上课不要玩玩具你偏要玩!

二、问答题

    小华上课时喜欢跟老师唱反调。老师说坐下,他就是要站起来;老师说故事时,他就不断喊:"不好听! 不好听!"为了避免产生涟漪效应,教师应如何有效处理? 试至少列举四种策略。

2013 年度教师资格检定考试：中等学校组

选择题

（ C ）1. 下列有关教室布置的叙述,哪一项有误?

    （A）布置要考虑教育性和环保

    （B）布置要留意温度、通风和光线

    （C）布置要固定,一劳永逸,不再更换

    （D）布置要考虑安全,避免出现有毒物品

（ D ）2. 杨老师使用微笑、轻拍学生肩膀或眼神接触,以强化学生的良好行为。杨老师使用了下列哪一种强化方式?

    （A）实物性强化 （B）活动性强化   （C）符号性强化   （D）社会性强化

（ D ）3. 教务主任为了实验,随机抽取八年一班的三位学生,然后告诉新接八年一班的英

文教师,这三位学生的资质特别优异。一学期后,这三位同学的成绩果然脱颖而出。这三位同学表现优异的现象,属于下列哪一种效应?

    (A) 晕轮效应   (B) 霍桑效应

    (C) 混沌效应   (D) 皮格马利翁效应

(A) 4. 在班级经营时,教师不宜运用下列哪一种肢体语言?

    (A) 经常触及学生身体以表示亲切

    (B) 运用身体姿势以传达教师的情绪

    (C) 运用眼神接触,提醒聊天的学生停止说话

    (D) 走近不专心的学生,让其注意力集中于课业

(C) 5. 下列哪项属于"人本中心"的班级经营取向?

    (A) 教师自行制定班规   (B) 教师负责班级规划与组织

    (C) 教师引导学生共同制定班规   (D) 教师要求学生遵守既定的规范

(C) 6. 姜老师对班级经营所抱持的基本想法是:"学生获得奖励的行为会重复出现,被忽视或惩罚的行为会减少或消失。因此,可适当使用强化物,来塑造学生的行为。"姜老师的想法较接近下列哪一选项的主张?

    (A) 格拉瑟(W. Glasser)的选择理论

    (B) 戈登(T. Gordon)的教师效能训练

    (C) 斯金纳(B. Skinner)的操作性条件学习

    (D) 雷德尔(F. Redl)和瓦滕伯格(W. Wattenberg)的团体动力学

(A) 7. 叶老师先对阿忠的妈妈说:"以我对阿忠的观察,他跟同学间的相处一直很好,只是没想到前几天和同学发生一点争执而大打出手。现在同学都不理他了。"又说:"虽然这件事我已居中做了调解,今天请您来学校,是想了解应该如何进一步帮助阿忠。"最后说:"我想告诉您接下来我会怎么做,也希望您可以支持并和我合作。"这属于下列哪一种亲师沟通技巧?

    (A) 三明治技术   (B) 迂回沟通术   (C) 评价式称赞   (D) 鉴赏式称赞

(C) 8. 下列哪一项属于无效的称赞?

    (A) 你代表班上同学比赛得到佳作奖,我们与有荣焉

　　(B) 你有今天的好表现,那是因为你能一直超越自我

　　(C) 这次本班成绩进步,是因为命题老师多半是本班的任课老师

　　(D) 这次班级获得团体奖项,是各位用汗水所编织出来的结果

(C)9. 周老师利用"社会计量法"评估班上同学的人际关系。下列哪一项做法有待商榷?

　　(A) 周老师在指导语中限定每位学生最多只能选五人

　　(B) 周老师向学生保证,他对填答的结果会予以保密

　　(C) 为避免泄漏学生的选择,周老师不会根据学生的作答进行分组

　　(D) 周老师使用真实情境的问题,例如:班游中,你最希望与谁同组? 最不希望与谁同组?

(B)10. 林老师强调,奖惩对学生是有效的,为营造一个理想的学习环境,要让学生清楚知道老师的期望,且要贯彻执行。此一观点符合下列哪一种班级经营的理念?

　　(A) 目标导向　　(B) 果断纪律　　　(C) 和谐沟通　　　　(D) 权变理论

2014 年度教师资格检定考试:小学组

一、选择题

(B)1. 家庭联络簿是亲师有效沟通的桥梁。下列有关家庭联络簿的运用方式,哪一种较为适切?

　　(A) 学生偷窃、说谎等负向行为,宜用联络簿告知家长

　　(B) 学生在校的优异表现,可通过家庭联络簿让家长了解

　　(C) 若家长工作忙碌,可一星期在家庭联络簿上签名一次

　　(D) 若家长连续几天未在联络簿上签名,只需问学生原因,不必联络家长

(A)2. 维持上课秩序,以利教学进行,是教师做好班级经营的要务。下列哪一种方式较不适当?

　　(A) 教师要建立个人的权威　　　　(B) 教师善用辅导与管教办法

　　(C) 尽量让教学变得生动有趣　　　(D) 教师事先与学生约定奖惩方式

（ A ）3. 在班级经营中运用"条件契约"，下列哪种做法较不适切？

    （A）契约内容应经过学校核备   （B）契约内容应让学生感到公平

    （C）契约中的语词应具体明确   （D）多采用正向行为结果叙述方式

（ A ）4. 张老师请同学讨论："如果知道其他同学受到欺凌，在自己也有可能受到威胁的情况下，是否应该主动告知师长？"同学充分讨论各种情况，并仔细思考各种结果后，公开表达自己的想法与做法。这属于价值澄清法中的哪一个阶段？

    （A）选择   （B）珍视   （C）行动   （D）检讨

二、阅读下文后，回答 1—2 题

    某日，上完体育课，同学们陆续回到教室，小华忽然大叫："我钱包里的 500 块钱不见了！"顿时，全班乱成一团。

（ D ）1. 如果你是班主任，宜先采取下列哪一项策略？

    （A）对全班进行地毯式大搜索

    （B）请学生匿名写出最有嫌疑的同学

    （C）请小华公开说出最有嫌疑的三个同学

    （D）请小华回忆从到学校到现在的全部经历

（ A ）2. 如果小华丢钱属实，但一直无法发现钱的下落，那么在放学前，班主任宜采取下列哪种策略？

    （A）安抚小华的激动情绪，联络家长并说明后续的处理方向

    （B）告诉小华一切错在他自己，不该携带太多钱财引发他人觊觎

    （C）态度坚定地告诉学生，没有查个水落石出，大家就都不要放学

    （D）以如何预防丢钱为题，引导全班以小华为鉴，此后绝对不要带钱到校

三、问答题

    1. 营造一个安心且热衷学习的教室文化，有助于提升学生的学习品质。请提出教师可用以形塑这种文化的三种方法，并加以说明。

    2. 张老师是小学高年级导师，她发现班上各组同学的向心力不高，组员之间很容易产生冲突，讨论的表现也不佳。请提出四种可以改善上述状况的策略，并加以说明。

2014年度教师资格检定考试：中等学校组

一、选择题

(B)1. 上课时,黄老师发现大明为了引起她的注意,常会出现怪声或做出奇怪举动,黄老师却刻意不加理会;不久之后,大明自觉无趣,便不再出现前述行为。黄老师所采取的策略属于下列哪一种?

　　(A) 隔离　　　　　(B) 消退　　　　　(C) 正强化　　　　　(D) 负强化

(B)2. 王老师知道班上同学喜欢打球,但不喜欢写数学练习题,因此要求全班同学完成数学练习题后才可以去打球。王老师运用了何种赏罚原则?

　　(A) 代币原则(token principle)

　　(B) 普雷马克原则(Premack principle)

　　(C) 社会性酬赏原则(social reward principle)

　　(D) 社会互赖原则(social interdependence principle)

(A)3. 下列有关亲师冲突的认知,哪项是正确的?

　　(A) 亲师冲突是可能发生的事件,教师应发挥专业素养,及时处理

　　(B) 亲师冲突会造成敌意,应依家长的意见行事,避免冲突扩大

　　(C) 亲师冲突代表教师的教学或管教方式有问题,应该立即检讨改进

　　(D) 教师只要公平对待每位学生,家长就会支持,不会发生亲师冲突

(D)4. 杨老师在厕所发现正在抽烟的学生,要求学生把烟交出来,学生呛老师多管闲事,老师一气之下打了学生一个耳光。隔天该生家长到校长室,告老师体罚学生。经正当程序后,杨老师被记一个大过,才平息这件事。下列哪一项叙述较为正确?

　　(A) 学生不该抽烟,被抓后态度又差,老师的体罚是可被接受的

　　(B) 家长应该告诫孩子,因犯错被体罚是应该的,不可责怪老师

　　(C) 学校的处分太过不近人情,杨老师负起管教责任应该被肯定

　　(D) 老师应以说理方式辅导学生,而不应采取体罚方式加以处理

(A)5. 九年级三班的叶大雄上学经常迟到,但是今天却准时到校。身为该班导师的你,

采取下列何种反应最适宜?

    (A) 立即口头赞赏叶大雄准时上学的行为

    (B) 交付叶大雄每日早自习点名的责任

    (C) 给叶大雄记个优点,予以特别奖励

    (D) 哇! 今天变天了,叶大雄准时上学了

二、问答题

    傅同学因段考作弊,被记大过一次,其家长向导师抗议,认为校方小题大作。请说明可供该班导师参考的五项处理方式。

2015年度教师资格检定考试: 小学组

一、选择题

(D) 1. 吴老师带着同学一起制定班级公约。在讨论过程中,吴老师告诉学生"该如何做",而不是告诉他们"不可以做些什么"。此种做法最符合下列哪种班规建立原则?

    (A) 班规与学校校规相互配合   (B) 考虑学生的身心发展与成熟度

    (C) 切合大原则并简单易执行   (D) 班规以正面措词加以叙述为佳

(D) 2. 教师提问后,当学生回答不正确时,下列何种处置方式较不适切?

    (A) 教师再将题目复述一次

    (B) 提供学生线索并略加以提示

    (C) 建议学生暂停回答,再多加思考

    (D) 教师提出个人观点,修正学生的错误

(A) 3. 下列有关座位安排的叙述,何者有误?

    (A) 直列式有利于师生眼神接触和非语言沟通

    (B) 圆桌式虽有利于学生合作学习,但易使学生分心

    (C) 马蹄式有利于教师随时走到中央位置,注意每个学生的反应

    (D) 在直列式的座位安排下,坐在前面和中央的学生,通常有较高的参与感

（ A ）4. 下列哪项较属于果断型(assertive style)的教师态度与行为?

（A）建立教室常规,并确实执行,以维持高效率的学习环境

（B）教师必要时,可以严厉指责学生,以展现教师的决断力

（C）针对学生正向行为予以强化,避免惩罚学生的不当行为

（D）教师应独当一面,避免学校行政人员及家长介入班级经营

（ B ）5. 杨老师积极布置一个良好的教学情境来感染学生,让学生能经由模仿作用提升学习动机与成效。此种做法较符合下列哪种理论的主张?

（A）系统强化理论   （B）社会学习理论

（C）结构功能理论   （D）需求层次理论

（ B ）6. 李老师上课时,看到小华不停地刷手机,吸引了其他同学的目光,没多久还发出一阵阵的嘻笑声。后来李老师没收了小华的手机,小华请求李老师归还无效后,生气地瞪着老师。如果你是李老师,与学生沟通时,下列哪一种说法较为适切?

（A）你是不是想要对我动手   （B）你是不是有话要跟我说

（C）你这样是幼稚且愚笨的行为   （D）如果我是你,我会立刻道歉

二、问答题

小新、小明和小凯三个男生常在一起玩。小新的说话腔调及行为有点女性化,小凯有一次开玩笑说:"小新,你真像女生耶!我要叫小明摸你大腿喔!"这时小新拿起桌上的圆珠笔说:"你敢摸我,我就刺下去。"话才说完,他就马上往小明的大腿刺下去!开玩笑的是小凯,小明只是站在一旁起哄,反而成为受害者。如果你是老师,应该如何处理这项偶发事件?(至少写出四项)

2015年度教师资格检定考试:中等学校组

一、选择题

（ C ）1. 刘老师为能掌控学生上课时的注意力,安排∏字形学生座位,上课时采用异质分组,进行小组讨论与学习。除课本内容外,刘老师还编制了许多内容加深加广的教材,要求学生课前预习与课后复习。请问,刘老师的教学较偏向何种教育理念?

(A) 精熟学习　　(B) 协同教学　　　　(C) 学习共同体　　　(D) 生命共同体

（ D ）2. 林老师得知班上某些同学常在校园人迹较少的角落聚集。负责该角落整洁工作的同学也向林老师报告,打扫时常要清理一堆锡箔纸、奇怪的罐子、针头及纸卷。林老师怀疑班上同学可能涉及药物滥用的问题。请问,林老师如何处理较为恰当?

(A) 立即通报警察机关来校处理

(B) 呈报学务处,由学务处处理

(C) 与家长联系,自行带回管束

(D) 与家长和相关单位共商对策

（ B ）3. 有关班级经营的叙述,下列何者最为正确?

(A) 班级经营应遵循成规,对学生一视同仁

(B) 班级经营的决定应由教师与学生共同做出

(C) 班际比赛得到冠军是班级经营最应强调的事项

(D) 教师只要有耐心与爱心,班级经营即可顺利进行

（ D ）4. 张老师计划以"社会计量法"来安排学生座位时,会优先考虑下列哪一方式?

(A) 按照学生的成绩高低安排座位

(B) 按照学生的身高安排座位

(C) 让上课表现良好的学生先选座位

(D) 按照学生的同侪喜好安排座位

（ B ）5. 游老师进行班级经营时,学生累积满十个笑脸章,可选择兑换第一等级的奖品,或可选择不兑换,将十个笑脸章转换成一张荣誉卡,每累积五张荣誉卡,则可兑换学生更喜欢的高一级奖品;依此类推。游老师此一学习奖励的设计,主要希望培养学生哪一种能力?

(A) 自我认同(self-identification)

(B) 延迟满足(delay of gratification)

(C) 场独立性(field independence)

(D) 观点取替(perspective taking)

（ B ）6. 下列哪一句话,比较属于"我—信息"(I-message)的沟通策略?

(A) 你总是缺交作业,我真不知该怎么办

(B) 我无法了解你缺交作业的原因，我很担心你的成绩会退步

(C) 你已缺交作业好多次了，下次再缺交作业，就不要来上课了

(D) 我为你缺交作业想了很多办法，你还是缺交，你到底是怎么了

7—8 为题组

阅读下文后，回答 7—8 题。

张老师安排四至五个学生为一组，并且各组均有高中低程度的学生。上课时老师先说明基本概念，再提供学习任务由小组共同讨论，然后各组分享讨论的结果。

（ D ）7. 张老师运用此一教学设计最主要的用意是什么？

    (A) 改善班级常规管理　　　　　(B) 提供学生前导组织

    (C) 增强学生学习精熟程度　　　(D) 提供鹰架以增进学习

（ D ）8. 此一教学设计最强调的学习观点是什么？

    (A) 学习是信息处理策略的应用　(B) 学习需要经过练习而精熟

    (C) 学习是教师专业知识的传授　(D) 学习通过社会互动而建构

二、问答题

李老师的班上有许多漫画迷，他担心学生看漫画会影响课业学习，但又不想采取严厉强制的手段来禁止学生看漫画。请问，李老师应采取哪些班级经营策略来引导学生学习呢？请列举五项。

2016 年度教师资格检定考试：小学组

一、选择题

（ D ）1. 下列何种情境最不适合使用消退策略？

    (A) 小明上数学课时，没有举手就发言

    (B) 小美上语文课时，发出奇怪的声音

    (C) 小威上自然课时，故意做出滑稽动作

    (D) 小华上综合课时，拿出小刀乱割桌子

（ B ）2. 有关教师辅导与管教"比例原则"的叙述,下列哪项最不适切?

　　(A) 采取的措施应有助于目的之达成

　　(B) 违规行为的处罚应强调能否达到以儆效尤的效果

　　(C) 采取措施所造成之损害不得与欲达成目的之利益明显失去平衡

　　(D) 有多种同样能达成目的之措施时,应选择对学生权益损害较少者

（ B ）3. 上体育课时,体育老师指导学生进行棒球比赛。铭益挥棒时不慎打到荣光,害他掉了一颗大门牙。荣光家长要求铭益家长赔偿,铭益家长不愿意,认为不是故意的,应该道歉就可以了。双方家长闹得很不愉快,要求学校处理此事。如果你是班主任,可采取下列哪些处理方式?

　　甲、事发当时,应立即将学生送医,以尽班主任之责

　　乙、此案件应交由双方家长自行协商处理即可,不必干预

　　丙、事后应掌握时效,与双方家长、体育老师和学校行政共同讨论解决方案

　　丁、此案件发生在体育课上,应交由体育老师和学校行政去处理,以免越权

　　(A) 甲乙　　　　(B) 甲丙　　　　(C) 乙丁　　　　(D) 丙丁

阅读下文后,回答问题。

　　下课没多久,小美生气地跑进教室,跟班主任林老师说,班上同学小明故意掀她裙子,还笑着说她的胸部很大。林老师听完,觉知小明所为是性骚扰行为,应该尽快处理。

（ B ）4. 针对小美被性骚扰这个事件,林老师必须对小明进行管教。下列林老师的做法中哪一项最不适切?

　　(A) 请家长也在家中教导小明尊重异性

　　(B) 顾及小明自尊,采用忽视方式处理

　　(C) 让小明知道性骚扰行为是不应该的

　　(D) 了解小明的动机和原因,并进行辅导

（ D ）5. 林老师必须采取一些行动帮助小美,下列哪种最不适切?

　　(A) 答应小美不会将此事宣扬

　　(B) 请家长一起关心小美的身心状况

　　(C) 安抚小美,让她明白不是她的问题

　　(D) 请小美和班上的女生联合抨击小明

二、问答题

学校举办五年级躲避球赛,最后甲班和丁班进行冠亚军赛。两班竞赛非常激烈,赛程剩下最后十秒时,比分相同,但发球权在丁班手中,甲班的啦啦队直呼不要接球,而孙同学想要接球却漏接了,结果裁判判丁班获胜。甲班的同学都责怪孙同学,让孙同学很难过,隔天没来上课。如果你是甲班老师,可采取哪些具体策略,让孙同学回学校上课,重建全班的信心。(至少三项)

2016 年度教师资格检定考试:中等学校组

一、选择题

(A) 1. 下列班级经营措施中,哪项最符合"逻辑性后果"(logical consequence)的做法?

(A) 要求学生赔偿损坏的公物

(B) 处罚迟到的学生跑操场

(C) 对乱丢纸屑的学生给予罚站

(D) 剥夺未交作业学生的下课休息时间

(B) 2. 小瑜急忙跑到导师办公室找陈老师。她说:"老……师,打破……玻璃了……"陈老师的回应是:"有人受伤吗? 打破哪里的玻璃? 谁打破的?"陈老师所运用的口语行为符合下列哪一种?

(A) 中立的陈述 　　　　　　(B) 形成问题的陈述

(C) 支持学习者的陈述 　　　(D) 教师自我支持的陈述

(C) 3. 根据"学校制定教师辅导与管教学生办法注意事项",教师处理学生的违规行为时,下列哪项并非合理的处罚方式?

(A) 在教室后面罚站二十分钟

(B) 经学务处和隔壁班教师同意,于行为当日,暂时转送其他班级学习

(C) 经班会决议通过并征得家长会同意后,在班规中明确规定处以一百元的罚款

(D) 在教室安排一堂课的"特别座",暂时让该学生与其他同学保持适当距离

(D) 5. 当学生完成阅读心得报告,被学校评为"特优"时,教师采取下列哪一种赞美较能

激发学生的学习动机?

    (A) 你真棒,真是太好了!

    (B) 你拿到特优,真是全班的表率啊! 要继续保持下去喔!

    (C) 你拿到特优,真是太棒了! 继续加油,学业成绩就可以拿到第一名喔!

    (D) 你很用心读完整本书,努力完成心得报告,拿到特优,真是为你高兴!

(B)6. 有一群学生在学校走廊横冲直撞,林老师拦下其中一位并质问:"你在走廊奔跑,有没有违规?"这名学生很生气地辩驳说:"我们有好几个人在跑,为什么只指责我?"林老师再次质问,该名学生再次辩驳,林老师仍是坚定地质问:"你在走廊奔跑,有没有违规?"林老师使用的是哪一种技术?

    (A) 我—信息法 (B) 破唱片法   (C) 逻辑后果法   (D) 涟漪效应法

二、问答题

    上课铃声响了,阿强还在篮球场上打球,恰巧被体育老师看到,于是老师请他马上进教室上课,但阿强正在兴头上,觉得再玩五分钟就好。体育老师坚持阿强必须马上进教室,阿强不从,并恶言相向。请问,如果你是这位体育老师,该如何处理?(请至少列举五项合理方法)

2017年度教师资格检定考试:小学组

一、选择题

(D)1. 开学后,班上的秩序不佳,教师想运用皮格马利翁效应于班级经营中,下列何者较适切?

    (A) 老师利用一节课让学生上台去讲个够,就不会再吵了

    (B) 老师调动座位,让爱讲话的孩子与安静的孩子一起坐,降低吵闹频率

    (C) 老师跟班长说,把吵闹的学生名字记在黑板上,再罚他们清扫教室

    (D) 老师跟学生说,我们班比其他班懂事,秩序一定会一天比一天好

(B)2. 下课时,学生一窝蜂地跑到游乐场游玩,一个学生不小心在游玩中摔倒,受伤流血。导师得知后,应最优先采取下列哪一项行动?

(A) 立即询问受伤学生或是在场学生,该生受伤原因

(B) 立即赶到现场,护送受伤的学生到健康中心处理

(C) 立即跟班上学生一起检讨,游玩时应如何避免意外伤害

(D) 立即联络家长领回自行带往就医,或直接送医再通知家长

(C) 3. 下列哪一种做法较能促进学生的班级归属感?

(A) 将所有的班级例行工作交由学生干部决定

(B) 提供额外奖励给愿意分担班级例行工作的学生

(C) 每隔一段时间让全班学生轮流负责各项班级管理工作

(D) 所有年级的学生都可以自行决定所要负责的班级工作

(D) 4. 陈老师发现小美拿笔在课桌上涂鸦,想要以"逻辑性后果"(logical consequences) 来代替处罚。下列哪种做法比较适切?

(A) 全班围观小美清洗她的课桌

(B) 小美必须清洗全班同学的桌子

(C) 一个星期之内,小美都不能使用课桌

(D) 小美要在放学之前找时间清洗她的桌子

(A) 5. 低调班级经营技巧(low-profile classroom management)强调在不影响教学节奏 及课程进度的情况下,终止干扰教室上课的学生不当行为。下列在课堂上出现的行为问 题,哪些较适用于低调班级经营技巧?

甲、涂鸦

乙、传纸条

丙、言语攻击

丁、做白日梦

戊、破坏他人物品

(A) 甲乙丁　　　(B) 甲丙戊　　　(C) 乙丙戊　　　(D) 乙丁戊

(D) 6. 教师经常使用行为改变技术来塑造学生行为。对于正强化、负强化与惩罚三者 的叙述,何者正确?

(A) 惩罚可以强化学生的正向行为

(B) 负强化意在停止学生的负向行为

(C) 正强化和惩罚的使用频率尽量相当

(D) 正强化和负强化意在强化学生的正向行为

二、问答题

新学期开始,有家长在班亲会上提议,组成一个 line 群组,以方便联络班级事务,并请陈老师加入群组。面对家长的提议,陈老师应该如何妥善处理?(请写出至少三项做法,并说明理由)

2017 年度教师资格检定考试：中等学校组

一、选择题

(C)1. 张明明喜欢指使同学帮他做事。有一天,他想要黄老师依他的想法更改上课的活动方式,但黄老师不愿意,张明明便发脾气不愿意上课。张明明的行为属于德雷克斯(R. Dreikurs)所提出的哪一项错误目标?

(A) 寻求注意　　(B) 寻求报复　　(C) 寻求权力　　(D) 避免失败

(B)2. 开学一周来,有四位学生分别向林老师报告受到同学的"欺凌"。下列何者最符合"欺凌"的定义?

(A) 曾大华上课爱吵闹,害我无法专心听老师讲话

(B) 巫筱真常常拿走我心爱的东西,并丢进垃圾桶

(C) 郑大雄在打扫时间拿扫把乱挥,差一点打到我

(D) 钟晓君有一次强迫我和她一起跷课去网吧玩

(D)3. 德雄常在课堂中带头起哄,影响班上的学习活动。许老师为了不让德雄带头起哄,刻意指派德雄担任纪律委员,协助管理班级秩序。德雄为了维持班级秩序,自己的问题行为也有所改善。许老师的做法,较符合下列哪一效应或原则?

(A) 皮格马利翁效应　　　　　　(B) 约翰·亨利效应

(C) 普雷马克原则　　　　　　　(D) 增强相对立原则

(C)4. 在台湾光明初中的校外教学过程中,建志私自离队又忘了集合时间,因而迟到 30

分,影响后续的行程。带队老师十分生气,在车上斥责建志。其他同学看到老师生气的样子,心生警惕。其后,未再发生迟到或私自离队的情形。下列哪一效应可以解释其他同学的行为反应?

(A) 羊群效应　　(B) 蝴蝶效应　　　(C) 涟漪效应　　　(D) 自我效应

(B) 5. 大明帮父母卖衣服到凌晨才休息,因此上学常迟到。卢老师要如何运用三明治技术(sandwich technique)与其家长沟通?

(A) 先说大明上学迟到的事实,再提出他在校的优良表现,最后说明老师的期望

(B) 先说大明在校的优良表现,再提出他上学迟到的事实,最后说大明是位贴心的学生

(C) 先说大明上学迟到的事实,再提出请家长让他提早回家休息,最后说明学校的规定

(D) 先说大明上课精神不济的事实,再提出学校的规定,最后说明辅导室对大明的辅导措施

二、问答题

导师在开学时通常会写一封信给学生的家长或监护人,让他们充分理解自己的班级经营理念和做法,并请他们保持适切的亲师互动。请就理念、做法及亲师互动等项目,撰拟此信。

01. 你担任班级导师时,在班级经营计划的拟定方面,会包括哪些重要的项目?

02. 你担任任课教师时,在班级经营方面,会重视哪些项目? 为什么?

03. 在接手一个新班级时,你会作哪些方面的准备? 为什么?

04. 今天是新生入学的日子,如果你担任导师的话,会作哪些方面的准备? 简要陈列出来。

05. 班级导师如何营造良好的亲师生关系? 有哪些方法或策略可以参考?

06. 请问班级的教室布置要包括哪些项目? 为什么?

07. 教师如何营造一个良好的班级学习气氛? 有哪些方法可以参考?

08. 班级常规应该要包括哪些项目? 你会定哪些重要的班级常规?

09. 在班级经营中如何重视学生的个别差异? 有哪些方法可以参考?

10. 教师如何运用行为改变技术,改变学生的偏差行为?

11. 教师如何加强学生的阅读理解? 或是鼓励学生进行阅读?

12. 教师如何训练学生良好的常规? 有哪些方法可以参考?

13. 教师如何在班级中肯定学生? 有哪些方法可以参考?

14. 教师对于违规的学生,有哪些策略可以运用?

15. 教师对于上课容易分心的学生,有哪些方法可以运用?

16. 教师如何维持班级良好的秩序? 有哪些策略可以参考?

17. 班级气氛受到哪些因素的影响? 教师如何善用这些影响因素?

18. 教师如何鼓励学生? 有哪些方法可以参考?

19. 教师如何营造良好的师生关系? 有哪些方法可以参考?

20. 班级学习角如何布置? 要注意哪些事项?

21. 班级教室学生的座位如何安排? 有哪些原则?

22. 任课教师的班级常规管理有哪些方法或策略?

23. 教师在教学活动中如何提高学生的参与度?

24. 对于学习困难的学生,有哪些方法可以参考?

25. 对于学习落后的学生,有哪些方法可以运用?

26. 教师如何运用发问技巧,了解学生的学习情形?

27. 学生的学习有哪些理论可以参考? 这些理论如何运用?

28. 教师派给学生的家庭作业有哪些原则? 这些原则如何运用?

29. 教师如何提高学生的学习动机? 有哪些方法或策略可以运用?

30. 对于班级转学生如何辅导? 有哪些方法可以运用?

31. 教师如何协助学生的学校适应? 有哪些辅导方法可以参考?

32. 班级网页的设计有哪些项目？
33. 对于不守秩序的学生，教师如何辅导？
34. 对于过动的学生，教师如何辅导？
35. 对于逃学的学生，教师如何辅导？
36. 对于有说谎行为的学生，教师如何辅导？
37. 对于有暴力行为的学生，教师如何辅导？
38. 对于有偷窃行为的学生，教师如何辅导？
39. 对于单亲家庭的学生，教师如何辅导？
40. 对于药物滥用的学生，教师如何辅导？
41. 对于新移民家庭的子女，教师如何辅导？
42. 班级容易出现哪些危机？教师如何因应？
43. 教师在放长假时，应该叮嘱学生哪些重要事项？
44. 班级安全检查要注意哪些原则？
45. 假期作业的指定有哪些原则？

图书在版编目(CIP)数据

班级经营/林进材著. —2版. —上海:华东师范大学出版社,2020
ISBN 978 - 7 - 5760 - 0078 - 8

Ⅰ.①班… Ⅱ.①林… Ⅲ.①班级－学校管理－研究
Ⅳ.①G424.21

中国版本图书馆 CIP 数据核字(2020)第 072415 号

班级经营(第二版)

著　　者　林进材
策划编辑　彭呈军
责任编辑　白锋宇
责任校对　时东明
装帧设计　刘怡霖

出版发行　华东师范大学出版社
社　　址　上海市中山北路 3663 号　邮编 200062
网　　址　www.ecnupress.com.cn
电　　话　021 - 60821666　行政传真 021 - 62572105
客服电话　021 - 62865537　门市(邮购)电话 021 - 62869887
地　　址　上海市中山北路 3663 号华东师范大学校内先锋路口
网　　店　http://hdsdcbs.tmall.com

印 刷 者　浙江临安曙光印务有限公司
开　　本　787×1092　16 开
印　　张　24.75
字　　数　406 千字
版　　次　2020 年 9 月第 2 版
印　　次　2020 年 9 月第 1 次
书　　号　ISBN 978 - 7 - 5760 - 0078 - 8
定　　价　72.00 元

出 版 人　王　焰